KB184271

내 어둠은 지상에서 내 작품이 되었다

내 어둠은
지상에서 내 작품이 되었다

여성의 몸, 자아, 욕망, 트라우마에 대한 진실은 무엇인가?

현대의 페르세포네들을 위한 새로운 하이브리드 텍스트

멀리사 피보스 지음 송섬별 옮김

갈라파고스

내가 모든 것을 빚진 사람이자
이 모든 이야기를 가장 처음 들려준 엄마에게

그러므로 파괴는 언제나 재건이다. 즉, 애초에는 통합된 존재론을 인위적으로 분리하는 범주들의 파괴다.

—주디스 버틀러*, 『젠더 트러블』

즉, 자신의 정체성을 책임지고자 하는 그 누구도 혼자여서는 안된다. 우리와 함께 앉아 눈물을 흘리고, 그러면서도 여전히 전사로 여겨질 사람들이 존재한다. (나는 당신을 위해 사랑을 엮어 이 이상하고 화가 난 꾸러미를 만들었다.) 당신을 위한 그런 공간이 없다고 당신은 생각했을 것이다. 그때에는 없었을 수도 있고, 지금도 없을 수도 있다. 그러나 고통을 끝내고 싶어 하는 우리, 역사의 법칙을 바꾸고 싶은 우리는, 우리 자신을 포기하지 않으려면 그런 공간을 만들어내야 할 것이다.

—에이드리언 리치**, 「원천들Sources」제22장

---

*　　주디스 버틀러Judith Butler(1956~)는 미국의 페미니스트 철학자이자 젠더 이론가이다. 수행성performativity 개념을 통해 퀴어 이론에 큰 영향을 미쳤다. 주요 저작으로 『젠더 트러블』, 『위태로운 삶』 등이 있다.

**　에이드리언 리치Adrienne Rich(1929~2012)는 미국의 페미니스트 시인이자 비평가이다. 시적 담론을 통해 여성과 레즈비언에 대한 억압을 해체하고자 했다. 주요 저작으로 시집 『공통 언어를 향한 꿈』, 산문집 『우리 죽은 자들이 깨어날 때』 등이 있다.

일러두기

- 이 책은 Bloomsbury Publishing에서 2022년 출간된 『소녀 시절 *Girlhood*』(2021) 제2판을 저본으로 삼아 우리말로 옮겼습니다.
- 본문의 각주는 옮긴이 주입니다.
- 원서에서 기울임체로 강조한 부분은 고딕체로 표기했습니다.
- 단행본은 『 』, 보고서와 논문은 「 」, 신문과 잡지 등 정기간행물은 《 》, 회화·영화·방송 프로그램 등은 〈 〉로 표시했습니다.
- 원서의 미국식 도량형 단위는 한국 독자에게 친숙한 단위로 환산해서 [ ] 안에 병기했습니다.
- 본문에서 인용된 문헌 중 참고 문헌에 언급되지 않은 인명과 한국에 소개되지 않은 저작물은 원어를 병기했습니다.

차례

이 책에는 진심 어린 경고의 휘슬이 가득하다. 안 돼, 그 영화를 따라 하지 마, 그 소설과 드라마를 의심해. 타인의 눈요깃감이 되려고 허기진 몸으로 네가 어떻게 보이나 거울에 비춰보지 마. 그 거울을 깨부수고 '마녀사냥'을 사냥해. 거절하는 방법을 훈련하고 평판과 두려움의 빙벽을 넘어서! 여기, 나의 실패담과 '과오의 동지들'이 털어놓은 인터뷰를 엮어 너에게 밧줄을 내려줄게.

저자는 파수꾼이자 교관이 되어 챙이 긴 모자로 눈물이 괸 얼굴을 가린 채 지상의 무수한 함정과 지뢰를 소녀들에게 일러준다. 스토킹이 무서워 침대 옆에 칼을 두고 잠들던 나날을 지나 스스로 집도의가 되어, 답습하지 말아야 할 나쁜 사례로 자신의 과거를 해부대에 올린다. 다 그러면서 크는 거야, 라며 대충 무마하려는 범죄와 강요된 수치심을 되풀이하지 않기 위해 횃불을 들고 10대 시절로 돌아가 자신을 침몰시켰던 "가부장제 발작"을 분석한다. 더는 소녀들의 몸과 정신이 세상에 난도질당하지 않게, 상처와 무기력을 대물림하지 않기 위해. 해저에 묻힌 자기 삶의 난파선을 끌어 올려 인생이 뒤집히던 순간을 끈질기게 재구성한다.

이러한 잔해의 글쓰기에서 중요한 것은 고백의 적나라함이 아니다. 회고의 밀도는 성노동이나 약물 중독 같은 구체적 경험 여부에서가 아니라 그 개인적 경험이 어떻게 역사의 배후에서 축적돼 우리를 세뇌한 '문화'가 되었는지 밝히는 윤리적 분석에서 생겨난다. 부디 당신은 나와 같은 실수를 반복하지 않기를. 저자는 기꺼이 시행착오와 회복의 롤모델이 되어 독보적인 공유의 기술을 선보인다. 통계와 법, 학술 연구와 저널리즘을 이중 나선처럼 자전적 경험과 엮어 자신이 통과한 앎의 순간을 남김없이 베푼다.

나는 '온전하게 유별난' 이 작가의 삶과 더불어, 능숙하고 지적인 서술의 배치에 감명받았다. 폭풍우 속에서도 끝까지 배의 키를 놓지 않는 이 선장을 따라 나도 다른 소녀들을 구하러 가는 항해 길에 오르고 싶다. 만약 내가 청소년 때 이 글을 읽었더라면 나는 다른 삶을 살았을 것이다. 언젠가 10대의 필독서가 될 이 책을 이제라도 만나게 되어 다행이다.

—김멜라
소설가, 『환희의 책』

'다시 돌아가고 싶은 시절이 있느냐'는 질문 앞에서 나는 단호해진다. 그런 시절은 없다. 나의 어린 시절은 실수와 불가해한 열망으로 가득했다. 내가 누구인지, 내가 '나'로 얼마만큼 받아들여질 수 있을지 끊임없이 시험했다. 나를 미워했고 벌주고 싶었으며 동시에 칭찬받고 사랑받고 싶었다. 타인의 마음에 들려고 애쓰다 보면 자주 비굴해졌다. 그 미묘한 성장의 시간을 이해하고 스스로를 용서하기 위해 독서가 필요했다. 책은 '내가 이상한 걸까'라고 생각하는 외로운 여자아이들에게 새로운 세계를 열어준다. 보통이나 평범 같은 단어로 수렴되지 않는 삶을 가르친다. "앎이 자유를 보장"하지 않지만 적어도 자유를 희망하게 한다.

『내 어둠은 지상에서 내 작품이 되었다』를 읽는 동안 나는 종종 일기장에도 쓰지 못했던 어떤 순간들과 마주쳐야 했다. "살아남는 데 진실은 필요 없고, 때로 우리의 생존은 진실을 부정하는 데 달려 있다"는 걸 본능적으로 알았기 때문에 적지 못한 이야기들이 내게도 있다. 아마 당신에게도 있을 것이다. 덕분에 멀리사 피보스도, 나도, 당신도 죽지 않고 살아 있다. 살아 있음으로써, 내가 지녔던 수치심에 계속해서 주석을 달 수 있다. 그 변화의 과정은 "고통스럽고, 대체로 지루"하지만 우리는 "내 경험이 남긴 결과를 검토"하며 생의 다음 단계를 향해 한 발을 겨우 뗀다. 돌아가고 싶은 시절을 떠올리기보다 지금을 잘 사는 방법을 궁리하게 된다.

어떤 책은 다 읽은 후에야 비로소 본격적으로 시작된다. 타인의 이야기에 나의 이야기를 겹쳐 보고 이어 쓰는 방식으로 독서가 확장되기 때문이다. 이 책을 덮고 나면 "자신에게 할 말이 얼마나 많은지" 비로소 알게 된다. 그 소란스러운 깨달음은 우리에게 해방의 감각을 선물한다. 멀리사 피보스가 말하기를 선택함으로써, 가부장제가 만든 비밀에 휩싸이는 대신 자기 이야기의 주인이 되었던 것처럼 말이다. 취약함을 드러냄으로써 우리는 용감해진다. 우리는 모두 이상하고, 이상해서 사랑스럽다.

—장일호
《시사IN》기자, 『슬픔의 방문』

이 훌륭한 에세이집 『내 어둠은 지상에서 내 작품이 되었다』는 내 몸에게 더욱 깊이, 진실하게 귀 기울일 수 있게 그리고 내가 무엇을 원하고 어떻게 살아야 하는지에 관한 이미 짜여진 각본들을 뿌리칠 수 있게 도와주었다. 여러 친구들에게 이 책을 선물했다.

—권오경
소설가, 『인센디어리스』
《더 위크》기고문

이 책을 통해 피보스는 소녀 시절의 끔찍하고도 강렬한 깊이를 고스란히 담아낸 위대한 기록자로서의 면모를 명한다. 끔찍하고도 아름다운 영겁 같은 시간은 고대의 폐허처럼 해부, 노래,

탐구의 대상이다. 단단하고도 아름답기에 마치 이끼와 쇠를 연상시키는 이 글들에는 저자 특유의 영민함, 힘, 우아함이 배어 있다. 지금 꼭 필요한, 가슴 아픈 작품이다.

—카먼 마리아 마차도
소설가, 『그녀의 몸과 타인들의 파티』

내밀한 동시에 교훈적이고, 서정적이면서도 지혜로운 책 『내 어둠은 지상에서 내 작품이 되었다』는 자신을 내면에서부터 정의하고자 하는 여성이라면 꼭 읽어야 할 융합적 텍스트다. 이 책은 사회의 관습적 메시지와 타인의 시선을 쫓아내는 퇴마 의식과도 같으며, 저자는 따뜻하고도 박식한 퇴마사다.

—멀리사 브로더
시인, 소설가, 『오늘 너무 슬픔』

여성으로 산다는 것의 의미를 주입하는 메시지들 그리고 이런 제약에서 자유로워지기 위해 필요한 것들을 심문하는 뛰어난 에세이들. 나 역시 내 소녀 시절을 떠올리게 되었다.

—술라이커 저우아드
에세이스트, 『엉망인 채 완벽한 축제』

『내 어둠은 지상에서 내 작품이 되었다』를 오랫동안, 흠뻑 빠져 읽었고, 수업에서 함께 읽을 계획이다. 피보스의 언어와 정서적 솔직함은 여성의 섹슈얼리티를 다룬 대화에, 성적 동의를 하기엔 너무 어린 시절 우리에게 주어졌던 무시무시한 성적 자유를 다룬 대화에 깊이를 더한다. 그러나 저자에게서 피해자라는 태도는 조금도 느껴지지 않으며, 그는 애써 노력하지 않았음에도 이미 영웅이다. 고전이라 불려 마땅한 작품!

— 메리 카
시인, 회고록 작가, 영문과 교수, 『인생은 어떻게 이야기가 되는가』

매혹적인 에세이 여덟 편을 통해 멀리사 피보스는 청소년기 트라우마를 파헤치면서 어린 여성의 삶에 따라붙는 부담을 폭로한다. 사춘기에 드리운 어둠을 독자와 나누며, 여성에게 가해지는 기대와, 그 기대가 한 사람의 자아 개념에 미치는 영향에 관한 예리한 질문을 던진다.

— 애너벨 거터맨
저널리스트
《타임》

이 책은 한 페미니스트의 생존 증언이다… 피보스의 목소리는 불경스러우면서도 독창적이다. 그러나 이 책의 목표는 그저 자신의 삶에 관해 이야기하는 것이 아니라, 수많은 다른 여성들의 맥박에 귀 기울이는 것이다. …이 연대 덕분에 『내 어둠은 지상에서 내 작품이 되었다』는 피보스의 우상인 에이드리언 리치와 매기 넬슨을 포함한, 탄탄한 이론에 바탕을 둔 페미니스트 걸작의 반열에 나란히 이름을 올릴 만하다. 영리하고, 급진적이며, 조금도 평범하지 않은 자매도서.

— 벳시 보너
시인, 작가
《뉴욕타임스 북리뷰》

피보스는 평생 타인의 관점에서 자신의 몸을 이해할 수밖에 없었다. 이 말이 낯설지 않게 느껴지는 독자들에게 어린 여성으로 산다는 것이 진실로 어떤 의미인지를 탐사 보도, 회고록, 학술적 글쓰기를 혼합한 방식으로 써낸 이 책을 권한다. (또, 10대 딸을 이해하고 싶은 부모에게도 권한다. 이 책이 도움이 되리라 해도 과언이 아닐 것이다.)

— 엠마 스펙터
문화평론가, 에세이스트
《보그》

『내 어둠은 지상에서 내 작품이 되었다』를 어린 시절 읽었더라면 좋았을 것이다. …포사이스 하먼의 심금을 울리는 삽화와 함께 실린 에세이 여덟 편을 통해, 피보스는 소녀 시절에 담긴 힘, 지식 그리고 취약함을 탐구한다. …청소년기의 괴롭힘을 분석하고, '슬럿slut'이라는 단어에 담긴 어원학적 뿌리를 탐구하고 커들파티를 배경으로 성적 동의의 진화를 탐구하는 내내, 그는 여성이 어떻게 우리 자신을 착취하는 데 공모하도록 길들

여겼는지를 보여준다. 학자로서 한 다른 작업들과 마찬가지로, 이 또한 자아에 관한 신체적 지식으로부터 시작된다.

—크리스틴 밀라레스 영
저널리스트, 소설가
《워싱턴포스트》

피보스는 보기 드문 예리함으로 한 소녀가 "미지의 가치를 지닌 존재" 존재가 되게끔 만든 다양한 역사적, 문학적, 신화적, 일상적 요인들을 해체한다. 그러나 이토록 깊은 탐구 과정에서 피보스는 우리가 무엇을 "잃어버리거나 빼앗긴" 것이라 주장하는 한편으로, 우리가 미워하라 배운 우리 자신의 모습들을 다시금 되찾아준다. 『내 어둠은 지상에서 내 작품이 되었다』가 뛰어난 가치를 지닌 것도 이 덕분이다. 자신을 가치 있는 존재로 바라보는 법을 배우는 어려운 일을 해낸 덕에, 조심스럽지도, 무모하지도 않은, 다만 깊이 있는 지혜와 치유를 담은, 용감하면서도 너그러운 이 책이 탄생했다.

—지나 프란젤로
소설가, 전미도서비평가협회원,
《로스앤젤레스 리뷰오브북스》논픽션 편집위원

이야기는 이렇게 흘러갔다. 비록 이상한 아이기는 했어도, 나는 행복한 아이였다. 슬픈 일도 있었지만, 안전하게, 사랑 받으며 자랐다. 그런 어린 시절이 한층 분명하게 **소녀** 시절 *girl*hood이 된 열 살, 열한 살 무렵, 내 삶엔 격변이 일어났다. 청소년, 특히 소녀들이 반항적이라는 건 다들 안다. 그러나 내 소녀 시절은 청소년기의 반항으로는 충분히 설명할 수 없는 어둠으로 물든 것만 같았다. 그 뒤로 쭉, 이런 의문에 시달렸다. 난 뭐가 문제였을까? 내가 그만한 고통을 겪을 이유는 없었는데.

그 당시에는 이루 말할 수 없을 정도로 괴롭게만 느껴졌지만, 이제는 내 소녀 시절의 슬픔, 그러니까 어둠이 나만의 것이라 생각하지는 않는다. 소녀 시절은 우리가 인정하고자 하는 것보다도 더욱 어두운 시절이다. 소녀 시절에 우리는 우리에 관한 이야기—우리가 지닌 가치가 무엇인지, 아름다움이 무엇인지, 무엇이 해롭고 무엇이 정상인지—를 받아들이고, 타인의 감정, 안위, 인식, 권력을 우리의 것보다 우선하는 법을 배운다. 이런 정신 훈련을 통해 우리는 자기의 여러 부분을 추방하고, 자기 몸을 혐오하며 학대하고, 다른 소녀들을 감시하고, 우리의 안전, 행복, 자유, 또는 쾌락을 우선하지 않는 가치에 평생충성을 바치게 된다. 나는 인터넷의 영향을 받지 않은 마지막시대에 소녀 시절을 보냈지만, 나보다 늦게 어른이 된 소녀들도 대다수는 나와 같은 어려움을 겪었음을 알게 되었다.

오랫동안, 우리가 세뇌에서 영영 벗어날 수 없으리라 생각했다. 세뇌당했다는 사실을 아는 것만으로는 충분하지 않기 때문이다. 그러나 세뇌를 없던 일로 만드는 것은 내 생각보다는 가능성 있는 일이었다. 소프트볼을 던지고, 노래하고, 장거리를 달리거나 글을 쓸 때처럼, 마음과 몸이 협력해 일련의 습관적 행위들을 수행하게 가르치고, 나아가 연마해 갈 기술을 얻는 것과 같은 방식으로 말이다. 내 정신이 **내** 믿음에 따라 행동하도록 훈련할 수 있다는 (또, 때로는 내 믿음이 어떤 것들인지를 발견할 수 있다는) 사실을 알게 되었다. 길들이는 과정이 늘 그렇듯이 훈련 역시 지루하고, 극도로 세심하며, 철저한 집중을 요한다. 혼자 힘으로는 해낼 수 없다.

이 책을 쓰는 일은 어느 정도는 내 소녀 시절을 수정하고, 나 자신을 회복하는 법을 찾아가는 일이기도 했다. 다른 여성들의 이야기를 친구 삼았고, 우리의 평범함 역시도 치유력이 있음을 알게 됐다. 글쓰기는 언제나 내가 한 경험과 이를 묘사할 수 있는 서사(또는 서사의 부재)를 화해하게 만드는 길이었다. 내 글이 여러분을 위해서도 그런 일을 해줄 수 있다면 좋겠다.

2020년 3월, 뉴욕
멀리사 피보스

프롤로그 흉터 짓기

Your
father
once gave
you a
picture
book
of knots

언젠가 아버지는 네게 매듭 묶는 법을
알려주는 그림책을 주었다.

1. 처음은, 무릎이다. 무릎이 자갈, 거리, 뭉툭하게 각진 연석과 만난다. 번뜩이는 밝은 빛처럼 찾아온 고통은 곧 잊히고 너는 베가의 빛깔을, 그다음에는 헬리 혜성을 바라본다. 구름 너머로 내리그어진 활촉 타는 기다란 자국. 아버지가 너를 하늘 높이 안아 올리고는, 말한다. **보렴**. 말한다, **기억하거라**. 너, 아부엘라abuela*가 주신 분홍 원피스를 입고, 지저분한 운동화를 신고, 피투성이 무릎을 한 작은 짐승인 너는 하늘을 올려다본다.

2. 오븐은 눈높이에 있고 네 팔죽지에는 화상 흔적이 줄무늬로 새겨져 있다. 네가 키가 닿지 않는 곳까지 팔을 뻗은 횟수들의 기록이다. 너는 그저 아이일까, 아니면 이미 아인슈타인이 정

* 스페인어로 할머니를 부르는 말.

의한 광기일까?* 너는 흔적이 남는 게 좋다. 그러나 아버지가
또다시 항구를 떠나기 직전, 네 눈높이에서 블루베리 파이를
바닥에 떨어뜨린 어머니는 비명을 지르며 그 난장판이 남긴,
유혈 낭자한 장관 속에 주저앉는다. 아, 델 것처럼 뜨거운 네 콩
포트**로 바닥에 줄무늬를 남기는 기분이란. 너, 뜨거운 상자,
작은 찻주전자인 너는 꽉 닫혀 있다. 아무리 따라도 영영 텅 비
지 않는다. 네 줄무늬는 그대로다.

3. 사람들은 그것을 동성애자 테스트faggot test***라 부른다. 너
는 동성애자가 무엇인지 알까, 아니면 네 일부가 소년이라는
사실만을 알까? 너는 네가 지워질 때까지 연필의 분홍색 끄트
머리를 손등에 문지른다. 너를 둥글게 에워싼 남자애들은 네
손에서 피가 나자 손뼉을 친다. 수업이 끝난 뒤, 어머니의 놀란
표정에 너는 겁을 먹지만, 시간이 지나자, 껍질이 벗겨져 드러
난 분홍 속살을 어머니에게 보여준 일에 만족한다. 그것이 네
안에 있음을 알려준 일에.

---

* 아인슈타인이 남긴 말로 알려진, "광기란 같은 행위를 반복하며 다른 결과가
  일어나리라 기대하는 것"을 가리킨다. 실제로는 대표적인 거짓 명언이다.
** 생과일이나 말린 과일을 설탕 시럽에 조려 만든 음식으로, 파이 같은 디저트의
  재료로 쓰인다.
*** 손가락 길이로 동성애자인지 아닌지 알 수 있다는 테스트. faggot은 동성애자
  에 대한 멸칭이다.

4. 가장 친한 친구는 네 팔다리에 꽃을 수놓듯 멍을 수놓는다. 인디언 선번indian sunburn, 스네이크 바이트snake bite, 멍키 바이트monkey bite*, 그 여자애의 손마디가 힘이 들어가 새하얘진 채로 네 허벅지를 파고든다. 그 애의 손톱이 네 몸에 파고들고, 그러다 한번은 영영 사라지지 않는 흉터를 남긴다. 움찔하는 것은 너의 몸뿐이다. 너는 무언가를 새기고자 하는 욕구를 안다. 야구 연습이 끝나고 여전히 스파이크 운동화를 신은 채, 너의 집 지하실, 흰 곰팡이 핀 담요 아래에서 그 애가 네 목에 입술을 누를 때, 너는 그 애의 뜨거운 입술이 아무 자국을 남기지 않는 게 아쉽다.

5. 네 어머니는 네가 야구팀의 어느 소년을 바라보는 모습을 본다. 어머니는 네 첫사랑, 너와 말도 거의 섞어본 적 없는 카보베르데 출신 소년을 한 번도 만나지 못한다. **버디언**verdean, **버든트**verdant**, 너는 네 입속을 가득 채우는 소리를 갈망하며 속삭인다. **너 뭐야?** 수많은 사람들이 그랬듯 그는 묻는다. 너는

---

* 인디언 선번은 위팔을 양손으로 붙들고 서로 반대 방향으로 비틀어 다치게 하는 것. 스네이크 바이트는 엄지와 검지로 꼬집는 것. 멍키 바이트는 엄지와 여러 손가락으로 꼬집는 것.

** 카보베르데의 국명에 들어간 베르데verde는 포르투갈어로 초록을 의미하며, 버디언은 이를 형용사화한 영단어이다. 버든트 역시 같은 어원에서 나온, 푸릇푸릇하다는 영어 형용사다.

세룰리언*cerulean*, 피글리아*figlia*, 멜리타*Melitta*, 께리다*querida**
라고 속삭인다. 너는 해변을 두드리는 사금파리 조각일 뿐 아
무것도 아니다. 바다로 뛰어드는 작은 짐승일 뿐이다. 쇼핑몰
뒤에서, 브레이크 댄서들은 판지 깔아놓은 바닥에서 스핀 동
작을 하고, 남자애들 틈에 있던 그 소년이 던진 돌이 네 얼굴에
맞는다. 너는 입에 피를 머금은 채 공중전화로 아버지에게 전
화를 건다. 해가 다 졌는데 야구를 해? **철 좀 들어라**, 아버지는
그렇게 말하지만, 내심 네가 자랑스럽다. 아버지는 리틀 리그
시절부터 네 팀의 코치였다. 아버지는 행주로 싼 아이스 팩을
갓 생긴 상처에 대고 있게 한다. 그럼에도 네 눈가에는 멍이 남
는다.

6. 탈의실에서, 너는 겉옷을 벗지 않고 안에 입은 옷을 갈아입
는 기술을 완벽하게 해낸다. 네 몸은 네 비밀, 흰토끼 그리고 너
는 그 토끼를 사라지게 만드는 마술사다. 기억해. 이건 수법을
알기 힘든 속임수야. 어떤 비밀을 지키면서 또 어떤 비밀은 지
키지 않기란 어렵다. 이제, 몸을 완전히 망각해야만 가능한 동
작으로 경기장을 내달리며, 아픔으로 손을 활활 태우는 공을
향해 손을 뻗어라. 자기를 망각할 때 무슨 일이 일어나는지 이

---

* 세룰리언은 영어로 진한 청색을 뜻한다. 피글리아는 이탈리아어로 딸을 뜻한
다. 멜리타는 저자의 이름인 멜리사*Melissa*와 같이 꿀처럼 달콤하다는 그리스
어 어원에서 나온 여성의 이름이다. 께리다는 스페인어에서 여성 연인을 뜻하
는 말이다.

제는 알겠지? 고통을 선택하는 게, 고통이 너를 선택하게 두는 것보다 낫다.

7. 아버지 집 작은 욕실에서, 너는 몸에 송골송골 땀방울이 맺히고 목구멍으로 쓴맛이 울컥 밀려올 때까지 입안에 손가락을 쑤셔 넣는다. 온종일 너는 쓸린 입안을, 잇자국이 난 손마디를 혀로 쓰다듬는다. 며칠간 아리지만 영영 계속되지는 않는다. 네가 선택한 아픔이다, 그 뒤엔 아픔이 너를 선택했고.

8. 열여섯 살, 너는 머리를 밀고, 연석에도 벽에도 돌멩이에도 흠집 나지 않은 머리통이 완벽하게 둥근 모양 그대로라 실망한다. 아버지의 충격 받은 표정을 보니 즐겁다. 코에 피어싱을 하자, 아버지는 아무리 피어싱이 광채를 내더라도 다시는 아무도 네 얼굴을 보지 않을 거라고 한다. 그게 중요한 게 아니라고 너는 말하지 않는다. 너를 바라볼 때, 아버지의 눈에 보이는 건 그가 가르쳐준 언어인 스페인어가 아닌, 그가 어린 시절 쓰던 또 다른 언어, 자국을 남기는 언어로 쓰인, 네가 전하는 메시지뿐이다. 너는 야구를 그만두고 아버지 집에서 나온다.

9. 이제 네 몸에는 10개가 아닌 23개의 구멍이 있다. 너는 이제

아버지의 전화를 받지 않는다. 아버지가 남긴 메시지를 듣지도 않는다. 밤이면 너는 네 구멍 하나하나를 만지며 네 몸의 별자리를 그린다. 거문고자리, 천칭자리, 북두칠성, 깜빡이는 베가, 쌍성 미자르, 빛의 양동이인 너, 말이자 기수인 너. 너는 손가락에 침을 묻혀 안으로 욱여넣고, 그 입들을 포함해 너 그리고 너 그리고 너 사이의 옹이 진 살갗을 쑤셔댄다.

10. 처음으로 연인이 네 팔꿈치 접히는 곳에 바늘을 밀어넣을 때 너는 눈을 다른 데로 돌린다. 땀이 송골송골 배어나고 목구멍으로 쓴맛이 올라온다. 이 창백한 소년, 이 새로운 구멍, 이 충족감, 이 공허감, 이 고아됨orphaning은 네가 선택한 것이다, 그 뒤엔 그것이 널 선택했고.

11. 언젠가 아버지는 네게 매듭 묶는 법을 알려주는 그림책을 주었다. 매끈한 줄 하나를 책등에 두른 책이었다. **반매듭, 8자 매듭, 감아 매기 매듭, 고리매듭, 닻줄매듭, 풀매듭**. 처음 네가 양 손목을 한데 모아 묶을 때 기억난 것은 옭매듭뿐이지만, 네게 필요한 매듭도 그것뿐이다. 처음 어떤 남자가 돈을 주고 네 손목을 묶을 때, 그는 끈의 오른쪽과 왼쪽을, 왼쪽과 오른쪽을 구별 못 한다. 할 줄 아는 것이라고는 신발 끈 묶는 매듭, 토끼 올가미 모양 매듭, 토끼는 굴속으로 들어가지만 사라지지 않는

다. 너는 매번 매듭을 빠져나온다. 꼬집힌 신경, 분홍색으로 물든 허벅지, 네 몸의 짙은 부분들을 봉인하는 밀랍 별들. 그들은 네 몸에 땀이 송골송골 배어나고 목구멍으로 쓴맛이 올라올 때까지 네 입에 손가락을 욱여넣고 쑤셔 댄다.

12. 너처럼, 그는 반쯤은 야생이고, 반쯤은 선박이다. 밤이면 그는 네 곡선 속으로 파고들어 네 베개 위에 잔물결 같은 한숨을 노래한다. 너는 잠이 들면 달아오른 잉걸불이 되어 타오르며 이불을 적신다. 잠에서 깨면 가슴이 끈끈하고 심장은 쿵쿵 뛰고 그의 울음소리가 들린다. 너는 그의 움찔거리는 앞발을 꽉 붙든다. 너처럼, 그도 자기 족속을 겁내고, 이빨을 드러내고 덤벼든다. 너는 몸을 던져 싸움을 말린다. 이빨에 손마디를 물리고, 길바닥에 무릎을 부딪치면서, 너는 아무 소리 내지 않고, 오로지 이럴 때만 가능한 방식으로 자기를 망각한다. 그 뒤, 너는 덜덜 떨리는 손으로 구멍 하나하나를 어루만지며 이 짐승의 별자리를 그린다. 시리우스, 큰개자리 알파성, 북극성 그리고 너는 손에 피를 묻힌 오리온이다. 너는 무릎에 박힌 잔돌을 뽑아내며, 손을 오므릴 때마다 오만상을 찌푸리지만, 그 남자로 인해 너는 사냥꾼이 된다.

13. 네 아버지가 마지막으로 항구를 떠난 그해, 너는 바늘을 뽑

아낸다. 몸에 땀이 송골송골 배어나고, 목구멍으로 쓴맛이 올라온다. 잠들면 몸이 타는 것 같아 땀에 젖어 벌벌 떨며 깨어난다. 이 초신성을 기억해, 블랙홀인 너, 우주의 파편인 너, 네 암흑물질이 새어 나온다. 약 기운이 돌자 너의 살갗이 쏠려 분홍색이 되고, 고통이 환하게 번쩍이지만, 그 속에서 너는 모든 걸 본다.

14. 너는 그녀를 선택하지 않지만 그녀가 너, 매끈한 파편을 찾아내 너를 끄집어낸다. 사랑에 빠진 네 머리카락과 손톱은 뼈처럼 환하고, 밀랍처럼 하얗고, 바늘처럼 가늘고, 그러다 찢어져 날아가버린다. 너는 도망간다. 자국이 남은 너, 너는 무릎이 욱신거리고 발톱이 덜렁거리고, 머리뼈가 벌렁 열릴 때까지 달린다. 너는 그녀에게 온몸을 날린다. 네 몸이 닳도록. 그녀의 손에 들린 뜨거운 잉걸불, 너는 빛을 낸다. 밤이면 그녀가 네 구멍 하나하나를 만지며 네 타는 몸의 별자리를 그리고, 네가 그녀를 떠나자, 네 몸이 마침내 식는다.

15. 이번에는 네가 바늘 그리고 그것을 들고 있는 손을 선택한다. 너는 기억하고 싶은 것들을 어깨에, 허리에, 팔꿈치 안쪽에 새겨 넣는다. 너를 종이에 새겨 넣는다. 비밀은 아니지만, 지켜진다. 이 새로운 자국을 드러냈을 때, 아버지는 아무 말도 하지

않지만, 너를 바라본다. 너도, 바라보고, 마침내, 두 사람 다 그것을 본다. 케페우스와 안드로메다, 미자르와 알코르, 제우스와 아테나, 너희 이항 대립하는 존재들, 별이자 육분의六分儀인 너, 항해사이자 수평선인 너. 너는 네 천체의 점들을 이어 네 역사의 별자리를 그린다. 이것이 네 천상의 심장이다. 너는 그것을 선택하고, 그것도 너를 선택한다.

* 빙하성 유수로 인해 토사가 쌓여
  빙하성 유수 퇴적 평야가 형성되면,
  그곳에 묻혀 있던 얼음이 녹으며
  남기는 움푹 파인 구멍.

케틀홀*

I dangled my feet into that
colder depth and shivered.

나는 더 차갑고 깊은 물속에서
발을 참방거리며 몸을 부르르 떨었다.

"뭘 좋아하시죠?" 남자는 묻는다. "침 뱉는 거요." 나는 말한다. 그 말을 입으로 뱉는 일 자체가 지독하기 짝이 없는 욕설처럼 느껴지지만, 그 말을 내뱉은 뒤 움찔하지도, 눈길을 피하지도, 미안하다는 듯 미소 짓지도 않도록 스스로 훈련했다. BDSM* 던전의 어두컴컴한 방 안에서 나는 사과하는 본능을 없앴다. 눈을 빤히 보는 법을 배웠다. 잔혹함의 기쁨을 배웠다.

물론 진짜 잔혹 행위는 아니었다. 내 고객들은 자신들이 가진 힘을 빼앗기는 대가로 시간당 75달러를 냈다. 성 산업은 서비스업이고, 나는 주문받은 수치심을 내어주었다. 그러나 관건은 그 일의 흥미진진함이었다. 내키지 않는 사람의 얼굴에 침을 뱉기란 상상할 수도 없는 일이었고 지금도 그렇다. 그러나

---

* BDSM이란 구속Bondage, 훈육Discipline, 가학Sadism, 피학Masochism 및 지배와 복종을 토대로 하는 성행위, 상호작용, 또는 성적 기호와 성향이다.

케틀홀 35

상대가 그런 일을 당하고자 돈을 낸 사람이라면?

그들은 내 발치에 무릎을 꿇었다. 벌거벗은 채 반들거리는 나무 바닥 위를 기었다. 나를 만지게 해 달라고, 용서해 달라고 빌었다. 나는 거절했다. 그들의 애처로운 얼굴을 굽어보며 입 안에 침을 모았다. 눈을 꽉 감고, 힘껏 침을 내뱉었다. 그 충격은 온몸을 휩쓸다 잦아든 뒤, 다시 다른 감정이 되어 부풀어 올랐다.

"남성을 혐오하세요?" 사람들은 때로 물었다.

"전혀요." 나는 대답했다.

"그런 일을 하면서 분노를 상당히 많이 분출하시겠지요?" 그들이 물었다.

"전 세션session* 중에 화내지 않아요." 나는 대답했다. 나는 도미나트릭스dominatrix** 가 가진 가장 쓸모 있는 도구는 잘 훈련된 공감 능력이라고 설명하곤 했다. 호기심 많은 낯선 이들에게, 어쩌면 나 자신에게도 인정하지 않은 건, 공감과 분노가 상호 배제적이지 않다는 사실이었다.

우리는 모두 신뢰할 수 없는 화자로서 각자의 동기를 전달한다. 그리고 어떤 감정을 느낀다는 것은 그 동기의 존재를 증명하지도, 부정하지도 않는다. 의식적으로 느끼는 감정들은 우리의 경험이 정신에 남긴 흔적을 담는 정확한 지도와는 거리가

---

* BDSM의 참여자가 정해진 강도, 공간 등을 협의한 이후에 BDSM 행위를 수행하는 특정한 시간 단위.

** BDSM 관계에서 지배적인 역할을 담당하는 여성. 여기서는 고객에게 직업적으로 이와 같은 성적 서비스를 제공하는 이를 말한다.

멀다. 그 감정들은 그저 한 번, 두 번, 세 번 지워진 감정들의 어수선한 카탈로그이자, 종종 우리가 자신에게 느끼도록 허락하지 않는 증상들이다. 그것들은 『제인 에어』의 감금된 버사 메이슨이 아니라, 바닥널을 뚫고 새어 나오는 그녀의 비명이고, 우리가 잠든 사이 그녀가 붙이는 불이며, 그 불을 진압하는 젖은 나이트 가운이다.

침을 뱉는 행위에서 그 어떤 성적 쾌감도 끌어내지 않는다, 라고 나는 사람들을 안심시켰다. 그저 심리학적 쾌감일 뿐이라고. 이제, 그 이분법은 기껏해야 얄팍한 것으로 보인다. 한 사람이 다른 사람의 굶주린 입에 침을 뱉는 일이 어떻게 성적인 것이 아닐 수가 있을까? 나는 그 욕망을 연인에게 느끼는 감정과 구분할 필요가 있었다. 폭력의 쾌락과 섹스의 쾌락을 분리해야 했다. 그러나 그렇게 되지는 않았다.

중요한 건 위반이 주는 짜릿함, 이라고 나는 말했다. 남성 권력의 공간을 점유하는 짜릿함. 내가 절대로 할 법하지 않은 일, 문화와 양심이 금지한 일을 한다는 희열. 나는 내 설명을 믿었지만, 지금은 어렵잖게 그 변명에 숭숭 뚫린 구멍을 찾을 수 있다.

나는 화내고 싶지 않았다. 화를 낼 일이 뭐가 있었겠는가? 고객들은 어린 시절 트라우마를 되살림으로써 카타르시스를 추구했다. 그들은 과거의 인질, 그들의 힘을 앗아간 사람들의 인질이었다. 나는 그런 인질이 아니었다. 그런 생각조차 하고 싶지 않았다. 그저 용감하고, 호기심 많고, 통제력을 갖고 싶었다. 내 쾌락이 어떤 구원도 되지 않기를 바랐다. 구원은 이미 잃어버리거나 빼앗긴 것들에 대해서만 이루어질 수 있다. 나는 누군가 내게서 무엇을 앗아갔음을 인정하고 싶지 않았다.

그의 이름은 알렉스였고, 우리 집과도 연결된 나무 우거진 큰길에서 이어지는 기다란 비포장 진입로 끝에 살았다. 알렉스의 집도 우리 집도 딥폰드Deep Pond 둑에 있었기에 서로의 집까지는 걸어서 10분이면 충분했다. 매사추세츠주 케이프코드의 연못들이 으레 그렇듯, 딥폰드도 1만 5000년 전쯤, 녹아가던 빙하에서 떨어져나온 얼음덩어리가 먼 훗날 우리 집 뒷마당이 될 말랑말랑한 땅 깊숙이 박히며 생긴 연못이었다. 얼음덩어리가 녹자 깊이 파인 구덩이 속에 물이 차면서 케틀홀이라는 형태의 호수가 되었다.

딥폰드는 비록 둘레 길이는 짧았지만 최대 수심은 50피트[약 15미터]에 달했다. 나와 남동생은 물론, 이 연못가에서 자란 아이들은 다들 여름이면 우리끼리 만든 놀이를 하며 흠뻑 젖은 채 서로를 쫓아다녔고, 행복한 웃음소리가 물소리와 뒤섞여 울려 퍼졌다. 때로 나는 연못의 중심부가 아니라 왼편에 있는 가장 깊은 곳까지 헤엄쳐간 뒤 깊은 구멍 위에서 물장구를 쳤다. 여름 햇볕에 수면은 목욕물 온도까지 따뜻해졌지만, 몇 피트만 들어가면 차가워졌다. 따끈따끈한 얼굴을 하고, 팔을 휘두르면서, 나는 더 차갑고 깊은 물속에서 발을 참방거리며 몸을 부르르 떨었다. 50피트는 우리 동네에 있는 가장 높은 건물이 들어 가고도 남는 깊이였고, 내 키의 열 배가 넘었다. 한 도시를 통째 로 담을 수 있을 만큼 커다란 수수께끼였다. 그 구멍 속에서 평 생을 헤엄친다 해도 구멍 밑바닥에 무엇이 있는지 모를 수도 있었으리라.

열 살 때의 일기에는 이렇게 적혀 있다. "오늘 알렉스가 와 서 함께 수영했다. 알렉스가 나를 좋아하는 것 같다."

알렉스는 나보다 한 학년 위였고, 키는 1피트[약 30센티미터] 더 컸다. 입이 크고, 갈색 눈에는 속쌍꺼풀이 잡혀 있었고, 쌀쌀 한 가을 아침 버스 정류장에 드리운 구름도 쫓아 보내는 요란 한 웃음소리를 내는 아이였다. 학교에 가는 닷새 중 나흘간 똑 같은 윗옷을 입었고, 나는 그가 아름답다고 생각했다. 알렉스 를 알고 지낸 지 몇 년이나 되었지만 일기장에 기록된 것이 그 에 대한 최초의 선명한 기억이다. 몇 달 뒤, 그는 처음으로 내게 침을 뱉었다.

열한 살이 된 나는 동네의 5학년, 6학년 아이들과 같은 공립 중 학교에 입학했다. 새로운 버스 정류장은 나무 우거진 큰길을 한참 더 내려가서, 다른 거리와 수직으로 교차하는 길 끝에 있 었다. 그곳에 1985년 타이태닉호의 잔해를 발견한 해양학자 로버트 밸러드Robert Ballard의 저택이 있었다. 밸러드가 연구 자 경력을 시작한 지 얼마 안 되었을 때 이곳 인근에 있는 우즈

홀 해양연구소에서 일했는데, 난파선을 향한 집착이 시작된 것은 바로 매사추세츠 해안에서 심해 다이빙을 하던 이 시절이었다. 때로 나는 그 집을 가만히 살펴보며—반들거리는 수많은 창문, 담쟁이로 뒤덮인 테니스장—밸러드와 상선 선장이던 내 아버지 사이의 차이를 생각했다. 한 남자는 화물을 싣고 바다를 건너고, 다른 한 남자는 화물을 발견하려 바닷속 깊은 곳으로 뛰어들었다는 것이 그 차이다. 나는 각각의 일이 품은 로맨스에 끌렸다. 반짝이는 수면을 가르고 나아가는 것, 그러다 차가운 심해로 풍덩 뛰어드는 것. 밸러드의 집 정원을 돌담이 에워싸고 있었다. 우리는 이 돌담 앞에서 스쿨버스를 기다렸다.

나는 버스 정류장까지 걸어가는 사이 책을 읽었다. 독서는 시간을 먹어치웠다. 그렇게 몇 시간이 사라지곤 했다. 그러면 아버지의 항해도 짧게 느껴졌고, 한 쪽 한 쪽 읽을 때마다 아버지가 돌아오는 날이 더욱 가까워졌다. 나는 단 한 가지 능력을 갖춘 마술사였다. 세상을 사라지게 만드는 능력. 오후 내내 책을 읽다 정신을 차리면 내 삶은 꿈을 닮은 안개가 되어 있었고, 그 속을 떠돌고 있는 사이 내 자아는 차가 우러나듯 다시금 서서히 내게로 흘러들었다.

5학년이 되면서 변한 건 버스 정류장의 위치뿐만이 아니었다. 그해 여름 부모님이 헤어졌다. 한때는 믿음직한 선박이던 내 몸이 변화하기 시작했다. 그러나 이 변화는 재미있는 마술이 아니었다. 아브라카다브라가 아닌, 우르릉 쾅이었다. 새로운 몸은 예전처럼 쉽사리 사라져주지 않았다.

"때로 나는 사람들이 변하지 않았으면 좋겠다." 나는 일기장에 썼다. 사람들이란 내 부모님을 말하는 것이었다. 나를 말하는 것이었다. 매혹할 수 있으되 통제할 수 없는 힘을 가진 내 새로운 몸을 향해 호수를 가로질러 헤엄쳐온 그 소년을 말하는 것이었다.

2차 성징이 시작되기 전에는 머뭇거리지도, 남을 의식하지도 않은 채로, 세상을 향해, 타인을 향해 다가갈 수 있었다. 나는 걸신들린 듯 책을 읽었고, 찾아볼 단어들을 빨간 벨벳 표지의 공책에 모두 써 넣었다. 아직도 그 공책을 갖고 있다. 공책에는 이런 단어들이 쓰여 있다. "대용품. 엔트로피. 연상기호. 수렁. 비대한. 백발." 나는 영리하고 강했으며 내 힘이란 오로지 그런 것들에 담겨 있었다. 부모님은 나를 사랑했고, 이런 장점들을 다시금 내게 되비추어주었다.

다른 소녀들과 비교해보면 어쩌면 내 어린 시절이 더 안전했는지도 모르겠다. 어머니는 케이블 텔레비전과 설탕이 든 시리얼을 금지했고 내가 읽는 어린이책들을 페미니즘적 관점에서 샤피 펜으로 교정했다. 아버지가 떠난 것이 슬프기는 해도, 여성으로 산다는 것에 담긴 더 어두운 차원으로부터는 보호받고 있었다. 지금 나는 타이태닉호를 생각한다. 난파선의 익숙한 비극, 우현에 빙산이 충돌하던 굉음, 선체에 간 금으로 콸콸 쏟아져 들어오던 바닷물이 내던 우레 같은 소음을 떠올리는 게 아니다. 타이태닉호의 여정에 담긴 짧은 기적을 생각한다. 그 배가 완전무결한 채로 대서양을 항해했던 375마일[약 603킬로미터]을 생각한다. 어린 시절 내 여정 역시 기적이었다. 타이태닉호와 마찬가지로, 나의 기적도 오래가지는 않았다.

처음 변화를 알아차린 것은 어머니였다. "네 몸은 신전이란다." 어머니는 말했다. 그러나 어머니가 사준 브라는 옷이라기보다는 구속복같았다. 나는 헐렁한 티셔츠를 입고 어깨를 구부리고 다녔다. 몸을 숨기고 싶었다. 내 몸은 잘못된 방식으로 너무 컸다. 엉덩이는 식탁 모서리에 하도 부딪혀서 보라색이 되었다. 더는 내 몸뚱이가 어떻게 생겼는지 알 수 없었다. 어머니는 내게 『내 몸에 무슨 일이 일어나고 있나요? 소녀 편What's Happening to My Body?: Book for Girls』을 사다주었다. 호르몬 변화, 가슴과 음모에 관해 과학적으로 설명해주는 책이었다. 이 책은 『내가 알던 세계에 무슨 일이 일어나고 있나요? 소녀 편』이 아니었으니, 어째서 야구팀에 속한 유일한 여자라는 사실이 더는 의기양양하게 느껴지지 않는지는 설명해주지 않았다. 책은 어째서 여태까지는 나를 전혀 눈여겨보지 않았던, 지나가는 차에 탄 남자 어른들이 이제는 나를 보고 음흉한 웃음을 흘리는지 설명해주지 않았다. 책은 내 몸에 일어나고 있던 일이 세상에서의 내 가치를 변화시키는 이유가 무엇인지 설명해주지 않았을 뿐만 아니라 그 사실을 인정조차 하지 않았다.

나는 이러한 다른 변화들에 관해 질문하지 않았다. 다른 아이들은 질문했을지도 모른다. 하지만 내 질문에 부모님이 대답하지 못하면 어떻게 되지? 이미 나 자신을 드러내는 건 위험을 감수하는 일처럼 느껴졌다. 부모님이 준 책에 나와 있지 않은 변화는, 어쩌면 오로지 나만의 문제인지도 몰라.

아이들은 세상을 잘 모른다. 새로운 것은 우리 각자가 만들어낸 것인지도 몰랐다. 논리가 주어지지 않을 때 아이들은 논리를 만들어낸다. 열 살의 내게 어머니는 어떤 설명을 해줄 수 있었을까? 상상할 수 없다.

어느 가을날 오후, 알렉스가 축구를 하자며 나와 남동생을 집에 초대했다. 난 축구 선수가 아니었는데도, 동생을 끌고 큰길을 내려가 비포장 진입로로 들어서자 알렉스가 자기 사촌들과 듬성듬성 난 잔디 위에서 공을 차고 있었다. 먼지가 이는 마당 위로 하늘이 낮게 내려앉아 있었고, 머리 위에서 은빛 구름이 무르익어갔다. 열한 살이던 나는 아직도 야구팀 남학생들과 시합해서 이길 수 있었다. 티셔츠 앞섶에 불룩 튀어나온 가슴을 가지고도 이길 수 있었다. 여전히 내 별명은 여자 베이브 루스였다. 하지만 알렉스는 나보다 한 살 많았고, 덩치는 두 배였다. 내게 도저히 져주지 않았다.

알렉스는 연신 골을 넣었다. 그가 공을 너무 세게 차는 바람에 나는 펄쩍 뛰어 공을 피했고, 부끄러워 활활 타는 얼굴로 공

케틀홀 43

을 가지러 숲으로 들어갔다.

"꼴 좋다!" 알렉스는 이죽거리더니 아이들의 발길이 일으킨 먼지구름 속에 침을 탁 뱉었다. 그러더니 엉성하게 꾸린 경기장에서 자기 팀이 있는 쪽으로 가서는 티셔츠 밑단을 걷어올려 이마의 땀을 훔쳤다. 울퉁불퉁한 근육이 잡힌 납작한 배가 드러났다.

경기를 시작한 지 한 시간이 지났을 무렵, 하늘이 열리며 먼지투성이 축구장에 비를 퍼부었다. 알렉스가 멈추지 않았기에 나도 멈추지 않았다. 나는 젖은 머리가 얼굴과 목에 온통 달라붙은 채로 달렸다. 헐렁하던 티셔츠가 물이 뚝뚝 떨어질 정도로 젖어 가슴에 달라붙는 바람에 몸이 다 비쳐 보였다. 그런데도 멈추지 않았다. 허벅지가 타는 듯 아프고, 허파가 부풀어 오르고, 청바지 다리에는 온통 진흙이 튀었는데도, 달렸다. 알렉스는 몇 인치나 파인 진흙탕에도 아랑곳하지 않고 기계처럼 공을 드리블해 우리 팀 골대에 집어넣었다. 나를 쳐다보지 않았는데도, 그가 공을 찰 때마다 꼭 내 몸을 표적 삼고 공격하는 것만 같았다. 나는 우리가 무엇을 위해 싸우는지 몰랐다. 항복해선 안 된다는 사실만 알았다.

그날, 나는 내가 가진 걸 다 쏟아부었지만, 그것만으로는 충분하지 않았다. 충분한 것 근처에도 못 갔다. 내 몸이 가진 힘이 신체적 강인함이라는 믿음은 그날로 끝났다.

25년이 지나 그날의 일기를 읽어보았다. "오늘, 알렉스 집에서 **네 시간**이나 축구를 했다! **너무 재밌었다!**"

재밌지 않았다. 그날의 일은 모욕이었다. 수수께끼였다. 무슨 잘못을 했는지는 도무지 알 수 없었지만, 그날의 일은 벌이었다. 그 사실을 숨기려는 본능이 너무 강한 나머지 일기장에 거짓말을 썼다. 그날의 참패를 기록으로 남기고 싶지 않아서.

타이태닉호의 이름은 올림포스 신들보다 먼저 등장한 그리스의 신족인 티탄족에게서 따온 것이다. 어릴 때 나는 그리스 신화를 무척 좋아했고, 제일 좋아하는 신 중 하나는 티탄족의 여신이자 아홉 뮤즈의 어머니인 므네모시네였다. 기원전 4세기의 그리스 문헌에 따르면 죽은 이는 레테강의 물을 마시고 전생의 기억을 지울지, 므네모시네강의 물을 마시고 다음 생에도 이 기억을 가져갈지를 선택한다. 베르길리우스의 『아이네이스』에 따르면 죽은 이는 망각해야 환생할 수 있다. 열두 살 나이에 나는 망각을 선택한 것이다.

돌담 앞 버스 정류장에서는 우리 말고도 새라와 클로이라는 두 소녀가 버스를 기다렸다. 둘 다 나보다 한 학년 위였다. 새라는 금발 머리에 초조해하는 성격이었다. 클로이는 알렉스의 사촌이었다.

예전 버스 정류장에서는 알렉스가 우리 셋을 알은체하지 않았는데, 이제는 달랐다. 우리 중 한 명에게 다른 둘에 대한 비

열한 험담을 속삭이기도 했고, 그럴 때면 우리는 이번이 내 차
례가 아니라는 안도감이 자아낸 히스테리컬한 웃음을 터뜨렸
다. 알렉스는 자기 반 남학생들 이야기를 하거나, 몸집이 작은
클로이를 놀렸다. 한번은 그가 클로이를 번쩍 들어 돌담 너머
로 집어 던지는 시늉을 했다.

"하지 마, 알렉스!" 클로이가 외쳤다. 성이 나서 얼굴이 붉
게 달아오른 채 눈을 굴리는 클로이를 보면서 새라와 나는 부
러워했다. 새라는 괴롭힘을 당하면 얼굴이 하얗게 질렸고, 곧
바로 얼굴을 일그러뜨리며 눈물을 터뜨릴락 말락 했다. 알렉스
는 늘 새라가 울음을 터뜨리기 직전에 괴롭힘을 멈췄다. 그러
다 결국 새라를 괴롭히는 일을 그만두었다. 나에 대한 괴롭힘
은 멈출 줄 몰랐다.

아무리 욕을 퍼부어도 별 효과는 없었지만, 난 매번 그에게
맞섰다. 그는 자꾸만 대결을 걸어왔고, 새라는 신이 나서 심판
노릇을 했다. 내가 절대 이길 수 없는 달리기 시합. 눈싸움. 젖
은 풀숲에 무릎을 꿇고 앉아 팔씨름했을 때 알렉스는 내 손등
을 돌담의 표면에 짓눌렀다. 그는 이런 일들이 놀이나 장난인
척했고, 우리는 웃어넘기기는 했지만 그게 장난이 아니라는 건
다들 알았다. 클로이를 대할 때처럼 아이처럼 대하거나, 새라
한테 시비를 걸 때처럼 신중한 태도는 간데없었다. 하지만 나
는 피해자 노릇을 할 생각은 추호도 없었다. 아침마다 지독한
두려움을 느끼며 깨어나고, 밤에도 그 두려움을 그대로 품은
채 잠들었지만, 어머니에게 이르거나 학교까지 차로 태워 달라

부탁하는 건 도저히 할 수 없었다. 그런 건 딱 질색이었다.

나는 선장의 딸이었다. 구원받는 존재가 될 생각은 없었다. 숙어에서도, 선원들의 전통에서도, 심지어 법에서도 선장은 배와 함께 가라앉아야 한다고 명시되어 있다. 이 규칙은 선장이 승객을 구할 뿐 아니라 자신의 긍지를 지킬 책임이 있음을 시사한다. 타이태닉호의 선장 에드워드 스미스는 배가 물에 완전히 가라앉기 직전 함교 위에서 마지막으로 목격되었다. 내 고집도 이런 윤리를 반영했다. 지켜야 할 사람들을 보호하거나, 아니면 그들을 지키려 애쓰다가 홀로 가라앉아야 했다.

어느 날 그가 나를 쫓아오기 시작했다. 나를 잡아서 어쩔 작정인진 알 수 없었는데, 아마 그 역시도 몰랐을 것이다. 다행히도 그 결말을 알기 전에 스쿨버스가 도착했다. 버스 계단까지 쫓아오던 그는 내 뒤에서 우뚝 걸음을 멈췄고, 내가 자리에 앉고 나자 여유롭게 나를 지나쳐갔다. 뒤통수와 버스 좌석에 씌운 비닐 시트 사이가 축축하다는 걸 깨닫고서야 그가 내게 침을 뱉은 걸 알았다. 뒤통수에 손을 가져갔다가 얼른 빼서 청바지 다리에 문질러 닦는 내내 창밖만 바라보았다. 가슴에서, 흉골 아래에서, 처음 느껴보는 감각이 밀려왔다. 헝겊을 움켜쥐는 손처럼 나를 조여 오는 감각이었다.

다음번에 그가 침을 뱉자, 나도 그에게 똑같이 침을 뱉어 복수했다. 일주일 동안 그는 내 머리에, 얼굴에, 책에, 가방에 침을 뱉었다. 복수에 성공하는 일은 드물었지만 나는 포기하지 않았다. 한번은 잘 피해서 침 세례를 맞지 않고 그의 뒤에서 버

케틀홀

스에 오르는 데 성공하기도 했다. 하지만 내가 버스에 오르자마자 그가 통로를 다시 거꾸로 달려 나와 큼직한 가래 덩어리를 내 뺨에 뱉어냈다.

내가 울어버리거나 맞서기를 포기하면 괴롭힘이 멈추리라는 걸 알았다. 하지만 그럴 수는 없었다. 괴로울수록 반발심도 커졌다.

어느 날 오후, 수업을 마친 뒤 올라탄 스쿨버스 안에 그가 보이지 않자, 집으로 가는 길에 싸움하지 않아도 된다는 사실에 잠깐이지만 안도감을 느꼈다. 나는 새라와 클로이를 앞질러 가려고 황급히 버스에서 내렸다. 알렉스가 없는 틈에 우리 셋이 나눌 만한 이야기엔 아무런 관심이 없어서였다. 알렉스가 사는 거리의 끝을 지나면서 나는 책가방에서 책을 꺼냈다.

내 뒤에 나타난 알렉스의 존재는 인기척을 듣기 전에도 먼저 느낄 수 있었다. 심장이 거칠게 쿵 내려앉고 절망이 빠르고 거세게 몰려오는 바람에 나는 속수무책으로 눈물을 쏟고 말았다. 숨을 몰아쉬며 간신히 "꺼져" 한 마디를 내뱉었지만, 더는 아무 말도 나오지 않았다. 알렉스는 내 옆모습을 바라보며 말없이 따라왔다. 나는 그의 눈길을 막으려 책으로 옆얼굴을 가렸다. 그가 책을 밀어냈다.

"미안." 알렉스가 말했다. 나는 격격 소리가 날 정도로 심하게 울면서 다시 책으로 얼굴을 가렸다. 그러자 그는 또 책을 아래로 밀었다. "그렇게 힘들어하는 줄 몰랐어." 그는 말했다. "네가 싫어하는 줄 알았다면 나는 안 했을 거야." 그는 말했다. "네가 싫어서 그런 게 아니야." 그는 말했다. "난 널 좋아해."

나는 그의 말을 믿었다. 그리스의 어부는 출항하기 전 악령을 물리치려고 그물에 침을 세 번 뱉는 미신을 지킨다. 미노스왕은 예지력을 지닌 폴리이도스에게 멍청한 왕자의 선생 노릇을 강요한다. 그러다 마침내 자유를 얻은 폴리이도스는 왕자에게 자기 입안에 침을 뱉어 달라고 해서 여태 배운 모든 것을 잊게 만든다. 어쩌면 욕망 없는, 자기를 파괴할 만큼 큰 힘에 대한 두려움 없는 침 뱉기는 없는지도 모르겠다. 그러나 알렉스의입은 내가 각성하는 계기가 되었고, 나는 욕망이 두려움이 되고, 두려움은 증오가 될 수 있으며, 그러면서도 애초 가진 욕망이 조금도 사라지지 않을 수 있다는 걸 알게 되었다. 이 힘겨루기를 진정으로 이해할 수 있기까지는 그 뒤로 20년이라는 세월이 더 필요했다.

그날 이후 알렉스는 나를 가만히 내버려두었다. 나는 버스 정류장에서 책을 읽었다. 그럼에도 나는 새로운 사실을 알게 되었다. 그가 나에게 무언가를 원했고, 그 때문에 나를 미워했다는 사실. 그리고 그 미움은 내가 원하는 것을 주건, 주지 않건, 무슨 짓을 해서도 바꿀 수 없다는 사실이었다. 다음 해, 내가 지닌 여성의 몸에 대한 가르침을 더욱 잘 알게 되었다. 벌이 상이라는, 힘을 빼앗기는 것이 힘이라는 가르침이었다. 야구는 그만두었다. 같이 야구하던 남학생 중 한 명이 내 옷 안에 손을 넣으려 했을 때 막지 않았다. 결국은 그들이 이기도록 해준 게 다행인지도 모르겠다.

학교의 다른 소녀들은 수영복을 입은 채 카펫 깔린 지하실에 놓인 큼직한 텔레비전 앞을 돌아다녔다. 어머니의 브라를 입고 가슴에 뭔가를 채워 넣은 뒤 속옷 잡지 모델 포즈를 따라 했다. 그 애들은 저녁마다 우리 집에 전화를 걸어오기 시작한 남학생들 이야기를 끝없이 해댔다. 열두 살 때 나는 이미 잡지에 나오는 여자들의 몸을 갖게 되었지만, 그건 상이 아니었고, 그 누구도 축하해주지 않았다. 그건 내가 노력하지 않았는데도 이겨버린 시합이었고, 그 시합에서 이기는 것이야말로 최악의 패배였다.

그렇게 나는 내가 가진 힘은 힘이 아니며, 무엇을 하건 하지 않건 받는 벌임을 알게 되었다. 그렇기에 벽장에 함께 들어간 친구 오빠가 문을 닫도록 내버려두었다. 나보다 나이 많은 끈질긴 남학생이 내 옷 안을, 다리 사이를 더듬게 내버려두었다. 한때 강인했던 내 몸은 내던져지고 쪼개지고 하도 만져 모서리가 둥글어진 수동적인 사물이 되었다. 알아볼 수 없는 모습이었다.

그들이 내게 이끌리는 데에는 기쁨도 있었다. 그들이 자꾸만 내 곁을 맴돌 때 느껴지는 기쁨이었다. 그러나 그들이 내 몸을 건드리자마자 기쁨은 사라져버렸다. 그다음에 일어난 일들, 애들이 학교에서 내 별명을 부르고, 천박한 몸짓을 해대고, 집으로 장난 전화를 걸어온 일을 나는 조금도 통제할 수 없었다.

어머니가 전화를 받아도 장난 전화는 끝나지 않았다. 어머니는 나를 도와주려 했지만, 내게는 지금 일어나는 일을 설명할 수 있는 언어가 없었다. 내 잠수정에는 구멍이 뚫렸다. 물이 차서 묵직해졌다. 나는 가라앉고 말았다.

그런 일에 어머니가 무슨 수로 나를 대비시켜줄 수 있었겠는가? 바다를 상대로 이길 수 있는 사람은 없다. 조작된 경기에 좋은 전략이란 존재하지 않는다. 그저 새로운 패배 방식이 존재할 뿐이다.

세상에서의 내 몸과 집 안에서의 내 몸은 달랐다. 열한 살의 나는 욕조에 들어가 한 손에 눅눅한 책을 들고 다른 한 손으로는 한 움큼 잡히는 나긋나긋한 가슴, 갓 부풀어 오른 엉덩이, 성性의 부드러운 주머니를 느릿느릿 탐구했다. 처음 욕조 바닥에 드러누워 들어 올린 발꿈치를 수도꼭지 옆 벽에 댄 채 뜨거운 물이 몸에 쏟아지게 만들었을 때, 나는 내 몸이라는 선체에 균열을 내는 것이 환희에 가까운 일임을, 가라앉는 대신 소환된 힘임을 알았다. 혼자 있을 때 나는 배이자 바다였고, 그 어떤 수치심도 없이, 매끈한 도기 위에서 파르르 떠는 내 몸에 쏟아지는 쾌락만을 느꼈다.

나는 어머니 방 책꽂이에서 『나만의 비밀 정원My Secret Garden』을 슬쩍해 내 침대 매트리스 밑에 숨겼다. 낸시 프라이데이가 1973년에 쓴, 실제 여성들의 성적 판타지를 담은 이 책은 「레즈비언들」, 「익명성」, 「강간」, 「동물성애」 같은 소제목들로 이루어져 있었다. 나는 이 책에 담긴 모든 이야기에서 쾌감을 느꼈다. 심지어 개와 관계하는 여자 이야기를 읽을 때도 느꼈다. 책에 실린 이야기들과 내가 느끼는 쾌감은 부끄럽지도, 충격적이지도 않았다. 그저 끝을 모르고 계속되는 오르가슴일 뿐이었다. 처음 오르가슴을 느꼈을 때, 나는 몇 초 간격으로 내가 또다시, 또다시, 또다시 절정에 다다를 수 있다는 걸 알았다. 그건 그 뒤로 20년이 지나도록 그 어떤 연인도 발견하지 못한 능력이었다. 나는 드러누워서, 엎드려서, 베개를 타고 앉아서 절정을 느꼈다. 나무 빗 손잡이를, 당근을, 오이를, 플라스틱 인형의 다리를 몸에 집어넣고 느꼈다. 나는 내 새로운 축축함을 맛보았고, 그건 침처럼 끈적하지만 짭짤하고도 달콤했다. 나는 방바닥에 무릎을 꿇고 앉아 다리 사이에 손거울을 가져다 댄 채로 절정을 맞이했다.

방에 혼자 있을 때 내 몸은 내가 도저히 헤아릴 수 없을 만큼 깊었다. 내 두 손 아래에서 내 몸은 밀물처럼 마구 전율했다. 세상은 내가 아는 것보다 더욱 거대했고 그 힘 역시 무시무시했다. 나 역시 거대하다는 사실을 알았다. 남자들은 모르는 펄펄 끓는 세계였다.

장난 전화가 시작된 뒤, 가슴을 조여 오는 감각이 너무 익숙해져서, 그 감각이 내 안에 있는 것인지 아니면 그 감각이 **나인지**

분간하지 못하게 된 뒤, 지금까지 나에게 손을 댄 남자들 이름이 모조리 쓰여 있지만 그들의 손길로 아무것도 느끼지 못했다는 말은 쓰여 있지 않은 일기장을 아버지가 읽은 뒤, 내가 토요일 오후마다 사실은 어디서 시간을 보냈는지를 놓고 고성이 오가는 싸움이 벌어진 뒤, 부모님이 내 양말 서랍 안에서 술병을 찾아낸 뒤, 부모님이 집 전화번호를 바꾸고 나를 1년간 사립학교로 전학시킨 뒤, 그럼에도 아직은 처음 여자와 키스하기 전이던 8학년 때, 나는 공립 학교로, 밸러드 집 앞 돌담으로 돌아갔다.

이번에는 알렉스가 자기 집을 지나쳐서 나를 따라온 다음, 우리 집 우편함 건너편 숲속으로 끌고 갔을 때, 그가 뭘 원하는지 나도 알았다. 솔잎과 흙냄새 속, 축축한 낙엽 위에 눕자 우리 몸 아래에서 잔가지가 부러졌다. 나는 높이 솟은 나무우듬지를, 반짝이는 초록 별을 닮은 잎들을 올려다보며 비둘기가 애도하듯 구구 우는 소리에 귀를 기울였다.

그곳에서 알렉스는 처음으로 내 입에 입을 맞췄다. 침을 주고받은 일은 전에도 있었지만, 우리 둘의 침이 이렇게 뒤섞인 건 처음이었다. 처음으로, 나는 욕망과 폭력이 뒤섞인 그 맛을 느꼈다. 그 둘은 처음부터 하나였다. 그가 겨드랑이께에 둘둘 말리도록 내 티셔츠를 걷어 올려 배와 가슴을 드러냈다. 나는 가만히 있었다. 그건 이미 여러 번 해본 일, 혹은 내게 일어나게 내버려둔 일이었다. 이번에는, 이 일이 지독한 슬픔으로 나를 가득 채웠다. 평생 뛰어놀던 숲속, 내 집에서 이토록 가까운,

빛을 받아 반짝이는 연못이 나무 틈으로 보일락 말락 하는 이곳에서, 꼭 내가 무언가를 죽이는 것 같은, 혹은 그가 무언가를 죽이게 내버려두는 것 같은 기분을 느꼈다. 그럼에도 나는 그를 말리지 않았다. 결국은 알렉스가 알아서 그만두었다. 일어나 앉은 나는 티셔츠를 끌어 내렸다. 우리는 말없이 헤어졌다. 나는 우리가 영영 이 일을 입 밖에 내지 않으리라는 걸, 어쩌면 영영 서로 말을 섞지 않으리라는 걸 알았다. 상관없었다. 나는 그에게 원하는 게 아무것도 없었다, 그가 이미 빼앗아간 것 말고는.

로버트 밸러드는 오랫동안 타이태닉호를 발견하기를 꿈꿨다. 어린 시절에는 니모 선장을 동경했다. 나는 그가 타이태닉호를 발견한 순간 느꼈을 환희를 상상해보곤 했다. 내가 어린 시절을 보낸 곳에서 1000마일[약 1609킬로미터] 떨어진 해저에 70년간 묻혀 있던 거대한 잔해는 얼마나 웅장해 보였을까. 훗날 밸러드는 자신이 발견한 것이 묘지라는 현실을 깨달은 순간 정신이 번쩍 들었기에 그 순간 느낀 환희는 금세 시들어버렸다고 했다. 타이태닉호에서 약 1500명이 사망했고, 난파선의 잔해를 발견한 밸러드의 팀은 시신들이 어디로 떨어졌는지 알 수 있었다.

　만약 그들이 시신의 존재를 몰랐더라면? 만약 애초에 타이태닉호를 찾을 생각이 없었던 밸러드가 우연히 찾은 거였다면? 풀린 수수께끼는 언제나 죽음이다. 가능성의 죽음, 부정의 죽음, 우리가 불굴의 존재라는 꿈의 죽음이다.

나는 내가 결국 BDSM 던전으로 오며 댄 이유들을 전부 믿었다. 내가 남자들의 얼굴에 침을 뱉으며 얻는 쾌락은 트라우마 생존자에게서의 구원 같은 것이 아니라고. 알렉스를 떠올린 건 수년이 지난 뒤, 도미나트릭스로 지낸 경험을 담은 책을 쓰던 중이었다. 나는 홀로 책상 앞에 앉은 어른 여성이었다. 그러다가 기억이 떠오르는 순간―그의 앞에서 움찔하지 않으려고 기를 쓰던 사이 찾아온, 가슴 조이는 두려움―나는 딥폰드의 찬물 속에서 두 발을 첨벙거리다가 문득 발이 바닥에 닿아버린 그 소녀가 되었다. 연못 바닥에서 번득이는 내 유령선의 잔해가 전부 보였다.

던전에서 내 정체성은 또 한 번 희석되어 대상화되었다. 이곳 남자들은 과거의 모든 남자들과 마찬가지로 내 몸의 용도를 처방했다. 이번에 내 일은 묵인하는 것이 아니라 거부하는 것, 좋다고 말하는 대신 싫다고 말하는 것이었다. 어쩌면 그건 싫다는 말을 내뱉는 법을 배우기에 가장 좋은 방법이었는지도 모르겠다.

"당신을 원해요." 그들은 끝없이 말했다.

"날 가질 순 없어." 그때마다 나는 이렇게 대답했다.

"제발." 그들은 매달렸다.

"싫어." 나는 말했다. 해저에 매인 카리브디스*처럼, 나는 그들의 눈에 바다를 뱉어내고 포효했다. "싫어. 싫어. 싫어. 싫어. 싫어." 이 두 글자 속에 50피트 깊이의 소우주가, 내가 수십 년간 물 위를 걸으며 지나온 세계가 담겨 있다. 그 일을 그만두고 나서야 내가 얼마나 지쳤는지 알 수 있었다. 그다음에는, 강해졌다. 내 힘으로 이보다 더 완벽한 구원을 설계할 수 있었을까? 이해하지 않더라도 즐길 수 있었다. 이해한 뒤에는, 내 상상 속 밸러드가 처음 타이태닉호의 잔해를 발견했을 때 느꼈을 그 감정을 느꼈다.

알렉스를 한 번 본 적 있다. 수년이 지난 뒤, 내가 도미나트릭스이던 시절, 아니면 그 얼마 뒤였던 것이다. 어느 맑은 여름 오후, 그의 형 집 포치에서였다. 그는 예전과 똑같았다. 나를 쳐다보지 않았지만, 그에게 새로운 나, **싫어**라는 말을 일삼는 여주인이 된 나를 보여주고 싶은 마음이 간절했다. 그 소망 속에는 내 안에 아직도 연약한 부분들이 남아 있으며, 그가 있는 곳에서 흔들리고, 너무나도 순수한 모습 그대로라는 앎이 깃들어 있었다.

---

* 바위 또는 소용돌이 모습을 한 그리스 신화의 바다 괴물. 바닷물을 빨아들이고 뱉기를 반복하며 항해자들을 침몰시키려 드는 모습으로 그려진다.

사람들은 타인을 사랑하려면 자신을 먼저 사랑해야 한다고들 한다. 하지만 그렇지 않다. 사랑받는 일이, 가족, 연인들, 친구들의 끊임없는 돌봄이 나를 하나로 이어 붙여주었으니까. 때로 사랑하는 이의 입술에 담긴 온기만으로도 나는 벌컥 열려버리고, 신중히 유지하던 통제는 전부 흐트러진다. 아직 내 내면이 연약하다는 걸 확인할 때마다, 충격을 받는 동시에 너무나 안도한다. 연인에게 몸을 내어주는 동시에, 나만의 것으로 간직할 수 있다는 사실에. 내가 그 길 잃은 소녀를 사랑할 수 있건 아니건, 그들은 그 애마저 사랑한다.

그 소년, 그의 커다란 손과 축축한 입을 떠올리면, 때로 그때로 돌아가 **싫다**고 말하고 싶다, 땅속에 깊이 파묻힌 내 조각을 끄집어내고 싶다. 무엇보다도, 그 소녀에게 미안하다 말하고 싶다. 그 애가 어떻게 알았겠는가? 그 애는 그저 자기가 아는 최선의 방식으로 살아남았던 거다. 때로는 우리의 이야기를 진실하게 말하기 위해서는 다른 이야기, 우리가 살면서 짓고 또 품고 다니던 이야기를 지워야 한다. 약간의 수수께끼를 남기는 편이 더 쉽기 때문이다. 살아남는 데 진실은 필요 없고, 때로 우리의 생존은 진실을 부정하는 데 달려 있다.

내 앞에 나타난 난파선은 장엄하고도 비극적이다. 어떻게 그폐허를 그토록 오랫동안 숨기고 살았을까? 정말로, 묘지 같았다. 알렉스가 내 안에서 죽인 무언가가 아니라, 내가 진실을 묻어버리는 과정에서 죽인 무언가가 묻힌 묘지였다. 어느 강의 물을 마시건 간에, 망각은 과거를 지울 수 없다. 그저 다음 생까지 지고 갈 폐허를 숨길 뿐이다.

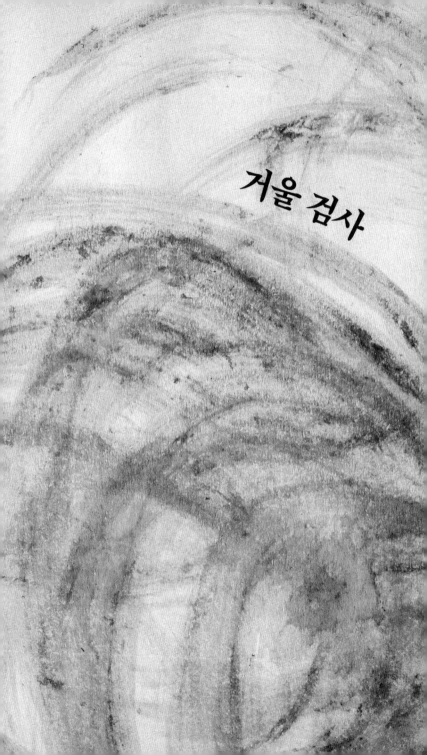

거울 검사

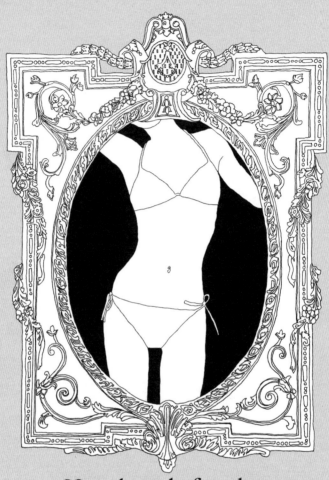

How long before her reflection replaces herself?

거울에 비친 모습이 진짜 몸을
대체하기까지 얼마나 걸릴까?

진실이란 무엇일까? 여성의 경우, 진실이란 가장 믿기 쉬운 이야기다.

— 이디스 워튼, 『환락의 집』

1

해마다 몇 번씩, 저메이카 킨케이드의 단편소설 「소녀Girl」를 강의할 때마다 나는 저자가 2015년 시카고 인문학 페스티벌에서 작품을 낭독한 영상을 강의실에 틀어준다. 이 소설은 어머니인 인물이 발화하는 명령문들로 이루어진 하나의 긴 문단으로 되어 있다. 빨래를 제대로 하는 법, 식탁 차리는 법 같은 집안일 설명 중간중간에 소설 전체에 걸쳐 되풀이되는 문구인 "네가 되려고 작정한 그 잡년slut"처럼 행동하거나 그렇게 보이지 않는 방법들이 등장한다. 영상에서 킨케이드가 이 구절을 되풀이할 때마다—"잡년"이라는 단어는 그의 부드러운 반죽 같은 목소리에 박혀 반짝이는 사금파리 같다—청중은 웃는다. 이 소설에도, 반복되는 구절에도, 저자의 표정에도 유머라고는 조금도 담겨 있지 않은데도 말이다.

"찻상은 이렇게 차려야 한다." 어머니는 설명한다. "온 집 안을 비질할 때는 이렇게 해야 한다." 어머니는 빵을 살 때는 반드시 꽉 쥐어 신선한지 확인하라고 딸에게 말한다. **"그런데 빵집 주인이 빵을 못 만지게 하면 어쩌죠?"** "결국 빵집 주인 마저 빵 옆에 얼씬도 못 하도록 만들 그런 여자가 되고 말겠다는 소리냐?"

18세기에 "잡년의 동전slut's pennies"이란 빵 반죽을 제대로 치대지 않아 생긴 딱딱한 덩어리를 가리키는 말이었다. 나는 그 덩어리가 짭짤하고 뻑뻑하다고, 이로 깨물 수 있을 만큼 부드러우면서도, 찌를 수 있을 만큼 질긴 것이라고 상상한다. 잡년의 동전 한 줌으로 무엇을 살 수 있었을까? 아무것도 못 산다. 아픈 말 한 마디, 뺨을 올려붙이는 손바닥, 당신의 느린 손을 빠르게 쳐내는 손 말고는.

잡년slut이라는 단어는 성적인 함의를 띠기 전까지는 옷차림이 단정치 못한 가난한 가정부를 뜻했다. 잡년이란 바닥에 먼지—"잡년의 털 오라기slut's wool"—를 남기거나 청소하다가 방 한 귀퉁이—"잡년의 귀퉁이slut's corner"—를 건너뛰는, 또는 수채통이나 바닥에 뚫린 구멍—"잡년의 구멍slut's hole"—에 때가 끼게 두는 하녀를 가리켰다. 간혹 지저분한 남자를 "잡스럽다sluttish"고 표현하기도 했으나, 그 남자가 입은 재킷이 너절하다는 뜻이지 그 남자의 집 마룻바닥이 비질되어 있지 않다는 뜻은 아니었는데, 잡년은 천한 집안일을 하는 사람, 종, 하녀, 고용인, 즉 여성을 가리키는 말이었기 때문이다.

잡년은 빗자루를 어깨에 비스듬히 기대놓거나, 양손으로 되는 대로 반죽을 주무르면서, 눈은 창밖을 향하고, 입으로는 노래를 흥얼거리며, 언제나 다른 무언가를 생각하고 있는 부주의한 여자였다.

아, 나야말로 지저분한 아이였다. 무럭무럭 자라나는 진짜 잡년이었다. 옷가지는 마구 엉킨 채 바닥에 널브러져 있었다. 책은 책등이 갈라질 정도로 쫙 펼쳐서 책장 귀퉁이를 접어놓았다. 다 먹은 접시는 책장 위에 놓아두었고, 끈끈한 숟가락은 러그에 붙어 떨어지지 않았다. 시키는 사람이 없었더라면 목욕은 하지도 않았을 것이다. 한번은 어머니가 팬티를 갈아입으라고 했다가 내가 더러운 팬티 위에 새 팬티를 겹쳐 입는 현장을 잡아내기도 했다. 어머니가 웃자 부끄러웠지만, 내 지저분한 버릇이 부끄러웠던 게 아니라, 그 자리에 있던 다른 사람도 웃은 게 부끄러워서였다.

특정한 시점에, 뭔가 사고를 친 뒤 전처럼 착한 아이로 보이고 싶어질 때면 방을 치웠다. 그러나 그건 착해지고 싶었기 때문이지 깔끔해지고 싶어서가 아니었다. 이미 선善이란 노력해서 얻어내야 하는 것, 타인의 존중을 받아야만 존재하는 것임을 알게 된 뒤였다. 방 안에 혼자 있을 때 나는 언제나 착했다. 아니면, 단 한 번도 착한 적 없었던 건지도 모른다. 선이란 바깥에 있는 사람들이라든지 그 사람들이 나를 어떻게 바라보는지 떠올릴 때를 빼면, 방 안에 혼자 있을 때는 생각할 필요가 없는 그 무엇이었다.

이런 이야기가 있다. 1838년 3월, 다윈은 런던동물원 동물학회를 찾았다. 동물원이 암컷 오랑우탄 제니를 입수한 직후였다. 다윈은 사육사가 사과를 가지고 제니와 장난치는 모습을 지켜보았다. 사육사가 사과를 줄 듯 말 듯 하다가 빼앗자 제니는 답답해하며 "말 안 듣는 어린아이와 똑같이" 바닥에 나동그라졌다. 나중에, 제니가 우리 속 거울을 보는 모습이 보였다. 이를 계기로 다윈은 동물의 정서적 지형을 궁금해하게 되었다. 제니는 공정함이라는 감각을 느낄 줄 알아서 화가 난 것일까? 부당한 일을 당했다고 느낀 것일까, 그렇다면 이런 반응은 자아감에 있어 어떤 의미를 시사하는가? 제니는 거울 속 자기 모습을 알아보았을까?

그 뒤로 100년도 더 지난 뒤인 1970년, 심리학자 고든 갤럽Gordon G. Gallup Jr.이 다윈의 사색에 바탕을 두고 거울 검사를 고안했다. '거울 자기 인식 검사Mirror Self-recognition Test'의 약자인 MSR로 불리기도 하는 이 검사는 동물이 자신을 시각적으로 인식하는 능력을 측정한다. 먼저 동물의 신체 부위 중 자기 눈으로 볼 수 없는 곳에 스티커를 붙이거나 물감으로 칠해서 표시한다. 그다음에는 거울을 보여준다. 동물이 거울 속 몸에 있는 표식을 자세히 본다면, 동물이 자기 인식을 수행한다고 간주한다. 거울 속 몸은 자신의 몸이고, 몸에 생긴 표식은 낯설다. 2015년을 기준으로 거울 검사를 통과한 동물은 유인원, 까치, 돌고래, 범고래 그리고 한 마리의 아시아코끼리뿐이다.

청소 말고 여성이 할 수 있는 온갖 일을 생각해보자. 즉, 여자를 잡년으로 만들 만한 온갖 소일거리 말이다. 책 읽기. 말하기. 듣기. 생각하기. 자위하기. 먹기. 하늘을, 땅을, 다른 사람들을, 자기를 바라보기. 딱지 뜯기. 담배 피우기. 그림 그리기. 무언가를 짓기. 백일몽 꾸기. 잠자기. 계획 세우기. 공모하기. 웃기. 동물과 교감하기. 신과 교감하기. 자신을 신이라 생각하기. 자신의 시간이 오로지 자신의 것일 미래를 상상하기.

영국 작가이자 사전편찬자인 새뮤얼 존슨Samuel Johnson이 1755년 편찬한 사전(『옥스퍼드영어사전』의 전신)에서 슬럿slut은 그 어떤 성적 의미도 띠지 않은, 그저 지저분한 여성을 뜻했다. 19세기에는 암캐 그리고 초 대신 불을 붙일 수 있도록 돼지기름으로 축인 행주라는 의미도 생겼다. 20세기가 되자 슬럿은 비도덕적인 여성, 남성의 도덕을 지닌 여성을 뜻하는 것으로 굳어졌으나, 마침내 성적으로 난잡한 여성, 즉 "수치스러우리만큼 과도한 수준으로 섹스를 즐기는 여성"을 가리키게 된 것은 1960년대에 와서의 일이다.

가히 눈부신 언어학적 궤적이라 할 만하다. 솜씨 없는 가정부를 도덕성이 낮은 여성으로 만들어라. 하녀가 남성에게 해주는 봉사를 의무로, 그 밖의 다른 행동은 모두 잠재적으로 비도덕적인 행동으로 만들어라. 여성을 암캐, 개, 돼지, 나아가 온갖 비굴하고 열등한 짐승으로 만들어라. 그 모든 것들을 가리키는 동의어를 창조하라. 섹스 역시 도덕적 의무로 만들되, 섹스에 담긴 쾌락은 범죄로 만들어라. 이제는 어떠한 죄목을 들어서라도 여성을 벌할 수 있다. 그 여성의 인간성을 괴물성으로 만들 수도 있다. 이제, 그 여성에게 원하는 무슨 일이든 할 수 있다.

내가 기억하는 나의 첫 오르가슴 중 하나는 니컬러스 케이지가 주연한 1983년 영화 〈밸리 걸Valley Girl〉을 볼 때 느꼈던 것이다. 나는 케이지가 연기한 펑크족 랜디와 데보러 포먼이 연기한 밸리 걸* 줄리 사이에 오가는 순결한 로맨스에는 별 흥미를 느끼지 못했다. 그런데 랜디가 펑크 클럽에 갔다가 섹시한 갈색 머리 미인인 전 여자친구 서맨서와 우연히 마주치는 장면이 나왔다. 클럽의 어둑한 그늘에서 두 사람이 긴박하게 사랑을 나누는 장면이 너무 매혹적이라, 나는 등 뒤 소파에서 졸고 있는 할머니의 존재에도 아랑곳하지 않고 몇 번이나 거듭해 절정이 찾아올 때까지 자위했다. 내 행동이 "수치스러우리만큼 과

---

* 미국 서부 대도시의 부유한 젊은 백인 여성의 전형화된 이미지를 가리키는 말.

도한 수준"에 도달했을 수도 있다는 건 까맣게 몰랐다.

학교 성교육은 여성의 쾌락은 물론, 여성에게 쾌락이 존재한다는 사실 자체도 가르쳐주지 않았다. 당연히 남성의 몽정이나 자위는 가르쳤지만 말이다. 내가 알기로, 과도한 자위를 하는 건 남성도 마찬가지였다. 그러나 이런 건 체념을 섞어 익살스레 입에 올리는 클리셰였다. 카라 쿨위키는 앤솔러지 『예스민즈 예스』에 실은 글에서 "페니스의 존재를 남성에게 숨기려 한 이는 아무도 없었다"고 쓴다. 성교육 과정은 재생산을 이야기하기 위해 남성이 오르가슴에 도달하는 가장 흔한 경로를 설명할 수밖에 없다. 반면 쿨위키의 말대로라면 "여성은 대체로 클리토리스가 무엇인지, 어디에 있는지, 그것으로 무엇을 해야 하는지 모르는 상태로 어른이 된다." 여학생을 위한 성교육은 대부분 월경과 원치 않는 임신을 다룬다. 바나나에 콘돔 씌우는 법을 가르치고, 단순하게 그린 해부학적 도식을 통해 자궁경부와 나팔관이 어디에 있는지 가르치지만, 여성이 자위를 어떻게 하는지, 심지어 하는지 안 하는지조차 가르치지 않는다.

내가 인터뷰한 서른여섯 살 아티스트 타나이스는 이 이야기를 명쾌하게 정리했다. "아이들 역시 성적인 존재예요. 아이들이 성을 탐험할 수 있도록, 부끄러워서, 부적절해서 성을 멀리하지 않도록 도와야 해요." 그러나 성적인 존재로 살아가게 만드는 동시에 그 사실을 부끄러워하라 가르치는 문화에서 이는 얼마나 어려운 일인가? 아이들에게 성을 잘 지도할 수 있는 사람은 그런 지도를 받아본 사람일 테지만, 수많은 모순적인 자료들이 만드는 불협화음 속에서 그들의 목소리는 쉽사리 묻혀버리고 만다.

공립 학교 성교육에 내재한 성차별주의에도 불구하고, 나는 학교가 우리의 쾌락에 대해 수치심부터 느끼도록 가르치지는 않았다는 사실이, 완전히 배제한 덕분에 어떻게 우리 몸에서 그 쾌락을 찾거나 삶과 정신 속에 위치시킬지 결정하는 일을 우리 몫으로 남긴 게 다행이라 생각한다.

내게는 성적 쾌락을 도덕적으로 비난하는 가족이나 종교적 도그마가 없었고, 덕분에 길들지 않은 채로 쾌락과의 관계가 시작될 수 있었다는 점 역시 다행이다. 나는 우리 집을 둘러싼 숲에서, 탁한 연못 바닥에서 열정적으로, 난잡하게 몸을 탐구했다. 지켜보는 이가 없었기에 타인의 시선이 불러일으키는 자의식에서 자유로웠다. 오르가슴은 사적인 것, 깜깜한 몸속에서 터지는 꽃불이었다.

심리학자 앙리 발롱Henri Wallon은 인간과 침팬지 모두 태어난 지 6개월이 되면 거울에 비친 자신의 모습을 인지한다고 보았다. 1931년, 발롱은 거울이 아이의 자아 개념 발달을 돕는다는 논문을 발표했다.

5년 뒤, 자크 라캉은 체코 마리앙바드에서 열린 제14회 연례정신분석회의에서 발롱의 주장을 자신의 관점으로 전개해 발표했다. 라캉은 이를 거울 단계라 이름 붙였다. 아기는 거울 단계에 이르기 전까지는 오로지 자신의 경험만을 전달하는 도관에 불과하다. (라캉이 말하는 아기는 언제나 남성이므로, 자아 개념을 숙고하는 여성 독자들에게는 또 한 겹의 거리가 생겨나지만, 이 이야기는 여기까지만 하겠다.) 자아 개념이란 이것은 발이다, 이것은 손이다, 하는 식으로 단편적으로 이루어지지만, 훗날 라캉이 실재Real라 이름 붙인 개념과 한층 더 가까운 것이리라. '나'라는 것은 존재하지 않는다. 경험은 의미나 인식에 영향받지 않는다. 그러다 아기는 거울 속 자신의 모습을 본다. 그리고 거울상과 자신을 동일시한다. 자아는 통합되는 동시에 대상화되고, 고정된 주체라는 불편한 깨달음이 찾아온다. 아기는 거울 속 자신과 실제 자신 사이의 차이를 분별하지 못한다. 아기가 처음 하는 자신의 이야기는 "이게 나야"다. 여기서부터 자기소외가 시작된다.

4학년 때 비키는 내 친구였다. 즉, 서로의 집에서 자고 가기도 하고, 쉬는 시간에는 같은 친구들과 함께 우리가 지어낸 놀이를 했으며, 엄마들이 서로의 전화번호를 알고 있었다는 뜻이다. 비키와 나는 생일까지 같았지만, 5학년 직전 여름방학이 되자 나는 우리한테 비슷한 점보다는 다른 점이 훨씬 많다는 걸 깨달았다. 비키는 동네 서편, 똑같이 생긴 저택들이 늘어선 주택개발지구에 있는 개성 없는 저택에 살았다. 나는 숲속에 자리한, 지붕널이 회색인 집에 살았다. 우리 집에는 조그만 흑백 텔레비전이 있었고, 찬장 속에는 학교 아이들이 들어본 적도 없는 음식들이 가득 차 있었다. 친구보다 바비 인형이 훨씬 많은 비키는 인기가 굉장히 많았다. 무엇보다도, 비키는 창백할 정도로 흰 피부, 굴곡 없이 깡마른 몸, 주근깨가 흩어진 뺨을 가진 아이였던 반면, 나는 우리 학년에서 제일 먼저 가슴이 나온 여학생이었다.

비키는 자기 생일—우리의 생일—을 맞아 때 이른 수영장 파티를 열었는데, 공동 생일 파티를 열자는 제안은 하지 않았고, 나도 몇 년이 지난 뒤에야 비키가 그런 제안을 했으면 좋았을 거라고 생각했다. 이제 와 생각하면 비키의 교묘한 선택은 우리 모두에게 잘된 일이었다. 우리 둘의 공동 생일파티에서 주인 노릇을 하는 건 그 애한테도 얼마나 어색한 일이었겠는가. 자기 집의 널찍한 뒷마당에서, 비키는 학교 운동장에서 그랬듯이 우리에게 이래라저래라 했지만, 그날 그 애가 분홍색 비키니를 입고 있었다는 점만은 달랐다.

다른 아이들 역시 수영복 차림이었고, 빨래집게처럼 곧은 다리, 새하얀 배, 뛸 때도 전혀 흔들리지 않는 납작한 가슴을 가진 몸으로 마당에서 뛰어놀았다. 나는 티셔츠를 입고 있었다. 티셔츠 속에는 앞섶에 장식 지퍼가 달린 선명한 초록색 원피스 수영복을 입고 있었는데, 비키처럼 돈 많은 애들만 갈 수 있는 곳이라 믿었던 갭이나 퓨리탄이 아니라 시내에 있는 티제이 맥스에서 할인할 때 산 것이었다. 할 수만 있었다면 수영복이 아닌 방한복을 입고 싶었다.

파티오 테이블에 둘러앉아 피자를 먹던 도중 한 아이가 비키의 수영복이 예쁘다고 칭찬했다. 비키는 별것 아니라는 듯 두 손을 내젓더니 피자를 한 입 먹고는 입가에 흘러내린 한 줄기 기름기를 종이 냅킨으로 닦아냈다. 그 애가 공주처럼 피자를 씹어 삼키는 모습을 우리 모두 지켜보았다.

"이런 건 **가슴**이 없는 어린애들이나 입는 수영복인걸, 나중에 가슴이 생기면 **딱 여기** 지퍼가 달린 수영복을 사고 싶어." 그러면서 새침하게 분홍색 비키니 상의를 가리켰다. "여기까지 지퍼를 다 내리고 다녀야지." 비키가 손가락을 아래로 죽 내리긋는 시늉을 하자 모두가 웃었고, 나도 합세해 웃었지만, 심장이 뚝 떨어지는 것만 같았다.

거울 단계의 역할은 궁극적으로 "유기체와 그것의 현실, 즉 **이넨벨트**Innenwelt와 **움벨트**Umwelt* 사이의 관계를 구축하는" 것이다.

라캉의 말에 따르면, 아기는 자신을 통제할 수 있게 되기 이전에 자신의 모습을 본다. 거울 단계를 "불충분에서 기대감으로 가파르게 밀어붙이는 내적 압력을 지닌 드라마"로 만드는 것이 이 일시적 변증법이다. 파편화된 신체는 기대되는 신체, "그 총체의 '정형적orthopedic' 형상"의 창조로 인해 화해한다.

---

* 움벨트는 유기체가 상호작용하며 의미를 창조하는 외부 세계, 즉 환경을 말하고, 이넨벨트는 이와 대조되는 내면 세계를 말한다.

거울 검사

자아상과 자아 경험의 거리를 화해시키기 위해 만들어낸 몸에 대한 이야기는—**나한테는 가슴이 생길 거야, 나는 수영복을 살 거야, 나는 지퍼를 여기까지 쭉 내릴 거야**—우리가 공간적으로 나아갈 수 있도록, 확고하게 느껴지는 정체성 관념을 갖게 해주지만, 실은 그렇지 않다. 이 이야기는 언젠가는 굳어져 완전히 다른 무엇이 되어버릴 허구의 구축이다.

선물 증정이 끝나자 비키는 다들 수영장에 들어가라고 명령했다. 나는 테이블에 남아 이의를 제기했지만 비키가 고집을 부리는 바람에 티셔츠를 입은 채 수영장의 얕은 가장자리로 휘적휘적 걸어 들어갔다. 티셔츠의 밑단이 젖어서 허벅지에 달라붙는 모습을 모두 지켜보고 있었다.

"안 돼, 멀리사!" 비키가 짜증을 내며 외쳤다. "티셔츠는 벗어! 티셔츠를 입고 어떻게 놀아?" 누군가가 낄낄 웃는 소리가 들렸다. 나는 파란 물속, 바닥에서 일렁거리는 발을 내려다보았다. 그다음에는 두 눈을 꼭 감고 티셔츠를 벗었다.

아무도, 아무 말도 하지 않았다. 그럴 필요가 없었다. 만약 내가 다른 아이들 모두가, 그중에서도 비키가 가장 갖고 싶어 하는 이 가슴을 가진 사실이 운 좋게 느껴질 거라 생각했더라면, 내가 품은 그 희망은 벗어 던진 티셔츠가 콘크리트 바닥에 떨어지기도 전에 깨지고 말았을 것이다. 모두 내 지퍼 달린 수영복을 빤히 쳐다보았다. 아니, 내 몸을 빤히 쳐다보았다. 그리고 파란 물이 불길이 되어 활활 타오르는 것만 같았던 그 순간, 세상에는 자신이 원하는 걸 가진 사람을 좋아하는 사람도 있고 같은 이유로 상대를 증오하는 사람들도 있음을 알았다.

거울 앞에서 몇 시간씩 보내곤 하던 나이였지만, 아직 변화한 내 몸을 바라보는 법은 몰랐다. 그날 오후, 나는 그 애를 언뜻 보았다. 희미하게 빛을 내는 내 쌍둥이. 다른 사람들 눈에도 보이는 아이이자, 그들이 내게서 유일하게 볼 수 있는 모습을 한 아이. 그날 이후로 비키와 더는 같이 놀지 않았는데, 그건 소녀들이 쉬는 시간이나 주말에 하는 일은 더는 놀이가 아니라, 그 대신 불가능한 무언가가 되려는 노력 그리고 그 노력에 참패한 몸을 벌하는 일이 되어버려서가 아니라, 우리가 다르다는, 내가 이미 알고 있던 그 사실을 비키도 알게 되었기 때문이다. 알렉스가 내 얼굴에 침을 뱉은 것은, 비키를 비롯한 아이들이 나를 잡년이라고 부르고 위협하거나 우리 집에 장난 전화를 걸게 된 것은 그보다 1년 뒤의 일이었지만, 그 일이 벌어졌을 무렵 나는 그들의 표적이 누구인지 이미 알고 있었다.

갤럽의 거울 검사는 동물이 자신의 거울상을 알아볼 능력이 있는가 하는 질문에는 답이 되었지만, 그가 처음 품은 질문에는 답을 줄 수 없었다. 침팬지는 공정함이라는 감각을 느낄 줄 알아서 화가 난 것일까? 부당한 일을 당했다고 느낀 것일까. 그렇다면 이런 반응은 자아감에 있어 어떤 의미를 시사하는가? 다

원은 공정함이라는 감각과 부당함을 느낄 수 있는 능력이 인간성을 시사한다고 보았다. 제니에 대한 다윈의 궁극적 질문은 늘 그대로였다. 제니는 얼마만큼 인간인가? 스스로의 인간성을 문제 삼는 법이 없는, 부당 행위를 실행하는 자들은 부당 행위를 받아들이는 일이 곧 부당한 대우를 승인하는 것이라 해석하곤 했다.

1842년 5월, 이 침팬지를 만난 빅토리아 여왕은 제니가 "무시무시하고, 고통스러울 정도로 그리고 불쾌할 정도로 인간 같았다"고 일기에 썼다.

침팬지, 까치, 또는 코끼리가 거울을 보고 과학자가 자기 몸에 묻혀놓은 물감을 알아본다고 가정해보자. 거울 검사를 통과한 동물은 그 기분 나쁜 표식을 찾으려 몸을 샅샅이 살핀다. 그런데 그 흔적이 보이지 않는다고 가정해보자. 동물이 자기 몸보다 거울에 비친 상을 더 믿기까지 얼마나 걸릴까? 거울로 본 표식이 실제 몸에 있다고 다른 코끼리들 모두가 확인해주었다고 가정해보자. 거울에 비친 모습이 진짜 몸을 대체하기까지 얼마나 걸릴까? 그 표식이 물감 자국이 아니라, 그에게 따라붙는 언어라고 생각해보자.

"열 살 때 초경을 했는데, 주디 블룸의 어린이책을 한동안 열심히 읽었기에 월경이 시작될 거라는 건 이미 알고 있었어요." 타나이스는 말했다. "그런데 막상 월경을 시작했더니, 전 더 이상은 준비되어 있지 않더라고요." 2011년에 미국여성대학협회가 학생들을 대상으로 조사한 결과, 성적 괴롭힘을 당하는 가장 큰 이유는 신체의 조숙한 발달이었고 근소한 차이로 2위를 차지한 원인은 예쁘다는 인식이었다.

"내 몸인데도 낯설게 느껴지고 존재한다는 게 수치스러워지죠." 내가 인터뷰한 또 다른 여성의 말이다. 다른 여성도 말했다. "가슴이 큰 열한 살 소녀로 사는 일은 힘들었어요. 가슴은 저한테 짐이었죠. 온갖 나이대의 사람들이 끊임없이 한마디씩 하고 관심을 보였기에 전 제 가슴이 창피했어요.

타나이스는 설명했다. "미국에 사는 방글라데시인이라는 제 문화적 환경에서 아름다움의 기준이란 흰 피부 그리고 앙상할 정도로 마른 몸이에요. 어린 시절부터 제가 하얗고 깡마른 여자가 아니라는 걸 알았어요. 저는 전혀 그런 사람이 아니었죠. 코카콜라 병처럼 두꺼운 안경에다 치아 교정기를 착용했고, 인중과 다리에 털이 났고, 여드름도 있었는데, **심지어** 청소년기가 되자 몸이 육감적으로 변해갔어요. 제 얼굴이 변하기 시작한 건 그 뒤로 4년이 더 지나서였는데도요."

2009년 《계간 사회심리학Social Psychology Quarterly》에 실린 논문 「이중잣대와 청소년기 또래 수용」을 비롯해 이 주제를 다룬 문헌 중 다수는 다음과 같은 사실을 알려준다. " '잡년'이라는 용어는 집단의 규범에서 이탈한 신체 또는 행동 양식을 가진 여성에게 다른 여성들이 붙이는 전형적인 표현이다. 이때 이국적인 아름다움이나 신체의 조숙한 발달은 현 상태를 위협하기에 충분한 것으로, 결과적으로 이 소녀는 또래 여성 집단에서 배제당한다."

"자꾸만 '수치심shame'이라는 단어가 떠올라요." 충격적일 정도로 아름다운 여성인 타나이스가 말을 잇는다. "제 몸의 발달이 실제로 어떤 공간에서는 수치심을 유발했기에… 아무에게도 달갑지 않은 존재가 된 기분이었어요. 남南아시아인은 용모가 추하고, 섹스 상대가 아니라 여겨졌죠. 중학생 때 학교 애들이 퍼뜨린 못생긴 여학생 목록엔 저도 들어 있었을 거예요." 타나이스는 덧붙였다. "1990년대, 백인 헤게모니적 미의 기준이던 헤로인 시크* 유행에 물들었던, 흑인 여성이나 (밝은 피부색을 가졌다 할지라도) 인도계 여성의 자리는 없었던 미국에서 제가 저만의 아름다움을 찾을 수 있었을 것 같지는 않아요."

슬럿 셰이밍slut-shaming**을 다룬 두 권의 책을 쓴 리오라 테넌바움은 이렇게 덧붙인다. "슬럿이라는 단어는 그 어떤 여성 아웃사이더에게나 붙일 수 있는 다목적 모욕으로 기능한다. 10대 소녀를 '타자'로 만드는 모든 사회적 구분은 한데 묶여 성적 구분이 된다." 나는 이 글을 쓰기 전에 이와 같은 성적 괴롭힘을 겪은 여성 22명을 인터뷰했는데, 거의 모두가 인종, 체형, 경제적 계층, 젠더 표현, 가족 배경 등의 이유를 막론하고 청소년기에 "타자"의 자격을 갖추고 있었다.

---

*　헤로인 사용자를 연상케 하는 깡마른 몸과 퇴폐적인 분위기.

**　주로 여성에게 성적으로 난잡하다는 낙인을 찍고, 이를 모욕이나 괴롭힘의 빌미로 삼는 행위.

하지만 성적 구분으로 한데 묶이는 방법은 또 있다. 이제야 나는 그것이 얼마나 완벽한 함정인지를, 내가 구역질 나는 기분을 해소하고자 스스로를 타자화한 것임을 알겠다.

열두 살이 되기 직전이던 그해 여름, 처음으로 여름답게 덥던 날 키미와 나는 그 애 집 진입로에서 농구하는 소년들을 구경하고 있었다. 이두근이 테니스공처럼 불거진 열여섯 살 타이 그리고 키미의 세 오빠였다. 내 머리카락이 땀에 젖어 목덜미에 찰싹 달라붙었고, 뜨겁게 달아오른 차에는 기댈 수조차 없었다. 요철투성이 도로에 열기가 고여 아지랑이가 피어올랐다.

소년들은 덩치가 컸다. 그들은 남성용 화장품 브랜드 올드 스파이스와 멘톨 담배 냄새를 풍겼다. 몸속에서는 분노가 치밀고 있었다. 딱딱 부러지는 목소리에서, 날카로운 시선에서 그 분노가 느껴졌다. 소년들의 몸은 우아한 동작을 할 때조차도 계속해서 싸우는 중이었다. 팔다리가 휙휙 날아다니고, 땀이 비 오듯 뚝뚝 떨어졌다. 그들은 우리가 쳐다보고 있을 때 더 요란했다. 그들이 우리를 쳐다보자, 나는 길 끝에서 피어오르는 신기루처럼 아른아른 빛났다. 그들의 관심에 심장이 빨리 뛰면서 무언가 하늘하늘하고 밝은 것, 몸보다는 번쩍이는 섬광을 닮은 것으로 바뀌었다. 얼마나 안도할 만한 일이었던지.

그러다 그들보다 나이가 많은 남자가 다가오자 다들 베가라는 그의 이름을 외쳤다. 그 말을 알아들은 내 마음이 요동쳤다. 어린 시절 아버지는 나를 목말 태운 채 별의 이름을 알려주었다. 한 팔로 내 정강이를 감싸고, 다른 한 팔로는 하늘을 가리키면서, 아버지는 어둠을 향해 낯선 이름들을 속삭였다. 시리우스, 북극성, 아르크투루스, 베가. 여름마다 우리 집이 위치한 거리에선 색이 바뀌며 명멸하는 베가가 보였다. 별의 환경이 변하기 때문이라고 아버지는 알려주었다. 언제나 새로이 아름다운 천체인 베가는 내가 가장 좋아하는 별이 되었다. 키미의 집 진입로에 서 있는 베가라는 남자 역시 짧은 콧수염을 기르고 팔이 금빛인, 아름다운 남자였다. 남자와 우주가 그렇듯, 그는 헤아릴 수 없는 동시에 익숙했다.

"널 위한 슛이야." 타이가 찡긋 윙크하더니, 끙끙대며 모여 있는 몸들 사이를 이리저리 헤치고 나가 공을 집어넣었다. 그때 키미가 비명을 질렀다. 나뭇가지 위로 엎어지는 바람에 손가락만큼 굵은 나무 가시가 허벅지에 박힌 것이다. 키미는 갑자기 어린애가 되어 울부짖었다. 키미의 오빠가 그 애를 차에 태웠고, 다른 누군가가 병원까지 운전했다. 나는 일부러 집에 남았다.

독일의 정신의학자이자 교수인 토머스 훅스는 2003년《현상학적 심리학 저널Journal of Phenomenological Psychology》에 이런 글을 썼다. "신체 이형성증 환자는 자신을 향한 타인의 인식에 압도되고, 타인의 응시를 받으며 자신의 가치 저하를 느낀다."

내 몸에 깃들어 살아가기란 이미 위험하기 짝이 없는 존재 방식이었다. 타인의 응시가 나를 정의한다면, 나를 아름답다 느끼게 하는 사람들 앞으로 나아가면 되는 것 아닐까? 그런 느낌이 얼마나 일시적인 것인지 아직 몰랐다. "앞서 살펴보았듯, 이 비하적 (자기) 인식은 실체화corporealization되는 동시에 구체적인 신체 지각의 바탕을 마련한다… 실체화와 수치스러운 자기 인식의 악순환은 고착된다. 그렇게 '타인을 위한 몸'이 실제 몸을 지배하게 된다."

나는 오로지 타인이 원하는 상대가 되어야 한다고 생각했다. 그리고 그 날, 진입로에 있던 모든 소년의 눈 속에서 선명히 보였다. 다른, 적어도 다르게 느껴지는 표식이 묻은 나의 거울 상. 그리고 나는 또 다른 방식의 다름을 느끼고 싶었다.

부엌에서 맥주를 두 캔 꺼내온 베가는 내게 하나를 건넸다. 키미의 집이 자기 집만큼 편해 보였다.

"자, 마마시타mamacita." 캔에는 밀워키스 베스트라고 쓰여 있었다. 나는 맥주 캔을 발치의 카펫 위에 내려놓았다. 지금까지 맥주를 마셔본 경험이라고는 아버지가 이따금 마시던 도스 에퀴스의 거품을 맛본 게 다였다. 나는 소파 끄트머리에 걸터앉아 배에 힘을 주었다. 베가가 옆에 앉았다. 텔레비전 속 MTV 채널에서는 한 남자와 여자가 모래투성이가 되어 해변을 뒹굴고 있었다. 베가는 맥주를 한참 들이켠 뒤 맥주 캔을 소파 팔걸

이에 아슬아슬하게 올려놓았다. 흰 티셔츠 아래 그의 등 근육이 비쳐 보였다. 새 옷이었다. 접힌 채 비닐 포장에 들어 있을 때 생긴 선이 보일 정도였다. 소매 안쪽에서부터 시작된 검은 타투가 팔을 타고 길게 내려왔다. 그는 이목구비가 뚜렷하고 속눈썹이 긴 잘생긴 얼굴을 가졌지만, 적어도 25살은 된 성인 남성이었다.

텔레비전 속 여자는 뚱뚱했던 과거의 자기 모습이 담긴 포스터 옆에 서 있었다. 그녀가 포스터를 발로 차버리더니 양손을 활짝 펼쳐 날씬해진 몸을 드러내며 나를 향해 성큼성큼 걸어 나왔다.

"그런데, 남자친구 있어?" 베가가 물었다.

"없어." 내가 대답했다.

"어, 그래? 푸에르토리코 출신 남자랑 사귄 적은?"

"없어. 하지만 우리 아빠가 푸에르토리코 출신이야."

"아, 그래?" 그가 말했다. "그럼 넌 어린 마마시타구나."

마마시타라는 단어는 처음 들었고 스페인어도 몰랐지만, 그 의미는 거뜬히 짐작해낼 수 있었다. 그 말을 내 아부엘라가, 플라타노스 마두로스 프리토스*를 만드는 법을 알려준 뒤 했더라면 나는 자부심에 환하게 웃었을 것이다. 그러나 이 낯선 남자의

---

* 단맛이 덜한 바나나의 일종인 플랜테인의 겉을 바삭하게, 속은 촉촉하게 익힌 요리.

입에서 나온 그 말은 완전히 다른 의미인 게 분명했다. 나는 맞장구치듯 초조하게 미소 지었는데, 그의 기분이 좋아 보였고, 이유는 알 수 없지만, 그를, 이 낯선 성인 남성의 비위를 맞추고 싶은 마음이 간절해서였다. 그의 잠긴 듯한 목소리에는 다 안다는 기색이 묻어 있었고, 나는 그가 내 안에서 무언가를 알아본 거라는 사실을 알 수 있었다.

그 시절 나는 '마마시타*mamacita*'와 '마미타*mamita*'의 차이를 몰랐다. 둘 다, 문자 그대로 해석하면 **어린 엄마**라는 뜻이지만, 2014년 로라 마르티네스는《NPR》에 실은 논평에서 "이 용어는 결코 실제 어머니를 묘사하는 데 쓰이는 법이 없다"고 썼다. 이 용어는 "여성이 성적 욕망의 대상이라는 남성의 인식과 떼려야 뗄 수 없는 연관을 맺고 있다"고 한다. 즉, 마마시타는 상대를 작고 귀여운 존재로 부르는 그 어떤 애칭이라기보다는, 여성을 임신시키고 싶다는, 곧 어머니로 만들고 싶다는 욕망을 전하는 말이다.

나는 어린 엄마도, 섹시한 엄마도 아니었다. 열한 살 소녀였다. 이제 와 생각하면, 마마시타는 단 한 마디로 놀라울 만큼 효과적으로 한 아이를 나이 들게 하는 말이다. 때로 말 자체보다 그 말을 하는 권력이 더 중요할 때가 있다. 우리에 대한 권력을 요구하는 건 명명하는 행위 그 자체다.

집 안을 가로질러 욕실로 걸어가는 동안 마치 모래를 밟는 것처럼 운동화가 카펫에 푹푹 파묻혔다. 욕실 문을 닫았지만 문은 고장 나 있었다. 나는 오줌 누는 소리를 감추려고 수도꼭지를 틀어놓았다. 손을 씻고 나서는 거울을 향해 몸을 기울인 채 얼굴을 샅샅이 살폈다.

문이 열렸을 때, 나는 놀라는 동시에 놀라지 않았다. 그가 내 등 뒤 좁은 공간에 몸을 끼워 넣자 나는 그가 지나쳐 갈 공간을 만들려는 듯 몸을 웅크렸다. 그는 지나쳐가지 않았다. 내 엉덩이가 세면대에 짓눌렸다. 거울 속 그의 얼굴을 보는 게 겁이 났던 나는 티셔츠로 덮인 가슴의 굴곡을 내려다보았다. 그의 몸의 윤곽을 느낄 수 있었고, 그의 몸에서 뿜어져 나오는 열기는 마치 내 몸에 비친 거울상처럼 아른거렸다.

그가 몸을 숙여 내 목덜미에 입을 맞췄다. 살갗에 더운 숨결을 뿜고, 내 머리카락 속에 얼굴을 묻고, 큼직한 두 손으로 허리를 단단히 움켜쥐고, 손가락으로 내 청바지 벨트 위로 드러난 맨살을 꽉 눌렀다. 겁이 날 때처럼 숨이 밭아졌다. 두려웠다. 별안간 우주로 훌쩍 날아오기라도 한 것처럼, 텅 빈 집이 너무나 크게 느껴졌다. 까끌까끌한 수염 자국이 있는 뺨이 내 목덜미를 쓸었고, 그의 손이 내 몸을 더듬으며 점점 위로 올라왔다.

바깥에서 차 문이 열리는 덜컹 소리가 났다. 시선을 들자 거울 속 그의 눈과 마주쳤다. 마치 물속에서 수면 위 빛 속으로 솟구쳐 올라온 기분이었다. 문득 다시 움직일 수 있게 된 나는 내 가슴을 움켜쥐었다. 손 아래서 움직이는 그의 손가락이 느껴졌고, 티셔츠의 천이 우리 사이를 가로막고 있었는데도, 그의 손은 마치 내 안에 있는 것처럼, 내 몸의 일부인 것처럼 느껴졌다.

훅스는 설명한다. "나는 문득 어떤 중력장의 흡입력에 빨려 들어간 것처럼, 또는 나를 압도하는 흐름 속에 잠긴 것처럼 붙들린다. 나는 실제 몸의 중심으로부터 강제로 떨어져 나와 다른 세계에 속한 대상이 된다. 타인의 응시는 내 세계를 탈중심화한다."

이런 이야기가 있다. 다른 소녀들과 함께 있을 때, 나는 뚱뚱하고, 잘 어울리지 못하고, 신체 구조의 타고난 결함 때문에 비난받았다. 다른 이야기도 있다. 남자들과 함께 있을 때, 나는 욕망의 대상이고, 내가 통제할 줄 모르는 명멸하는 힘의 소유자였다. 또 다른 이야기가 있다. 병원에서 돌아온 키미가 왜 나더러 따라오지 않았느냐고 물었다. **여기 있었던 거야?** 키미가 물었다. **혼자서?** 나는 베가도 함께 있었다고 대답했다. 키미의 얼굴이 일그러지자 수치심으로 얼굴이 달아올랐다. 아니면 내 얼굴이 수치심으로 달아오르자 키미의 얼굴이 일그러진 걸까? 둘 중 어떤 것이건 우리는 함께 이 이야기를 만들었다. 진실이 아니지만 우리 둘 다 믿는 이야기다. 결국 키미는 그 이야기를 다른 아이들에게 떠들고 다녔다. 또 다른 이야기도 있다. 가족과 함께 있을 때, 나는 단정치는 못해도 사랑받는 아이였다. 그러다 나는 거짓말쟁이가 됐다. 내 가족이 통제할 줄 모르는 힘에 사로잡힌 것이다.

누구의 눈으로 보느냐에 따라, 내 몸은 말 그대로 슈퍼 히어로로도, 괴물로도 변신했다. 세월이 지난 뒤 고향으로 돌아갈 때면 나는 그 모든 어린 시절의 자아들이 다시금 떠들썩하게 살아나는 걸 느끼게 된다. 나는 고향을 떠나 어른의 삶으로 돌아가고 싶어 안달을 낸다. 이곳에서 조금씩 멀어질 때마다 내 몸이 다시금 변신할 수 있도록.

당연히, 구경거리로서의 몸은 거울 속에만 머무르지 않는다. 훅스는 이렇게 설명한다. "거울은 타인이 내 몸을 바라보는 관점을 보여준다. 자기에 대한 이 관점을 넘겨받으며 자의식은 구성된다. 이 과정에서 필수적 단계로서 수치심이 발달한다."

자아의 이야기는 더 이상 어린아이의 기대, 또는 아이가 **이넨벨트**에서 당연하게 일어난다고 여기는 그 일에 의해 쓰이지 않을 것이다. 그 이야기는 턱에 기름기를 묻힌, 생일을 맞은 소녀에 의해 쓰일 것이다. 제 손으로 그 소녀를 하나의 존재로 빚어내는 남성들에 의해 쓰일 것이다. 어머니, 아버지, 이웃, 잡지 그리고 자신의 이득을 위해 그 소녀에 대한 권리를 주장하려는 온갖 사람들에 의해 쓰일 것이다. 라캉의 말을 빌리자면, "거울 단계가 끝나는 순간은… 앞으로 '나'를 사회적으로 다듬어진 상황들과 연결하게 될 변증법의 시작을 알린다."

자아는 타인과의 합작품이자 "소외된 정체성이라는 갑옷"

을 만들어내는 일련의 환상들이다. 갑옷을 본 적 있을까? 갑옷은 수많은 부분을 이어 만든 것이다. 여기는 낯선 사람이 내게 욕설을 한 부분이다. 여기는 다른 소녀들이 나를 노려본 부분이다. 여기는 학교 통지표다. 갑옷을 이루는 갑들이 쩔렁거리며 하나인 양 움직인다. 그 안에 숨은 자아는 타인의 눈에는 보이지 않는다. 우리 안에서 우리는 완전히 혼자다.

훅스는 이렇게 쓴다. "타인의 응시에 붙들리는 순간 실제 몸은 근원적 변화를 겪는다. 이제부터 이 몸은 타인의 흔적을 품는다. 이 몸은 타인을 위한 몸, 즉 대상이고, 사물이고, 벌거벗은 몸이 되었다." 청소년이 또래의 생각에 지나치게 신경 쓴다는 건 새로울 것 없는 사실이지만, 그 나이의 청소년이 타인에게 넘겨주는 힘을 생각하면 정신이 번쩍 든다. **나를 좋아해 줘**가 아니라, **나를 이루어줘**.

2

"걔 완전 꽉 막혔어tight." 애들은 다른 여자애들을 놓고 심술궂게 떠들어댔다. 빡빡함을 뜻하는 영어 단어 'tight'가 좋다거나 미쳤다거나 하는 의미를 갖게 되기 전이었고, 그 말이 술에 취했다거나 싸구려라는 의미를 띠게 된 후의 일이었다.

"나는 어떤데?" 내가 정말로 그렇게 물었나? 한때 나는 그 정도로 처량했나? 당연히 그랬다. 난 어린애였으니까.

"아니, 넌 거위처럼 자유분방하지loose as goose."

그날 내가 입은 옷이 정확하게 기억난다. 단추로 여미는 청바지, 꽃무늬 반소매 셔츠였다. 나는 무슨 옷을 입었는지가 중요하다 느꼈을 것이다. 분명 고개를 숙여 그들의 눈에 비친 나를 확인했을 것이다. 빨간 물감은 보이지 않았지만, 그렇다고 아무 표식도 존재하지 않는다는 뜻은 아니었다.

우리 동네 거위들은 온 사방에 똥을 쌌다. 길고 검은 목은 부엌 개수대 아래를 지나가는 파이프만큼 굵직했고, 뺨이 하얀 깃털로 뒤덮인 미끈한 머리는 전부 똑같이 생겼다. 펼친 양 날개의 폭은 어마어마하게 길었다. 때로 거위 떼는 근육질 날개를 함께 퍼덕이며 V자 대열로 날았고, 믿기지 않을 정도로 거대한 몸들이 화살촉 모양을 이루고 머리 위에서 하늘을 가르며 꽥꽥 울어댔다.

베가와 함께 있었을 때 거위처럼 자유분방한 기분은 들지 않았다. 그해 늦여름, 키미의 사촌과 부엌에 함께 있었을 때도 거위처럼 자유분방한 기분은 아니었다. 다른 친구의 오빠와 벽장 안에, 또 다른 친구의 남자친구의 친구와 방과 후 쇼핑몰 뒤에 함께 있었을 때도 거위처럼 자유분방하다 느껴지는 않았다.

내가 거위처럼 자유분방하다 느낀 건, 혼자 방 안에 있을 때 허공에 퍼덕이는 내 거대한 날개가 내가 가진 모든 책의 페이지를 넘겨댈 때였다.

그런데도 나는 그들이 내 몸을 만지게 내버려두었다. 마치 내 욕망과 그들의 욕망이 반드시 연결되어야 하고, 그렇게 하나가 되면 반드시 공통의 보상이 뒤따를 것처럼 보였지만, 실제로는 그렇지 않았다. 그들과 함께 있을 때 내 욕망은 막다른 길에 부딪혔고, 출구는 쉽게 나타나지 않았다.

얼마 전 이디스 워튼의『환락의 집』을 다시 읽었는데, 이제 보니 끝까지 읽기 힘들 정도로 고통스러운 책이었다.『환락의 집』이 나쁜 평판 탓에 죽어가는 과정을 다룬 소설인 걸 잊고 있었다. 내가 기억하는 건 릴리 바튼이 아름다웠다는 것, 그녀가 수면 진정제 '클로랄' 중독이었다는 것, 따라서 그녀의 운명이 내게는 그럴싸하거나 썩 흥미롭게 느껴졌다는 것뿐이었다.

남들과 다르기에 몰락의 길을 걷는 영리한 여성들이 등장하는 비극이 좋았다. 그 여성들이 아름답다면 더 좋았다. 비극에 담긴 로맨스는 내 슬픔에 덧바를 만한 향기로운 연고였다. 내가 남들과 다르다 느끼는 이유는 한둘이 아니었지만 그중에서도 내 외모를 빼놓을 수는 없었다. 인기 많은 아이들이 가진 금발과 주근깨 대신, 나는 까무잡잡했고, 눈은 초록색이었고, 성숙한 여성의 몸을 갖고 있었다. 늘 이국적이라는 말—**넌 무슨 인종이니**—을 들었는데 그 말은 모욕적으로 느껴지기 시작한 지 오래였다.

"이게 네가 원할 때 허공에 대고 침을 뱉는 법 그리고 그 침이 네게 떨어지지 않도록 재빠르게 몸을 피하는 방법이다."「소녀」의 화자는 딸에게 가르친다. 나는 말로 표현하지 않은 그 본보기를 머릿속으로 상상한다. 아무도 우리를 보지 않는 게 확실한 이상, 마음껏 자유분방하게 굴어도 된다.

과거에는 킨케이드의 소설 속 어머니의 목소리에 공감한 적이 없었다. "네가 되려고 작정한 그 잡년"은 성적으로 난잡한 여성을 가리키는 게 아니다. 어머니는 딸이 아무와 자고 돌아다니려 작정했다 생각하는 게 아니다. 잡년이란 사람들이 여성을 그렇게 부르고, 그 여성이 자기 평판을 지켜내지 못할 때 되는 바로 그것이다. 잡년이라 불린다면 실제 잡년인 것과 다름없다고 어머니는 딸에게 가르친다. 사회가 너를 만든다. 그들은 이미 너를 잡년이라 믿고 싶어 한다. 어떻게 보면, 이미 그렇게 믿고 있다. 그들의 생각을 확인해주지 마라.

여성은 반드시 이중의 자아를 배양해야 한다. 공적인 자아 그리고 진짜 자아. 라캉은 그것이 불가능하다 말하지만, 그럼에도 때로 우리는 이 파편화된 자아를 갖고 살아야 한다. 분리된 자아를 어떻게 운용하는지에 우리 목숨이 달려 있다. 집을 불결하게 두지 않는 한 얼마든지 꿈꾸고, 생각하고, 침 뱉고, 섹스할 수 있다. 빵에 손가락 자국이나 동전을 남기지 않는 한 말이다. 그러나 그렇게 하는 순간, 끝이다. 그들은 우리에게 자기들이 원하는 짓은 뭐든 할 수 있게 된다.

에마 스톤 주연의 영화 〈이지 A〉가 슬럿 셰이밍을 다루는 페미니즘 10대 영화라는 이야기를 들었다. 2010년 개봉한 이 영화에서, 성경험이 전혀 없는 똑똑한 여학생 올리브는 영어 시간에 너새니얼 호손의 『주홍 글자』를 읽고 주인공 헤스터 프린의 역경에 가슴 아파한다. 그러다 학교 화장실에서 가장 친한 친구에게 커뮤니티 칼리지에 다니는 어느 남자와 첫 경험을 했다고 홧김에 거짓말한다. 오래지 않아 모두가 이 상상의 대학생 이야기를 알게 되고, 올리브는 사람들에게 주목받는 것을 (어느 정도는) 즐긴다. 섬세함은 〈이지 A〉가 가진 강점은 아니지만, 이 영화가 꼭 섬세해야 할 필요는 없다. 10대 여학생들이 섹슈얼리티를 수행하는 모습을 전시하는 동시에, 그 행동을 한 이를 배척하는 것 역시 그다지 섬세하진 않으므로.

"제가 고추를 빨아줬다거나, 제가, 그러니까 뒤로 하는 걸 좋아한다는 식의 소문이 돌기 시작했어요." 타나이스는 첫 남자친구에게 강간을 당하고, 그 뒤로 남자들과 섹스하기 시작했던 시절에 대해 이렇게 말했다. "그런데 소문을 퍼뜨린 건 남학생들뿐만이 아니라 여학생들이기도 했어요. 저보다 더 어린 여학생들이요…. 화학 선생님이 이렇게 말했던 게 기억나요. '여자 화장실에 너에 대한 아주 못된 낙서가 있던데, 우리가 지워주기를 바라니?'" 그러나 타나이스는 그 낙서를 자기 눈으로 직접 확인하기로 마음먹었다. "제 이름 철자를 틀리지 않았더라고요. 그걸 보고 정말, 엄청, 진심으로 감명받기는 했어요." 타나이스는 웃었다. "전 이렇게 생각했어요. 좋아, 그 누구도 혼동할 여지 없이, 내 이름 전체를 정확하게 잘 썼군. 그다음에는 이런 생각이 들었어요. '알 게 뭐야? 내버려두자.' 그 뒤에는 나쁜 소문을 기묘한 명예 훈장처럼 달고 다녔죠."

"차라리 남들이 씹어대고 질투하는 나쁜 년이 되고 싶었어요. 제게 일어난 일 때문에 고통과 트라우마에 시달리는 사람이 되기보다는요." 타나이스는 어깨를 으쓱하며 설명했다. "물론 막막함을 느낄 테고, 부모님은 물론 여동생한테도, 친구들한테도, 그러니까 그 누구한테도 제가 무슨 일을 당했는지 말할 수 없다는 사실에 많이 울긴 하겠지만요."

같은 학교 게이 남학생이 게이라는 소문을 지우고자 올리브에게 자신과도 섹스한 척해 달라고 매달리자 올리브는 그의 부탁을 들어준다. 파티에 간 둘은 남들에게 소리가 다 들릴 정도로 요란하게 섹스하는 척한다. 얼마 뒤, 가장 친한 친구는 학교에서 올리브가 "더러운 걸레"라고 불린다는 사실을 전해준다.

"너도 내가 더러운 걸레라고 생각해?" 올리브가 묻는다.

"그 말로 충분할지 모르겠지만." 친구는 대답한다. 다음 장면에서 올리브는 역할에 맞게 차려입는다. 뷔스티에를 입고, 풀 메이크업을 하고, 『주홍 글자』의 헤스터 프린처럼 가슴에 간통 adultery을 의미하는 주홍 글자 'A'를 붙인다.

티파니는 친한 친구라기보다는 그저 학교 친구에 가까웠고, 그 애 집에서 자고 가는 건 그날 밤이 처음이자 마지막일 게 뻔했다. 다른 사람의 집에서 풍기는 냄새는 때로 흥미진진할 정도로 새롭기도 했지만, 그 애 집에서는 지독한 단내가 풍겼기에 얼른 집에 가고 싶었다.

그 애보다, 주름 장식으로 가득한 그 애의 방보다 더 흥미로웠던 건 티파니의 오빠였다. 그 애가 나와 자기 오빠를 서로 소개해주었을 때, 그는 관심 어린 눈으로 나를 뚫어져라 쳐다보았다. 나는 그런 종류의 관심을 알아차리는 데 이미 전문가나 마찬가지였다. 우리 집 마당에 놓아둔 먹이통 앞을 지나다니는 새들이 내 눈길을 알아차리는 것처럼. 관심이 담겨 묵직해진 남성들의 응시는 알아차리기 쉬웠다. 욕망이 내 뼛속까지 공기를 불어 넣었다. 티파니 역시 그 시선을 알아차렸다. 나중에 티파니는 진실 아니면 도전 게임을 하자면서, 나더러 자기 오빠한테도 이 게임을 같이하자고 부탁하게 만들었다. 그다음에는 우리 둘이 벽장에 같이 들어가라고 했다. 벽장 안에서 티파니의 오빠가 혀로 내 입안을 샅샅이 더듬으며 키스했다. 어둠 속에서 옷걸이에 걸린 옷들이 움직였고, 나는 내 안에서 보글보글 기포를 내는, 두려움과 설렘이 뒤섞인 감정을 느꼈다. 마치 그가 나를 만지자마자 내가 더는 존재하지 않는 것만 같았다. 나는 소녀가 아니라 수증기였다. 내 몸은 그의 손에 잡힌 사물이며, 마음은 솟아올라 벽장 천장에 부딪히는 풍선이었다.

월요일, 교장실로 불려 가보니 티파니가 휴지를 손에 움켜

쥔 채 기다리고 있었다. 그 애는 교감 선생에게 내 평판이 나빠질 거라고 했다. 또 자신이 상처를 받았으니 내가 벌을 받아야 한다고 했다. 자신이 이용당한 기분이라고 했다. 나는 나 역시 이용당했다는 생각은 하지 않았다. 내가 선택한 일은 아니었지만, 그렇다고 그 애 오빠한테 못된 짓을 당했다고 느끼지도 않았다. 교감은 나더러 티파니에게 사과하라고 했고, 나는 얼굴이 활활 달아오르는 기분을 느끼며, 정확히 왜 사과하는 건지도 모른 채 사과했다.

스물여섯 살 레이는 아이비리그 대학에서 박사과정을 밟고 있다. 뉴욕 브루클린 토박이인 그녀는 7학년 시절의 자신이 "비뚜름한 앞머리에 치아 교정기를 끼고, 스케이트보드를 타거나 나무를 오르느라 온몸이 멍투성이였다"고 표현한다. 운동도 공부도 잘했던 레이는 주로 또래 남학생들과 친했다. "여자 친구들한테는 솔직한 마음을 털어놓기가 늘 어려웠어요. 다른 여학생들은 제가 한 말을 이용해서 절 괴롭히고 끌어내릴 것만 같았거든요."

레이가 7학년이던 어느 날 밤, 스케이트보드를 타며 친해졌던 다른 학교 남학생의 요구로 그녀는 자신이 자위하는 동영상을 찍어 그의 고추 사진과 교환했다. 다음 날 메신저로 다른 아이들의 질문이 쏟아졌다. 진짜 보지 사진을 찍어 보낸 거야? "어떤 남학생들은 영상을 봤다고, 자기와 따로 만날 생각이 없냐고 묻기도 했어요."

교실에 앉아 있는데, 7학년 부장 교사가 들어와서 고래고래 레이의 이름을 불렀다. 교사는 아무 설명 없이 레이를 교무실로 데려가서 아이들 사이에 돌고 있다는 영상 이야기를 했다. "그 소문이 진짜인지 아닌지 묻지조차 않았어요. 제 입장은 묻지도 않고 제가 알지도 못하는 남자에게 성기 사진을 보냈다는 이야기를 받아들인 것 같았죠…. 저는 잡년이었으니까요." 레이는 어깨를 으쓱했다. "그 선생님은 저로서는 말로 표현할 수조차 없는 방식으로 제게 수치심을 줬어요."

『환락의 집』에 등장하는 릴리 바트의 어머니도 딸에게 사회의 시선이 무엇보다 중요하다고 가르친다. "미인은 평범한 이목구비를 가진 사람보다 더 눈치가 빨라야 한다"고. 미인은 필요한 걸 얻기 위해, 안전하기 위해, 타고난 재능과 사회의 존중을 이용하고 관리해야 한다고 말이다. 릴리가 노상 거울을 보는 것도 당연하다. 릴리는 구경거리로서의 자아야말로 사회적 자아이며 자기 삶이 남의 시선에 달려 있음을 무척 잘 안다.

그러나 릴리는 둘이다. 인정과 안전을 갈구하고, "모두가 옹송그려 모여 있는 거대한 금박 새장"을 믿어 의심치 않는 릴리가 있는 한편, 더욱더 사적인, 또 다른 릴리가 존재한다. 사회적 규칙, 어머니의 규칙을 어기면, 새장 속 다른 이들로부터 규칙 위반에 따른 벌을 받기 전까지의 짧은 유예 동안 릴리는 두 자아를 느낄 수 있다. "하나는 자유와 짜릿함을 깊이 들이마시고, 다른 하나는 좁고 시커먼 공포의 감옥에서 숨을 쉬려 헐떡인다."

처음에는 그저 우리 학년의 다른 아이들, 1학년 때부터 알고 지내던 아이들만 나를 괴롭혔다. 나는 자유분방했다. 쉽고, 행실이 나빠 보였고, 그렇게 보이는 건 주로 내 외모 때문이었다. 그러다 진짜 이야기 몇 개만으로도 불이 붙어버렸다.

　어느 날 밤, 가족들과 저녁을 먹고 있는데 전화벨이 울렸다. 가슴에 번개가 내리치는 기분을 느낀 나는 전화를 받으려고 벌떡 일어났다. "전화 받지 마라." 아버지가 소리쳤다. "저녁 먹는 동안에는 통화 금지야." 나는 그 말을 무시하고는 옆방으로 들어가 얼른 수화기를 들었다. 수화기 너머에서 잡음이 잠시 나더니 걸걸한 여자 목소리가 외쳤다. "넌 더러운 걸레야!" 처음에는 그 목소리가 우리 집 안에 쩌렁쩌렁 울려퍼진 건지, 내 귀에만 들린 건지 구분조차 되지 않았다. 부모님도 들었을까? 아니었다. 나는 무표정을 지킨 채 다시 식탁으로 돌아왔다.

　처음 그 일이 벌어졌을 때, 내가 티파니에게 조금 더 진심으로 사과했더라면 이런 일은 일어나지 않았을까 하고 생각했다.

『환락의 집』 초반부에서는 거스 트레너의 아내인 주디가 릴리의 가장 친한 친구로 등장한다. 남편감을 찾는 릴리에게, "네 어머니 보시기에 행실이 나쁘다 여길 만한" 모습으로 보이는 것의 위험성을 경고하는 사람이 바로 주디다. "어, 그러니까 무슨 뜻인지 알지? 저녁 식사 자리에는 그 진홍색 크레이프드신 crêpe de Chine* 드레스를 입지 말고, 참을 수 있다면 담배도 피우지 말라고, 릴리!"

릴리는 남편감으로 생각했던 남자와 결혼하지 않고, 주디의 남편인 거스와 섹스하지 않지만, 그럼에도 거스로부터 필요한 것을 받는다. 바로 돈이다. 그것이면 충분하다.

올리브는 자기 평판을 떨어뜨리는 대가로 인기를 얻으려는 사회성 떨어지는 남학생들한테서 돈을 받지는 않지만, 그 대신 기프트 카드, 그중에서도 갭, 아마존, 오피스맥스 기프트 카드를 받는다. 올리브와 절친했던 친구는 곧 한데 몰려다니던 기독교인 무리에 가세해 학교 앞에서 올리브가 창녀라고 쓰인 큼지막한 피켓을 들고 시위를 벌인다.

가장 자주 전화를 걸어온 걸걸한 목소리의 주인공은 고등학교 2학년생이었던 제니였다. 예전에 친구 집에 갔을 때 제니가 사귀던 연상 남자친구와 그 친구가 나를 눈여겨봤다고 했다. 연

---

* 표면이 오돌토돌하고 하늘하늘한 질감의 직물.

상 남자들의 관심을 받은 나는 깜깜한 도로의 헤드라이트처럼 빛이 났다. 당황스러웠고, 짜릿한 동시에 겁이 났다. 제니의 남자친구와 나 사이에는 그 어떤 신체적 접촉도 없었다. 그저 빛이 오갔을 뿐. 그것으로 충분했다.

꼭 내가 전화와 바람이라도 난 것만 같았다. 나는 그 누구보다 잽싸게 전화를 향해 달려갔다. 학교가 끝나고 집으로 돌아오면 곧바로 길고 구불구불한 전화선이 달린 베이지색 전화기 옆에 죽치고 앉아 있었다. 상대가 늘 제니인 것은 아니었다. 때로는 다른 여자 목소리가 나더러 걸레라고, 그렇기에 자기네가 나한테 이런저런 심한 짓을 할 거라고 말하기도 했다. 하지만 제니의 목소리는 점점 익숙해졌다. 제니를 멀찍이서 한두 번 본 게 전부였지만, 나는 그 어떤 남자들보다, 내가 더는 믿지 않는 그 어떤 친구들보다, 나 자신을 뺀 그 누구보다, 제니를 더 많이 생각했다.

그 동작을 하는 건 늘 남학생들이었다. 어째서 그게 내 기억에 그토록 깊이 새겨진 걸까? 대체로 흙투성이 천으로 만든 자루 같은 내 기억 속에서, 그 기억만은 시간이 지나도 모서리가 닳지 않는 돌멩이 같다. 입가에 V자로 댄 소년의 앙상한 두 손가락, 음흉한 눈빛.

혀는 인간의 몸에서 한쪽 끝만 뼈와 연결되어 있는 유일한 근육이다. 결코 지치지 않는 유일한 근육이기도 하다. 25년이라는 세월 동안 혀는 지칠 줄 모르고 역겨운 몸짓으로 나를 향해 흔들렸다.

우리가 빛 외에 다른 것을 교환한 때도 있었다. 그때마다 나는 화상을 입었다. 모두 베가와 보낸 오후와 엇비슷했으나, 그때만큼 운이 좋지 않았고, 그때처럼 방해받지 않았던 것만이 다르다. 다른 소년, 다른 집 욕실, 내 옷 속의 다른 부위. 그때마다 나는 신기루가 되었고, 때로는 그들이 신기루가 되었다. 나는 사라졌다. 그 일이 끝나기도 전부터 남부끄러운 기분을 느꼈고, 집으로 돌아갔을 때는 후회되는 마음에 얼굴이 훗훗했다. 나는 이미 그 이야기를 알았고, 내가 내 몸을 불쏘시개 삼아 그 이야기를 만드는 데 합세하고 있다는 것도 알았다.

학교에서는 우리더러 많은 일들에 대해 싫다고 말하라고 가르쳤지만, 그 말을 어떻게 해야 하는지는 가르쳐준 적이 없었다. 아버지는 어떤 상황에서도 남자를 믿어선 안 된다고 했다. 부모님은 내 몸을 존중하라고, 내 몸을 지키라고 했다. 그러나 그게 다 무슨 뜻이었을까? 좋건 싫건, 존중해야 한다는 말을 들었다고 해서 존중감이 솟아날 리 없었다. 때로 내가 하는 일이 나를 지키는 일처럼 느껴지기도 했다.

레이는 7학년 부장 교사와의 만남을 이렇게 설명한다. "그 순간, 전 제 정신이 몸과 분리되어 있다고 믿었어요. 나는 내 신체 부위의 총합이 아니라고, 신체 부위 중 일부는 내 것이 아니라, 인터넷에서 만난, 성욕으로 들끓는 남자들과 공유해야 하는 것이라고 믿었어요. 또, 제가 똑똑하다 믿었죠. 성욕에 미친 남자들보다 똑똑하고, 그 한심한 교사보다 똑똑하다고요."

나 역시 레이가 똑똑했을 거라 믿지만, 그녀의 똑똑함은 부장 교사가 7학년과 8학년의 모든 학생에게 레이가 그 영상을 보냈느냐고 묻는 청원서를 돌리는 일까지는 막지 못했다. 어느 8학년 여학생한테 전해 듣기로 교사가 모두에게 청원서에 서명하라고 했고, 그렇게 받은 사인이 100개는 넘었단다. "그 애도 자기가 서명했다고 말했던 것 같아요." 레이는 회상한다.

나무 타는 법을 알던, 교사들의 말에 반항하던, 아무 생각 없이 "자유와 짜릿함을 깊이" 들이쉬던 내 안의 그 애는 사라지지 않았다. 그러나 꼭 사라진 것만 같았다. 또 다른 나, "좁고 시커 먼 공포의 감방에서 숨을 쉬려 헐떡이던" 그 애의 시커먼 연기는 모든 것을 흐리게 만들고 말았다.

나는 원래 겁이 없었다. 그런데 이제는 학교에 가는 게 겁났다. 제니가, 또 그녀가 내 몸에 가할 폭력이 두려웠다. 나를 이토록 곤란한 상황에 빠뜨린 내 몸이 두려웠다. 내가 듣는, 입에도 차마 못 담을 말들을 우리 가족이 알게 될까 봐 두려웠다. 내 몸이 받게 된 벌로부터 그들을 보호하고 싶었다.

문제는 이것이다. 그들은 처음부터 나를 잡년이라 불렀다. 그 말을 실제로 입 밖에 내기 전부터. 어느 소년이 내 몸을 만지기 전부터. 거울 검사를 받는 동물들처럼, 그들은 내 몸에 난 표식을 보았고, 내 눈에는 아무것도 보이지 않았음에도 나 역시 내 몸에 표식이 있다고 믿게 되었다. 이제 와 생각하면, 모든 소녀들이 이런 식의 괴롭힘을 당할 때 느끼는 수치심이 이해된다. 부끄러운 건 모욕당하는 것이 아니라, 모욕적인 내용을 포함하도록 우리에 대한 이야기가 수정되는 것이다. 그 이야기가 진실이 아니거나, 적어도 사실이 아니라는 걸 알면서도, 우리 안의 어떤 부분은 내심 그 이야기를 믿어버린다. 내가 잡년이라 불린다는 사실을 어머니에게 말하는 건 곧 내가 잡년임을 밝히는 일이 되었으리라.

트레너는 릴리더러 자신에게 특별한 관심을 기울이기를 몇 달에 걸쳐 종용한다. 그녀가 아무리 피해도 끄떡하지 않는다. 두 사람이 마지막으로 가진 무시무시한 만남은 트레너가 아내를 사칭해 릴리에게 초대장을 보내 이루어진다. 그날 저녁, 트레너의 집에 도착한 릴리는 그의 아내가 출타 중임을 알게 된다. 트레너가 늘어놓는 불평은 점점 위협의 모습을 띠기 시작한다. 릴리가 빚이라도 진 듯 행동하는데, "저녁값을 지불하는 남자는 일반적으로 식탁에서 한 자리 차지할 자격이 있"기 때문만이 아니라, 그저 자신이 릴리를 원하기 때문이다. 그를 퇴짜 놓은 릴리가 떠나려 하자, 이들의 금박 입힌 새장 속 세계를 통치하던 용의주도한 예의는 수증기처럼 증발해 사라져버린다. 그의 욕망은 좌절되는 순간 삽시간에 증오로 변한다. 전체 이야기와 릴리의 삶이 전환을 맞는 건 이 점을 계산에 넣지 못한 릴리의 심각한 과오 때문이다.

릴리는 몸으로 빚을 갚지는 않지만 평판을 희생해 빚을 갚는데, 결국 평판과 몸은 같은 무게를 지니곤 한다. 릴리가 가진 모든 힘은 전적으로 타인의 존중에 달린 것이고, 이 존중이 흔들리는 순간 릴리도, 독자도, 상대가 릴리에게 원하는 그 무엇이든 할 수 있다는 사실을 알게 된다.

올리브의 수모가 극에 달하는 것은 따돌림을 당하던 그녀에게 어느 남학생이 데이트를 신청했을 때다. 말도 안 되는 일이지만, 올리브는 그의 제안에 응한다. 기분 좋게 저녁 식사를 마친 뒤 식당 주차장을 걷던 중, 그가 올리브에게 500달러어치 홈디포 기프트 카드를 건넨다. 올리브의 표정이 무너진다. 그 역시도 다른 남학생들처럼 거짓으로 섹스한 척해 달라고 부탁하는 것이리라고 짐작하고 체념한 올리브는 이 유사 데이트에서 원하는 게 뭐냐고 묻는다.

"500달러로 할 수 있는 거 전부 다." 그는 이렇게 말한 뒤 올리브에게 강제로 입 맞춘다.

제이크와 나는 서로를 잘 몰랐고 대화를 나눈 적도 거의 없었다. 그는 초등학생 때부터 알던 학교 친구의 오빠였다. 그는 그 정도면 나를 충분히 안다고 생각했다. 시끌벅적한 학교 복도에서 제이크가 내 앞을 가로막더니 우뚝 서는 바람에 나도 걸음을 멈췄다. 그가 손을 뻗더니, 나를 빤히 쳐다보며 셔츠 위로 내 가슴을 함부로 움켜쥐었다. 나는 얼어붙은 듯 꼼짝도 할 수 없었다. 그는 손을 거두더니 히죽 웃은 뒤 가버렸다. 이 장면을 본 사람이 있는지는 알 수 없었다. 이건 내가 25년간 입 밖에 낸 적 없는 이야기지만, 그가 내게 다가온 것이 문 닫힌 벽장 속이 아니라, 누군가의 집에서가 아니라, 맥주를 몇 병 마신 뒤가 아니라, 학교 복도에서였다는 점이 얼마나 다행인지 모르겠다고 여러 번 생각했다.

손가락을 V자로 입가에 댄 채 징그러운 혀를 쑥 내민 그 동작이 두려웠다. 그 남학생들이 그토록 쉽고 잔인한 방식으로 열두 살이던 내 생식기를 연상시키는 동작을 했다는 사실에 내 안의 어떤 부분은 앞으로도 쭉 충격에 사로잡혀 있을 것만 같다. 내 성적 쾌락은 음란한 것, 그들이 재미 삼아 하는 못된 장난으로 전락했다. 그들로서는 자신들의 의도를 분명하게 표현할 수 없었을 것이고, 또 단순히 갓 손에 넣은 힘에 들떠 있었을 뿐이라는 사실을 알지만, 나는 다음의 사실을 이해하게 됐다. 그들은 원하는 어떤 방식으로건 나의 그 부분을 요구할 수 있다. 학교 복도에서, 씻지 않은 손으로, 그저 자기들끼리 나누는 장난삼아, 모욕이나 폭력의 행위로.

그들과 나는 아주 어릴 때부터 알고 지냈고, 나는 그들의 숙제를 도왔다. 학교에서 바지에 오줌을 싸고 우는 모습을 보았고, 그 아이들의 생일파티에서 엄마가 얼굴을 닦아주는 모습도 보았다. 나는 의리라는 것이 당연하지 않음을 서서히 이해하기 시작했다.

레이와 마찬가지로, 나 역시 내가 그들보다 똑똑하며, 아직도 그들 중 웬만한 아이들과는 싸워서 이길 수 있다는 사실을 알고 있었다. 알고 보니, 누군가에게 힘이 있다는 건 상대가 그 힘을 내게 휘두르지 않아도 알 수 있는 거였다. 그리고 그들은 갑자기 그 힘을 망치 삼아 내게 휘두르기로 마음먹은 거였다.

처음에 어느 남학생이 돈을 줄 테니 그 대가로 자신과 섹스한 척해 달라고 부탁했을 때 올리브는 거절한다. 그러자 그 얼간이는 올리브가 허락하고 말고는 상관없다고 지껄여대는데, 자신이 원하는 무엇이든 할 수 있다는 걸 막 깨닫고 고양감과 공포로 들뜬 게 눈에 뻔히 보인다. 올리브가 이미 타협했음을 둘 다 안다. 남들이 올리브가 성적인 행위들을 한다고 믿기에 금세 그녀의 말은 무가치한 것으로 전락하고, 남학생의 말이 더 가치 있는 것이 되기 때문이다.

거스 트레너와의 계약 관계로 인해 시작된 사회적인 지옥에서 탈출하고 싶었던 릴리는 오랜 친구이자 숙적인 버사 도셋과 함께 유람선 여행을 떠난다. 바람을 피운 사실을 들킨 버사는 교묘하게 자신의 과오를 숨기려 릴리가 자기 남편과 잤다고 비난한다. 우리의 여성 주인공이 명예를 지키고자 행하는 그 어떤 일도, 곧장 땅바닥에 내동댕이쳐지고 만다.

"진실이란 무엇일까?" 릴리는 묻는다. "여성의 경우, 진실이란 가장 믿기 쉬운 이야기다. 이번 일에서 버사 도셋의 이야기가 내 이야기보다 훨씬 믿기 쉬운 까닭은 그녀가 큰 집과 오페라 박스석을 소유하고 있으며, 그녀와 사이좋게 지내면 편하기 때문이다."

즉, 소문이 거짓일 가능성이 높고 부당한 줄을 알면서도, 모두가 청원서에 서명한다.

미국사 수업 시간, 어느 죽은 전 대통령에 대한 진실한 소문을 토론하던 중 선생은 이렇게 말했다. "평판의 특징은 그게 대체로 진실이라는 거다."

바로 그거였다. 내가 느끼는, 공평하지 않다는 감각, 부당한 일을 당했다는 감정. 이런 감정은 내 안에서 희귀하고도 악취를 풍기는 시체꽃처럼 피어났다. 나는 화내는 것이 두려웠다. 화내고 나면 내가 느끼는 부당함을, 내 무력함이 얼마만큼 큰지를 직면해야 할 테니까. 남들이 우리에 대해 하는 말을 믿는

데에도 이점이 있는 셈이다.

내가 선생 말에 반박했던가? 그의 말이 틀렸다는 걸 알면서도, 아마 난 반박하지 않았을 것이다. 꼭 내 나쁜 평판 때문만은 아니었다. 평판이란 결국 한 사람에 대해 가장 자주 나오는 이야기가 아닐까? 아마 역사적으로 백인 남성들에 대해 나온 나쁜 이야기들은 대체로 진실이었을 텐데, 백인 남성에 대한 거짓 이야기를 할 경우 처벌이 가장 컸다는 것을 생각하면 그렇다. 그러나 남성이 여성에 대해, 퀴어에 대해, 비백인에 대해 하는 이야기는? 처벌하기 위해서는 권력이 필요하다. 자기 이름을 지켜내려면 무기가 필요하다. 무기가 없다면, 그들은 우리에 대해 원하는 말은 뭐든지 할 수 있다.

평판이 대체로 진실이라는 그 선생의 말은 자아가 사회의 협력으로 구축된다는 라캉적 의미는 아니었을 것이다. 그의 말은 우리가 잡년이라 불린다면 아마 우리는 잡년일 것이라는 의미였다. 이 말은 잡년이란 여성의 몸을 통제하기 위해 쓰이는 말이라기보다는, 여성의 특정한 부류라는 함의를 지닌다.

1487년, 독일의 도미니크회 수도사 하인리히 크라머는 남성이 이단자인 마녀를 처형할 수 있도록 하는 법안에 찬동하는 의미로『마녀를 심판하는 망치』라는 논문을 발표했다. 성적 순결과 여성의 열등함에 집착한 것은 기독교의 선조들부터 동시대 종교인들까지 교회 소속 남성 대부분이 마찬가지였지만, 크라머의 집착은 광적일 정도로 극단적이었기에 훗날 그는 추방되었다. 크라머는 여성이 다른 동물보다 열등하며, 이브는 미완성인 동물이라 여겼다. 그의 주장대로라면 마녀의 삿된 주술은 여성의 채울 수 없는 욕망이 낳은 것이고, 가장 흔한 마녀는 "불륜녀, 간통녀, 부유한 권력자의 정부처럼 부패한 욕망을 채우려 몸이 단 여자들"이었다. 그 결과는? 이 마녀들은 악마와 섹스하고, 남성의 성기를 훔치고, 아기를 잡아먹고, 자기 몸을 가루 내어 고약을 만들었다. 이 책은 사회, 교회, 남성에 대한 역사상 가장 거대한 위협인 마녀를 처형하는 합리적 근거이자 처형 안내서였다.

『마녀를 심판하는 망치』를 쓰기 전 크라머는 여성 50명을 마녀로 고발한 뒤 이들을 체포하고 고문해야 한다고 주장했는데, 그중에는 독립적이거나 자유로운 관점을 지녔다는 평판을 지닌 여성들 그리고 그의 의견에 공공연히 반대했던 여성들이 포함되어 있었다. 그중 한 여성의 성행위에 크라머는 과도하게 집착했고, 결국 그가 소속된 지역 교구의 주교가 그를 파문하고 재판을 연기했다. 그럼에도 크라머는 『마녀를 심판하는 망치』를 썼으며, 이 책은 200년이 넘도록 성경 다음으로 많이 팔린 베스트셀러가 되었다.

때로 나는 자신이 학대하고 괴롭힌 여성의 폭로 때문에 평판이 망가졌다며 우는소리를 해대는 남성들을 생각한다. 이들은 자신이 치르게 된 대가 때문에 충격을 받은 모양인데, 남성들이 수백 년간 여성을 학대하고도 그 어떤 처벌도 받지 않았다는 점을 생각하면 놀랍지 않다.

그들의 소송을, 분노에 찬 사설을, 비밀 투표를, 사적인 자리에서 작은 소리로 공감의 말을 전하는 다른 남성들을, 저지른 행동의 대가를 치르는 다음 순서는 자신이 되리라는 공포 때문에 쪼그라든 불알을, **마녀사냥입니다!** 하고 울부짖는 모습을 생각한다.

때로 그들을 생각하다가 **하!** 하는 생각이 든다. 하나도 우습지 않을 때가 대부분이다.

〈이지 A〉에서 주목할 점 하나는 우리가 올리브가 겪는 일들 앞에서 어안이 벙벙해질 수 있다는 점인데, 그것이 '진실'이 아니라서다. 우리의 주인공이 아무리 혼자라 느껴도, 그녀의 '무죄'를 목격하는 시청자들이 존재한다. 올리브의 진실을 아는 건 그녀 혼자가 아니다. 반면, 우리가 했거나 하지 않은 행동 때문에 처벌받을 때, 우리는 혼자였다. 우리의 진실을 확인해줄 사람은 없었다. 진실을 말할 방법조차 존재하지 않았다.

〈이지 A〉는 아무리 페미니즘적 의도로 만들어진 영화라 할지라도 우리는 잡년이 될 수 있고, 합의에 의한 섹스를 하면 잡년이 된다는 사실을 당연하게 전제한다. 물론 영화 속에서 기독교 광신자들이 나쁜 결말을 맞기는 하지만, 이 영화는 소녀가 순결해야 하고, 배제되거나 강간당하지 않으려면 평판을 지켜야 한다는 통념에 아무런 문제를 제기하지 않는다. 만약 이 영화가 억울하게 나쁜 평판을 뒤집어썼다가 곧 오명을 벗고 다정하기 짝이 없는 남자친구까지 챙겨가는 아름답고 똑똑하며 순결한 소녀의 이야기가 아니라, 실제로 게이 남자 친구와 화끈하게 섹스하고, 나아가 홈디포 기프트 카드를 대가로 찌질이들 한 무더기와 섹스했는데도 여전히 공감할 수 있는 주인공으로 남는 소녀의 이야기였더라면, 나는 이 영화를 훨씬 더 좋아했을 것이다.

여성이 어떤 행동을 하고 어떤 옷을 입더라도 그런 취급을 당해서는 안 된다고 말해주는, 잡년이라는 개념이 여성을 자신의 쾌락에서, 진정한 자아에서, 서로에게서 떼어놓는, 남성 지배의 그 어떤 측면에도 도전할 수 없게 만드는 공성 망치라고 제시하는 영화를 나는 아직도 기다리고 있다.

한 여성을 마녀로 만들 온갖 구실들을 생각해보자. 즉, 한 여성이 죽임당하게 만드는 온갖 일들이다. 의견을 가지는 것, 가난한 것, 부유한 것, 여자 친구들과 친한 것, 여자 친구들이 없는 것, 여자 친구와 의견 충돌을 일으키는 것, 다른 여성이 마녀라 증언하기를 거부하는 것, 남성과 의견 충돌을 일으키는 것, 남성을 미심쩍다는 눈초리로 흘겨보는 것, 남성과 섹스하지 않는 것, 남성과 섹스하는 것, 섹스한 남성이 발기부전인 것, 나이가 아주 많은 것, 나이가 아주 어린 것, 치유자인 것, 노예인 것, 아이를 안 낳는 것, 아이를 너무 적게 낳는 것, 고집 센 것, 특이한 것, 똑똑한 것, 아름다운 것, 추한 것, 집에 상한 우유를 두는 것, 물에 뜨는 것*, 패밀리어**에게 젖을 주기 위한 세 번째 젖꼭지로 해석될 여지가 있는 것이나 사마귀 또는 부풀어 오른 클리토리스를 가진 것.

유럽에서 마녀를 죽이는 데 가장 널리 사용한 방법은 화형이었다. 미국 뉴잉글랜드에서는 교수형이었다. 그러나 짓이기기, 물에 빠뜨리기, 참수형도 있었다. 피를 내지 않는 고문은 고문으로 취급하지도 않았다.

영리하기 그지없는 합법적 절차다. 종교와 사람들의 영혼을 위협하는 마녀를 발견한다. 마녀의 주술을 불법이라 규정하고 남성에게 재판하게 한다. 문제의 여성을 도덕성이 낮으며 변태적인 욕망을 품은 짐승으로 만든다. 그들을 위협하는 모든 행동을 마녀 행위의 징후로 만든다. 이런 식이라면 무슨 구실을 대서건 여성을 벌할 수 있다. 그 여성의 인간성을 괴물성으로 만들 수 있다. 이제 당신은 그 여성에게 무슨 짓이든 할 수 있다. 당신은 마녀를 무찌르는 망치이므로.

크라머가 쓴 『마녀를 심판하는 망치』에 나오는 말도 안 되

---

* 『마녀를 심판하는 망치』에서 크라머는 마녀를 식별하는 여러 방법을 이야기하는데, 그중 하나가 여성을 물에 빠뜨리는 시험이다. 물에 뜬다면 하늘을 날 수 있을 만큼 가벼우므로 마녀로 몰아 처형하고, 물에 가라앉아 죽는다면 무고한 것으로 보았다.

** 중세 마녀의 짝이 되어 영적 도움을 주고받는다 여겨진 초자연적 존재.

는 여성 혐오 이야기를 모두가 믿은 것은 아니나, 많은 이가 믿었다. 이게 바로 여성에 대한 이야기가 아니라면 무엇일까?

내가 학생들에게 보여준, 저메이카 킨케이드가 단편소설 「소녀」를 낭독하는 영상, "네가 되려고 작정한 그 잡년"이라는 구절을 읽을 때마다 터지는 청중의 웃음이 불편한 것은 이 소설에도, 낭독에도 우스운 부분이라고는 전혀 없기 때문이다. 웃음이 불편한 또 다른 이유는 그것이 백인 청중의 웃음이며 킨케이드가 흑인 여성이기 때문이기도 하다.

"흑인 여성은 때로는 백인 여성들과 비슷한 방식으로 차별을 경험한다. 때로 이들은 흑인 남성들과 무척 유사한 방식으로 차별을 경험할 때도 있다." **교차성**intersectionality이라는 용어를 만들어낸 미국 페미니스트 법학자 킴벌리 크렌쇼Kimberlé Crenshaw는 이렇게 쓴다. "그러나 종종 이들은 이중의 차별을 경험한다. 인종에 기반한 차별과 성별에 기반한 차별이 결합한 효과다. 또, 때로 그들은 흑인 여성으로서 차별을 경험하는데, 그것은 인종차별과 성차별의 합이 아닌, 흑인 여성으로서 받는 차별이다." 성별에 기반한 차별의 측면들을 살펴볼 때마다, 나는 크렌쇼의 말을 다시금 상기한다. 억압의 체계들이 교차할 때마다 억압의 힘은 더 커진다. 특히 성차별주의와 인종주의의 경우 더 그렇다. 내 글은 이 교차점에 놓여 있지 않은 내 경험에서 나온 것이기에, 나는 교차하는 억압을 인지하는 선 이상으로 깊이 있게 파고드는 경우가 많지 않다. (이 주제로 뛰어난 작업을 한 저자들이 무척 많고 그중 몇몇을 이 책 참고 문헌에 언급해두었다.) 하지만 슬럿 셰이밍이라는 주제로 인터뷰를 진행하고, 이 주제를 다룬 글을 여러 편 읽다 보니 단순히 이 경험을 인지하거나 참조하는 것 이상의 일을 하는 것이 중요하다는 생각이 들었다.

"7학년 때 제 별명은 잡년slut 그리고 검둥이nigger였어요." 미라는 말했다. "저를 그렇게 부르는 애들은 늘 백인이었죠." 내가 인터뷰한 모든 유색인 여성과 마찬가지로 미라도 인종주의와 슬럿 셰이밍의 교차성을 명확히 인식하고 있었다. 지금은 마흔두 살 고등학교 교사인 미라는 서던캘리포니아의 소도시 중산층 가정에서 자랐다. "전 학생 중 몇 안 되는 멕시코인 중 하나였어요. 제 인종적 '타자성'이 슬럿 셰이밍을 부추겼던 것 같아요."

7학년이던 미라는 섹스가 무엇인지조차도 몰랐지만, "같은 학교 백인 학생들은 끊임없이 제게 성적 괴롭힘과 성추행을 일삼았어요. 엉덩이, 허벅지, 사타구니, 가슴을 움켜쥐고, 남교사들 앞에서도 그런 행동을 했는데… (교사들은) 웃거나, 얼굴을 붉히거나, 눈길을 피해버렸죠." 신체적 괴롭힘은 더한 괴롭힘으로 이어졌다. "남학생들은 저를 성추행할 때 얼굴에 대고 낮은 목소리로 '검둥이'라고 말하곤 했어요."

"고등학교 졸업반 때 핼러윈이 자꾸 생각나." 내 대학 동창이자 지금은 고향인 캘리포니아 오클랜드에 사는 마흔 살 흑인 여성인 아자의 말이다. 고등학교 시절 아자는 동부 해안에 있는 엘리트 기숙 학교에 다녔다. 유색인 학생이 드물고, 흑인 학생은 없다시피 한 곳이었다. "연회장에서 교사들이 심사하는 분장 경연대회를 하는 날이었지…. 나는 〈젬과 홀로그램Jem and the Holograms〉에 나오는 젬으로 분장했어. 어릴 때 좋아하던 만화영화였거든. 진한 화장을 하고, 머리는 비스듬히 묶고, 반짝이는 옷, 짧은 치마를 입었지. 그런데 그날 선생들이 누구를 제일 먼저 떨어뜨릴지 의논하는 걸 엿들었어. '당연히 저 매춘부는 탈락이고, 또 누굴 떨어뜨리죠?' 처음엔 무슨 말인지 알 수 없었어. 매춘부로 분장한 학생은 아무도 없었거든. 그제야 그게 내 이야기라는 걸 알게 됐어. 내가 바로 매춘부였던 거야."

"이런 의문이 들어. 만약 내가 흑인이 아니었더라면 선생들도 내가 그저 만화영화 주인공으로 분장했다고 상상할 수 있었을까? 그런데 솔직히 말하면, 의문이라고 하기도 뭣해. 난 알거든. 그런 걸 다 알 만큼 흑인 여성으로 오래 살아왔잖아. 흑인은 범죄자다. 화장한 여자는 음란하다. 고로, 화장한 흑인 여성＝범죄적 섹슈얼리티, 즉 매춘부다. 미국에선 사고가 거기까지 흘러가지 않는 게 오히려 놀라운 일일 테지."

페미니스트 집단인 블랙 위민스 블루프린트Black Women's

Blueprint의 「슬럿워크에 보내는 흑인 여성들의 공개 서한Open Letter from Black Women to the SlutWalk」(2011)에는 다음과 같이 쓰여 있다. "노예 제도가 흑인 여성의 섹슈얼리티, 인종 분리 정책의 일환으로서의 짐 크로법이 허락하는 납치·강간·린치와 잘못된 성별 해석을 구축한 곳이자, 최근에는 흑인 여성 이민자들의 투쟁이 이어져온 곳인 미국에서 흑인 여성들에게 '슬럿'이란 다른 것들을 연상하게 만든다."

슬럿워크는 캐나다 토론토에서 한 남성 경찰이 형식적인 안전 강의 중 "성폭력의 피해자가 되지 않기 위해 여성들은 잡년처럼 옷을 입지 말아야 한다"고 발언하자 캐나다 페미니스트들이 조직한 행동이다. 토론토에서 야한 옷을 입은 여성들의 거리 행진이 처음으로 열린 뒤 슬럿워크는 미국으로 퍼졌고, 그 뒤 아르헨티나, 오스트레일리아, 네덜란드, 뉴질랜드, 스웨덴, 영국까지 이어졌다.

미국 흑인 여성들은 슬럿워크가 되찾고자 했던 슬럿이라는 단어를 선뜻 받아들이지 않았는데, 그 이유는 「공개 서한」의 표현을 빌리자면 슬럿이라는 단어를 되찾는 일은 "우리 몸을 소유물인 성적 대상이자 성적 구경거리, 일탈적 성적 욕망으로 바라보는 제도화된 이데올로기와 결부되는 일이다. 옷을 걸치거나 걸치지 않은 우리 몸이 경매장에서건, 들판에서건, 거실 텔레비전 화면 속에서건 강간당할 수 없다는 개념과 결부되는 일"이기 때문이다.

우리가 뉴욕 뉴스쿨 인문대학 학부생이던 시절, 아자에게는 "폭력적이며, (아자를) 두 번 이상 강간한 트리니다드*인 연상 남자친구"가 있었다. 아자는 이 사실을 교수에게 털어놓았고, 교수는 아자와 함께 강간이 발생한 지역의 관할 경찰서를 찾아가 사건을 신고하고 접근 금지 명령을 신청했다. "사건을 접수한 경찰관은 형식적인 태도로 일관했고, 나아가 귀찮아하는 것 같았어." 아자는 회상한다. "가해자가 가석방 중이었고, 규정을 위반했다는 사실을 밝히기 전까지는 그랬지." 그 사실을 알자마자 경찰관은 눈을 빛냈다. "다른 경찰관들을 데려오더니 나를 호송차에 태웠어. 날 미끼로 써먹을 작정이었던 거야. 내가 강간을 당했다는 사실엔 아무 관심도 없었어. 자기들이 받게 될 훈장에만 관심 있었지. 마치 흑인 남성이 저지르는 일은 모조리 다 범죄라 보는 것만 같았어. 흑인 여성을 강간하는 것만 빼고."

만약 잡년이라는 것이 백인 여성이 타의에 의해 되는 그 무엇이라면, 백인 남성들이 지키거나 빼앗을 순수와 순결이 애초에 고안된 적 없는 흑인 여성의 경우는 어떤가? 미국 역사에서 흑인 여성은 이미 강간이 성립하지 않는 존재다. 흑인 여성의 섹슈얼리티라는 이야기는 애초에 흑인 여성이 가진 힘을 완전히

---

* 트리니다드 공화국은 중앙아메리카 카리브해 동남쪽의 트리니다드섬과 토바고섬으로 이루어진 나라로, 흑인과 인도계 주민이 다수 거주한다.

박탈하고 인간성을 지워버리는 일을 정당화할 수 있는 방식으로 쓰였다.

식민지의 토착민 여성, 트랜스여성, 수감 중인 여성, 난민 여성, 미등록 이주자 여성 역시 마찬가지다. 여성됨femaleness을 시작으로, 한 여성을 백인 이성애자 남성 정체성보다 멀리 나아갈 수 있게 만드는 정체성의 모든 측면은 그녀에게 가해질 차별의 무게를 가중하고, 남성들이 그녀에게 원하는 무슨 일이든 할 수 있다고 정당화한다.

이중생활은 시간에 대한 경험을 왜곡한다. 악몽은 시간을 희석한다. 고작 1년의 기간이 영원처럼 느껴졌다. 학교에서는 괴롭힘을 당했고, 집에서는 화가 나서 뚱해 있었다. 주말이면 남성의 응시 속에서 위안을 받으려 했지만, 그들의 손은 매번 나를 텅 빈 껍데기로 만들어버렸다. 베가와 마찬가지로, 그들의 색깔 역시 자꾸만 바뀌어서 말로 표현할 수 없었다. 우리는 밤하늘의 별을 올려다보고 우리에게 쏟아지는 별빛을 좋아하지만, 만약 별을 손으로 만진다면 우리는 흔적도 남지 않고 타버릴 것이다. 나는 자기혐오로 활활 탔다. 마치 내장을 천천히 그을리는 독이라도 먹은 것처럼.

어떤 불교 신자들은 아귀餓鬼가 존재한다고 믿는다. 사람이 죽어 아귀가 된다는 건 보다 온화한 형태일 뿐 지옥에 떨어지는 일과 다를 바 없다. 아귀는 뱃구레는 커다랗지만 목은 바늘만큼 가늘고 길다. 낮에는 눈에 보이지 않지만 밤이 되면 극심한 허기에 시달리며 떠돈다. 아귀의 입에 들어간 음식이 불로 변하기도 한다. 먹을 수 있는 건 오로지 시체뿐일 수도 있다. 입이 썩어버릴 수도 있다. 어떤 식으로건 간에, 무슨 수를 써도 주린 배를 채울 수가 없다. 그렇기에 아귀는 늘 좌절하고, 영영 배고프다.

나는 "마침내 자기 이해에 도달했고, 자신의 반항적 충동과 협정을 맺었으며, 모든 변덕스러운 성향이 꼼짝 못 하도록 붙들리거나 국가를 위해 강제 복무하게 되는 통일된 자치 체계를 이룩한" 릴리가 되기를 갈망했다.

그러나 결국은 릴리조차 그렇게 되지 못했다. 우리 둘 다 아귀였다.

"그해, 저는 코카인을 시작했고, 샤워하면서 술을 마셨고, 어머니의 진통제를 훔치기 시작했죠." 레이는 말한다. "지금은 기억나지 않고 기억하고 싶지도 않은 수많은 사건이 벌어진 해였어요." 그 사건 이후 레이에게 달라붙은 잡년이라는 평판에 "누구도 의문을 품지 않았다." 한 친구가 생일 선물 삼아 수음해 달라고 하자 레이는 그 부탁을 들어주었다. "상대방은 그 사실을 여기저기 떠벌리고 다녔어요. 전 상관없었어요. 나 자신도, 내 평판도 남의 일처럼만 느껴졌기에 고추가 하나 더 늘어난들 아무런 의미도 없었으니까."

2년 뒤쯤으로 빨리감기 한 시점, 레이는 "허허벌판에 있는 폐쇄적인 기숙학교에 있는 정신과 의사의 진료실에 앉아 있었어요. 제가 재활 시설을 비롯한 여러 시설을 전전한 뒤로 적어도 서너 번은 HIV 검사를 받았고요." 정신과 의사는 레이가 여러 번의 검사에서 음성 판정을 받았음에도 불구하고 "여전히 양성일 여지가 있다고 했어요. 그러면서 저는 문란한 성행위로 인한 HIV 고위험군이라고 설명했죠. 그날 진료를 끝내며, 의사는 '이 사실을 일찍 알았더라면 너도 아무나와 자고 돌아다니지 않았을 거다'라는 뜻이 담긴 말을 했어요."

"어머니는 그 시절을 제 '섹시 걸' 시절이라 불러요." 레이는 말한다. "하지만 남성 파트너와의 관계에서 오르가슴을 느껴본 건 대학에 들어간 뒤였어요. 열두 살 때부터 남자와 섹스했지만 늘 기계적인 행위로 느껴졌어요. 저 자신으로부터 분리되어, 최대한 멀리 떨어져 있고자 했어요. 여자와 섹스하기 시작한 것도 열두 살 무렵인데, 그때도 상대의 욕구를 우선해야 한다 생각했어요. 저는 7학년 때 인터넷에 떠돌았던 제 성기로부터 분리된 파편이었어요."

시그리드 브라우너는 『겁 없는 아내들과 겁에 질린 악녀들 Fearless Wives and Frightened Shrews』에서 『마녀를 심판하는 망치』가 "주술에 대한 위계적이며 이원적 세계관에 기반한 강력한 젠더 특정적 이론"을 전개한다고 쓴다. "완벽함이란 반대되는 것들의 통합이나 보존이 아니라, 대립항이 가진 부정적인 요소들을 모두 박멸하는 것으로 정의된다. 여성은 남성의 부정적 대응물이므로, 주술을 통해 남성의 완벽함을 부패시키는, 파괴해 마땅한 존재다."

내 안에서 파괴해 마땅한 절반이 어느 쪽인지를 가려내기는 어렵다. 타인이 바라보고 창조한 잡년, 음침한 딸, 외부자로서의 나일까, 아니면 두 눈동자가 가운데로 몰리고 정신이 생각으로 활활 탈 때까지 열심히 책을 읽는, 자신의 성장한 육체가 가진 힘과 가능성을 사랑하는, 사회라는 감옥과 그 열린 문을 슬쩍 바라보는 또 다른 나일까? 후자의 나를 믿는 건 유혹적이지만 위험하다. 그 애는 너무나 상처받기 쉬운 존재니까.

나는 숨고, 굶고, 폭식하고, 몸과 마음을 분리하고, 도피하고, 부인하려 애썼지만, 그중 어떤 것도 지속적인 효과를 내지는 못했다. 때로 안식을 찾으려면 둘 모두를 파괴하면 된다는 생각이 들었는데, 그 방법은 이미 알았다.

2016년, 미국 질병관리예방센터는 1999년부터 2014년 사이 10~14세 소녀의 자살률이 200퍼센트 증가했다는 데이터 분석을 발표했다.

주로 성폭행 이후에 얻은 나쁜 평판에 시달리다가 자살한 소녀들의 기록 중 극히 일부만을 이야기한다 해도 이 글은 에세이 한 편이 아니라 책 한 권 분량이 되고 말 것이다. 다행히 그런 책들은 이미 쓰였다.

내가 청소년이던 시절에 인터넷, 소셜미디어나 스마트폰
이 있었다고 상상하면 미래—내 현재—는 종잡을 수 없어진
다. 그 시절의 내게도 온전함이 깃들어 있었을 거라고, 인터넷
이 있었더라도 내가 보낸 실제 청소년 시절만큼은 그럭저럭 지
낼 만했을 거라고 믿고 싶지만, 솔직히 말하면 난 아마 살아남
지조차 못했을 것 같다.

릴리는 죽고 싶어 하지 않는다. 그저 잠들고 싶을 뿐이다. 이제
는 궁핍과 고독뿐인 그녀의 삶이 주는 위안이란 잠이 전부다.
자신을 몰락으로 이끈 사건들에 너무나도 시달린 나머지, 릴리
에게는 아편 성분 수면제의 복용이 "마치 마법을 지닌 보이지
않는 손이 어둠 속에서 그녀를 쓸어내리는 것처럼, 내면의 욱
신거림이 서서히 멎고, 수동성이 부드럽게 다가오는" 상태를
향하는 외로운 경로였다.

나 역시도 "몸을 숙여 무의식의 흐릿한 심연을 내려다보
며", "무엇이 (나를) 이토록 불편하게 만드는 동시에 흥분시키
는지를 나른하게 (놀라워하는)" 것이 "달콤하다"는 사실을 깨달
았을 것이다. 그러나 내가 나만의 마취제를 찾은 것은 그 뒤로
도 몇 년이 지난 뒤였고, 그 점은 다행이다. 그러지 않았더라면
내 이야기 역시 릴리의 이야기와 마찬가지 결말을 맞이했을 테
니까.

잡년들의 이야기는 대부분 그렇게 끝난다. 『데이비드 코퍼필드』의 꼬마 에밀리 또는 『주홍 글자』의 헤스터 프린처럼 추방당하기도 한다. 〈이지 A〉의 경우 섹스는 진짜가 아닌 우스꽝스러운 해프닝이었고 처녀성도 손상되지 않았으므로 올리브는 무사하다. 공포영화 속 살해당한 창녀 이미지는 너무나 익숙한 나머지 "섹스사死"라는 명칭까지 붙었을 정도다. 대조적으로, 전형적인 공포영화 속에서 살아남도록 허용된 유일한 여성, 즉 "최후의 여성"은 죽은 친구들이 난잡했던 만큼 반드시 순결해야 한다.

데이지 밀러는 말라리아로 죽는다. 나나 쿠포는 천연두로 죽는다. 오필리어는 물에 뛰어들어 죽는다. 테스 더비필드는 교수형으로 죽는다. 에마 보바리는 비소를 먹고 죽는다. 안나 카레니나는 열차 아래에 몸을 던져 죽는다.*

나는 죽지 않았다.

3

그 시절의 나라면 더 끔찍했다고 표현했을 일은 바로 일기장을 아버지에게 들킨 사건이다. 그 시절의 나는 내가 겪던 일에 뭐라 이름 붙여야 할지 몰랐음에도 내가 한 성적 접촉을 상세

---

* 각각 헨리 제임스의 소설 『데이지 밀러』(1879), 에밀 졸라의 소설 『나나』(1880), 셰익스피어의 희곡 『햄릿』(1603), 토마스 하디의 소설 『테스』(1891), 귀스타브 플로베르의 소설 『마담 보바리』(1857), 레프 톨스토이의 소설 『안나 카레니나』(1878) 속 여성 주인공을 가리킨다.

하게 적어두었다. 그 어떤 주석도 없이, 내 경험이 낱낱이 담긴 일기장을 읽는 아버지를 상상하면 25년이 지난 지금도 아찔하다. 그토록 수치스러운 동시에 안심되는 일은 처음이었다.

부모님은 나를 동네에 하나뿐인 사립 학교로 전학시켜 7학년을 보내게 했다. 사립 학교라 해서 크게 다른 건 없었고, 다른 게 있다면 오직 나뿐이었는데, 이 또한 전과는 다른 방식으로 달랐다. 학교 여학생들은 돈을 내고 손톱 손질을 받았고, 욕실이 네 개 딸린 집에 살았으며, 방학 때는 유럽에서 지냈다.

부자가 아니라 스쿨버스를 타야 하는 아이들은 나를 비롯해 몇 명뿐이었기에 금세 친해졌다. 그중 나름대로 나와 친하던 9학년 남학생이 어느 날 내게 말했다. "7학년 여자 중에서 성적으로 발달한oversexed 건 너뿐이야." 그는 내게 잔인하게 굴려는 의도 없이, 그저 우리 둘 다 이미 아는 사실인 것처럼 그 말을 했다. 마치 돌팔매질을 당하는 것처럼 아팠다.

나에 대해 뭘 안다고? 눈에 보이는 것이 다였을 거다. 내 몸. 어쩌면 내가 학습한, 이 몸에 깃들어 살아가는 법 역시도 알았을지도. 그와 마찬가지로 나 역시 다른 학생들과 다르다는 사실도. 나는 내가 성경험이 없다고 말하고 싶었다. 그 사실이 그의 추측이 틀렸음을 입증할 수 있는 자격이라도 된다는 듯이. 애초에 성적으로 발달했다는 것이 무슨 뜻일까? 내가 섹스를 너무 많이 한다는 뜻일까, 아니면 섹스를 너무 많이 원한다는 뜻일까? 나는 그의 눈에 비친 내 모습인 마이나드*처럼 그를 갈

---

* 그리스 신화에서 미친 여성의 모습으로 등장하는, 디오니소스의 광신자.

가리 찢어버리고 싶었다. 울고 싶었다. 그러나 그 대신 웃은 뒤 스쿨버스 창밖으로 눈길을 돌렸다.

『환락의 집』을 읽는 내내 릴리가 협조를 그만두기만을 바랐다. 거울 밖으로 나와서 그대로 쭉 걸어가기를 바랐다. 릴리 안의 또 다른 자아는 분명 거위처럼 자유분방해, 여태 시달리던 프릴 달린 저녁 식탁을 훌쩍 뛰어넘어 하늘을 훨훨 날 준비를 마쳤을 것이다. 그녀는 그 사실을 **안다**, 열세 살 때의 나보다 더 분명히.

"새장 문이 닫히는 철컹 소리를 듣는 순간, 릴리의 눈에 새장 밖 세상이 얼마나 매혹적으로 보였을까! 그러나 그녀도 알고 있었듯, 현실에서 새장 문은 닫힌 적이 없었다. 문은 늘 열려 있었다. 그러나 포로들이란 대부분 병에 갇힌 파리와 마찬가지로 한 번 날아 들어간 뒤로는 다시는 자유를 되찾지 못한다."

릴리 바트를 보면서, 어떻게 그렇게 행동할 수가 있나? 하고 생각했다. 자유에는 앎이 필요하나 앎이 자유를 보장하지는 않음을 오래전부터 알았음에도. 열린 문이 보인다고 해서 우리에게 그 문을 나설 힘이 생기는 건 아니다. 아마도 그것이 가장 고통스러운 일일 테고, 가장 큰 고통을 겪는 이들이야말로 그 사실을 가장 분명히 알 테다.

그것은 릴리가 사회의 눈에 비친 자기 모습 또는 사회 그 자체를 믿었기 때문만이 아니라, 그녀가 혼자이기 때문이기도 하다. 그녀를 온전한 모습으로 다시 이어 붙여주고, 그녀의 **이 넨벨트**에 담긴 진실을 확인해줄 타인의 눈이 없기 때문이다. 그녀의 넌더리 나는 물질주의, 그녀가 가정하지조차 않는 행위 주체성, 끔찍한 선택들, 낭비된 특권에도 불구하고, 『환락의 집』은 여태 내가 읽은 것 중 가장 외로운 이야기 중 하나다.

그 시절에 최악인 동시에 가장 오래 지속된 건 내가 느끼는 완전한 고독감이었다. 수치심은 이 때문에 탁월한 지배의 전술이다. 수치심은 우리가 지속적으로 고립되도록 길들인다. 사회 구조는 그 구조를 드러내지 않는다는 점에서 천재적이다. 애초부터 보이지 않게 만들어진 이 기계는 우리가 사회 구조를 영속화하게끔 강제한다. 그러나 나는 혼자가 아니었다. 아무도 혼자가 아니었고, 지금도 그렇다.

8학년이 되어 공립 학교로 돌아오자 같은 학년의 어떤 남학생이 말했다. "제시카를 만나 봐. 걔 너랑 비슷해." 무슨 뜻이었는지는 아직도 모르겠다. 제시카도 나처럼 잡년 취급을 받는다는 뜻일까? 자기 안에 또 하나의 비밀스러운 자아가 있다는 뜻일까? 남들과 다른 음악을 듣고, 중고 가게에서 산 티셔츠를 입는다는 것일까? 그 모든 게 사실이었다. 우리는 첫눈에 서로를 알아보았다. 그때부터 제시카는 내가 간절히 필요로 했던 또 다른 종류의 거울이 되어주었다.

제시카와 나는 둘 다 방도, 머리도 너저분했다. 우리 둘 다

성적은 좋았고 학교를 싫어했다. 무책임한 생부가 있으며 일찍 가슴이 나오기 시작했다는 점도 똑같았다. 오래지 않아 우리에게는 온종일 나눌 만큼 이어지는 농담이, 잠들기 직전까지 통화하는 습관이 생겼다. 우리는 너바나의 음악을 들었고, 각자가 과거에 남자들과 했던 일들은 입 밖에도 내지 않았다.

여전히 누군가는 우리를 잡년이라고 불렀고, 그러다가 레즈비언이라고 불렀다. 나 홀로 잡년이라고 불리는 것과, 가장 친한 친구와 함께 잡년 또는 레즈비언이라고 불리는 것의 차이가 얼마나 큰지는 아무리 말해도 모자라다. "어쩌라고." 우리는 그렇게 응수하고는 웃었다. 그러면서 너 나 할 것 없이 이렇게 말했다. "우리가 이렇게 친하지만 않았더라면 당연히 같이 잤을걸."

릴리가 진정한 자아의 자유로움을 느끼는 때는 오로지 그 자아가 실존함을 보증하는 이와 함께 있는 드문 순간뿐이다. 그럴 때면 "포로의 신음이 서서히 잦아들거나, 상대가 가하던 감시가 약해졌다. 지평선이 확장되고, 공기는 단단해지며, 자유로운 영혼은 날고 싶어 파르르 떨었다. 자신을 허공으로 들어 올려 발아래 햇빛에 젖어 든 세계 위로 흔드는 이 부유감을 그녀로서는 설명할 길이 없었다."

부모님이 나를 유니테리언파 여름 캠프에 보냈을 때 이 캠프가 건전하고 그만큼 지루한 활동들을 시킬 거라고 생각했다. 하이킹, 캠프파이어, 단 한 번도 담배를 피워본 적 없다고 맹세하는 10대 청소년들에게 몸을 내맡기는 트러스트 폴trust fall* 따위 말이다. 유니테리언파에서 청소년 대상으로 하는 성교육 프로그램의 존재를 미리 알았더라면 나는 다른 기대를 품었을 것이다. '우리의 평생Our Whole Lives (OWL)'이라는 이 프로그램에서는 서슴없이 여성 오르가슴을 이야기했다.

놀랍게도, 이 캠프에서는 '뒷마당에서의 존재론적 위기'라는 개인 잡지zine 만들기라든지 글쓰기 등의 활동에 참여할 수 있었다. 닉 케이브를 닮은 데이브라는 사람이 글쓰기 워크숍을 진행했는데, 그는 우리에게 릴케의 『젊은 시인에게 보내는 편지』를 나눠주고는 오후 내내 단 한마디밖에 하지 않았다. "나는 백인들이 싫다"라는 말이었다.

그해 여름 캠프를 이끈 책임자는 나디아라는 여성이었다. 20대 초반이던 나디아는 6피트[약 180센티미터]가 넘는 키에 컴뱃 부츠와 오버올 차림이었고, 머리는 박박 민 상태인 데다 두 팔은 온통 타투로 뒤덮은 사람이었다. 언제나 성큼성큼 걸었고, **씨발**을 다른 단어들을 이어주는 접착제처럼 썼다.

세상에 이런 여성이 존재한다는 것도, 이런 식의 아름다움이 있을 수 있다는 것도 처음 알았다. 나디아가 나를 내려다볼 때면 두려운 동시에 다른 누구의 시선을 받을 때보다 나 자신

---

* 상대가 등 뒤를 받쳐줄 것이라 믿고 뒤로 쓰러지는 활동.

이 더 제대로 드러난다는 생각이 들었다. 그 뒤로 나는 다른 사람에게서 내 안에 숨은 무언가를 발견할 때 눈부시게 찬란한 사랑과 비슷한 느낌이 든다는 사실을 알았다. 그 느낌이 내 안에 숨겨진 그 무엇을 더 강해지게 만든다.

타나이스는 회상한다. "주로 연극이나 미술 수업에서 만난 퀴어 친구들이 떠올라요. 난잡한 나 자신을 숨기지 않고, 사람들과 어울리면서, 그 어떤 판단의 대상도 되지 않을 수 있었던 시간이었죠. 그냥 애들과 즐겁게 어울렸어요. 대부분 백인이긴 했어요. 그러니까, 정체성을 숨기지 않는 백인 퀴어 애들이었던 거죠. 그 애들을 딱히 백인 여자애들이라고 생각한 적은 없었어요. 그냥 백인과는 다른, 제 백인 퀴어 친구들이었던 거예요. 지금도," 여기까지 말한 타나이스가 웃으며 말을 이었다. "가장 절친한 백인 친구들은 전부 퀴어예요."

캠프에서 3주를 보낸 뒤 예전에는 알 수 없던 많은 것을 이해할 수 있었다. 예를 들면 좋은 친구라고 해서 꼭 좋은 연인으로 발전하는 건 아니었다. 캠프에서 돌아오고 나서 며칠 뒤 나는 제시카와 키스했다. 그 애의 입술은 너무나도 부드러웠다! 내 것이 아닌 가슴을 만져본 적은 처음이었다. 그 애의 가슴은 내 것과 달랐다. 더 작고, 젖꼭지는 나처럼 짙은 색이 아니라 반창고 색이었다. 그 애와 키스할 때는 공허하지 않았다. 키스가 끝난 뒤 속이 니글거리는 느낌도 들지 않았다. 이 역시 내 세상을 더 넓히는 앎이자, 그 세상에서 가능하리라는 걸 알게 된 일이었다.

주말에는 퀴어 페미니스트 잡지를 만들어 지역 도서관에서 복사한 뒤 온 동네에 돌렸다. 손으로 직접 재단한 잡지를 식당의 냅킨꽂이에, 학교 도서관 책상에, 큰길에 주차된 자동차 와이퍼 아래에 한 권씩 두고 올 때마다 나 자신을 한 조각씩 주워 모으는 기분이었다. 심지어 어느 선생이 수업이 끝난 뒤 나를 따로 불러서 혹시 정신적 문제를 겪고 있냐고 말했을 때조차 나는 동요하지 않았다. 내 안의 자아는 드디어 모습을 드러냈다. 되돌릴 방법은 없었다. 내가 양성애자라고 해서 잡년이라고 부르는 남학생들도, 제시카와 성적인 관계를 맺고 6개월 뒤 절교한 일도. 나는 새장을 나와 날기 시작했다. 아무리 오래 걸린들 상관없었다.

"지독한 역경, 우리의 힘과 자기 사랑을 앗아가는 하찮은 가족과 사회 내의 역학 관계에서 빠져나올 수 있게 해준 목소리가 있어서 얼마나 고마운지 몰라요." 타나이스는 말했다. "열네 살의 내게 정말 고마워요. 그 모습으로 존재해줘서."

공립 학교로 돌아오고 1년 뒤, 8학년을 마치고 여름방학 동안 동네 도로변 모텔에서 청소부로 일했다. 동료 중 나보다 나이가 조금 많은 여학생이 있었는데, 근무 시간이 몇 번 겹친 뒤에야 그녀를 알아보았다. 우리 집에 그 누구보다 자주 장난 전화를 걸었던 제니였다. 걸걸한 목소리도, 멘톨 담배를 피우는 것도, 헤어스프레이를 잔뜩 뿌리는 것도 옛날과 똑같았지만, 배에는 튼살 자국이, 눈가에는 다크 서클이 생겨 있었다. 둘 다 케케묵은 의미의 잡년이 된 지금 우리는 일종의 친구인 셈이었다. 추접스러운 손님들에 대한 불평을 늘어놓고 제니의 담배를 나누어 피웠다. 제니가 내게 걸었던 장난 전화들, 서로의 어둠 속으로 숨소리를 토해 내던 그 일을 우리 둘 다 기억하고 있었지만, 결코 입에는 올리지 않았는데, 그 시절에 대해 할 말이 너무나 많은 반면, 그 이유에 대해선 아무런 할 말도 없어서였다.

아직도 다른 여성에게서 내 안의 어떤 부분—**네가 되려고 작정한 그 잡년**—이 보일 때마다 견디기 힘들다. 희미한 빛을 내는, 남성을 원천으로 삼는 자아, 타인의 비위를 맞추려는 부질없는 욕구, 그들이 우리에게 음식이라 알려준 것으로 보이지 않는 허기를 채우려는 욕구다. 그 여성들을 보고 있자면 가슴이 아프고, 심지어 그들을 벌하고 싶고, 막고 싶고, 지키고 싶다는 혼탁한 욕망이 찌르르 느껴지기도 한다.

　내심 그들을 혐오한다는 건 아직도 내 안에 어린 시절의 나를 미워하는 마음, 거울 속 소녀가 되길 두려워하는 마음이 남아 있다는 뜻이리라. 아니면 언젠가 어떤 형태로건 지속되는 보상이 찾아오리라는 불가능한 가능성에 의지해 슬롯 머신을 작동하는 것처럼, 타인의 관심을 구걸하던 좀 덜 어린 시절의 나를 미워하는 마음일 수도 있겠다. 그 시절의 나는 인색한 도박의 대가로 어린 시절의 나처럼 벌을 받은 건 아니었지만, 다른 방식의 파산을 겪었다.

자국이 남은 시절, 두 개의 나로 쪼개졌던 시절을 없던 것으로 할 수는 없다. 나는 오랫동안 아귀처럼 살았다. 새장을 나올 때도 우리는 거울을 챙긴다. 그 거울을 깨뜨리기까지는 한참의 세월이 더 필요했다.

"난 내가 선택하지 않았는데도 내 입에 욱여넣어진 수치심을 삼킨 나를 용서해." 아자는 말한다. "수치심을 없던 일로 할 수는 없지만, 나는 미안할 게 없어."

내 이야기는 평범하다. 우리 모두의 이야기가 그렇다. 이런 이야기들은 지금도 더 지독한 모습으로 펼쳐지고 있으며, **잡년**은 **마녀**와 마찬가지로 여성에게 가하는 권력을 유지하고 여성을 남성에게 종속하고자 남성들이 발명한 말이라는 사실을 우리 모두 이해하는 그날까지 사라지지 않을 것이다. 여성의 섹슈얼리티를 향한 혐오와 두려움은 문명의 기반에 단단히 자리하고 있으며, 잡년이라 불리는 이들은 가부장제와 백인 중심주의라는 식민 제도를 위협하는 여성일 때가 많다.

그러고 보면 잡년이라는 낙인이 뒤따르는 모습 중 거의 대부분은 내가 되고 싶은 바로 그 모습이다. 나는 마침내 거위처럼 자유분방하게 날개를 활짝 펼치고 튼튼한 목을 바짝 치켜든 채 하늘을 가르고 날아간다. 나는 **이넨벨트**에서도 **움벨트**에서도 똑같은 여성이다. 나는 빵 반죽에 아무렇게나 손을 쑤셔 넣은, 방 꼬락서니는 돼지우리 같은, 손에는 펜을 쥐고, 눈은 창밖을 바라보며, 입으로는 노래를 흥얼거리며, 머리로는 다른 무언가를 생각하는 그 조심성 없는 여자다. 나는 할 말을 하는 마녀다. 그 어떤 남성의 말이건 반박할 것이다. 나는 어둠 속에 터진 꽃불, 불복종하는 구경거리, 내가 원할 때마다 느끼는 오르가슴의 화려한 피날레다.

총기를 소유하고 싶은 마음이 없는 것과 마찬가지로, **슬럿**이라는 말을 되돌려받고 싶은 마음이 없다. 애초부터 내 것이 아니었으니까. 농담으로건, 자긍심, 애정, 또는 역설을 담아서건 내가 다른 여성을 잡년이라 부르는 일은 영영 일어나지 않을 것이다.

내가 인정하는 슬럿의 유일한 정의는 돼지기름에 축여 불을 붙이는 헝겊뿐이다. 나를 그런 슬럿이라고 불러라. 나를 횃불이라고 불러라. 필요하다면 나를 데리고 어둠 속을 걸어라. 여기, 이 이야기를 가져가서 타오르는 모습을 바라보라.

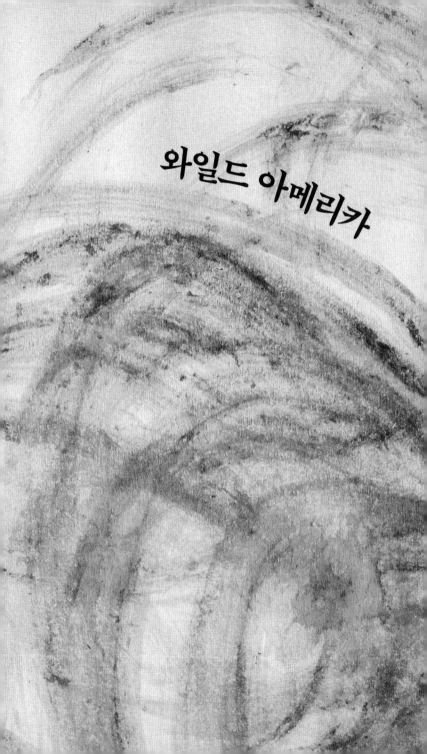

와일드 아메리카

나는 한 마리 **짐승**이었다.

서술자: 넌 여성이지 동물이 아니야.

밸러리: 여자 포유류she-mammal 아니면 암컷 아이female child지.
　　　난 인간과 혼돈의 경계선에 있었어.

—사라 스트리츠베리, 『밸러리』

엘로이즈 브릴과 함께 굿윌폰드 기슭에 앉아 있는 사이, 캠프에 참여한 다른 아이들은 삭아가는 야외 테이블에 앉아 투명한 비닐에 싼 샌드위치를 먹고 있었다. 부모님들이 우리를 공공 연못인 굿윌폰드에서 열리는 오후 수영 캠프에 등록시킨, 1989년 여름이었다. 초등부에서는 굿윌폰드가 따스한 노란색인 게 햇빛이나 꽃가루 때문이 아니라 오줌의 농도가 높아서라는 소문이 돌았다. 다들 물속에서 오줌을 싼 건 사실이니 그럴싸한 말이었다. 상관없었다. 그날 오후에 열린 시간제한 경주에서 막 이긴 뒤였기에 승리감으로 마음이 부풀어올라 있었으니까.

"너 레즈비언이야?" 엘로이즈는 막 새로운 단어를 알게 된 아홉 살짜리만 할 수 있는 방식으로 우쭐거리며 물었다.

"몰라. 그게 뭔데?" 내가 되물었다.

"손 이리 줘봐." 그 애가 말했다. 손을 내밀자, 그 애는 자기 손바닥을 내 손에 댔고, 우리의 끈끈한 손바닥 사이에서 굵은 모래 감촉이 느껴졌다. 연못 쪽에서 누군가의 기분 좋은 비명과 이어지는 풍덩 소리가 들려왔다. 엘로이즈는 우리 둘의 손가락 끝을 빤히 쳐다보았다. "보이지? 넌 넷째 손가락이 둘째 손가락보다 길어. 그러면 넌 레즈비언이야."

나는 손을 도로 가져와 자세히 살펴보았다. 그 애 말대로였다. 내 몸이 드러내는, 나조차도 모르는 나에 관한 사실들은 또 어떤 게 있을까? 그런 생각이 그림자처럼 몸에 스멀스멀 다가왔다. 나는 어깨를 으쓱했다. "점심 먹자." 그렇게 말한 뒤 걱정스러운 마음을 서늘한 모래 위에 다 내려두고 갈 기세로 입고 있던 수영복에 손을 탁탁 털었다.

그리스 신화에 나오는 헤카톤케이레스 삼형제를 생각해보라. 우라누스와 가이아 사이에 태어난 세 자식에게는 100개의 손이 있어 이런 이름이 붙었다*. 돌진하는 자라는 뜻을 가진 코토스. 손을 놀리는 자라는 뜻을 가진 귀게스. 바다염소이자 바다 폭풍을 일으키는 자인 브리아레오스. 이들은 티탄을 물리치기 위해 자라난 거인들이다. 지진이며 바다 폭풍인, 측정할 수 없을 정도로 강한 존재다.

---

* 그리스어에서 헤카톤케이레스의 단수형인 헤카톤케이르는 100개를 뜻하는 헤카톤έκατόν과 손을 뜻하는 케이르χείρ가 합쳐진 이름이다.

이제, 이 모든 것들 이전의 헤카톤케이레스를 생각해보라. 의기양양한 전사가 아니며, 타르타로스의 수호자도 아닌 그들. 그들의 처음. 바다 폭풍의 어린 시절은 무엇인가? 지진은 어떻게 자신이 지진인지 알게 되나? 나, 라고 자각하게 된 첫 우렛소리. 우리의 힘은 타고난 것일지 모르나 그 힘의 의미는 타인으로부터 배우게 된다. 날 때부터 바다의 신과 바다 괴물을 구분할 줄 아는 이는 없다. 그 누구도 우리 저마다가 헤카톤케이레스라는 걸 알려주지 않으면 어떻게 되나? 100개의 손을 어디다 숨기나? 어떻게 그 손들을 혐오하게 되지 않을 수 있나?

아름다움을 배우기 전 나는 내 몸이 좋았다. 발에는 굳은살이 박이고 말이 많은, 열정 넘치는 아이였다. 말도, 움직임도 빨라서, 케이프코드의 우리 집을 둘러싼 숲속으로, 나무 위로, 대서양의 부서지는 물마루 속으로 쏜살같이 달려들어갔다. 나 자신과 타인들의 마음에 예리하게 관심을 기울이던 나는 내 한가운데에 깊은 샘, 일종의 탯줄 같은 것이 있어서, 사소한 일상 아래 도사리며 무한히 요동치는 지식과 파토스에 나를 연결하고 있음을 느꼈다. 이 통로는 늘 열려 있지 않았고, 무엇이 통로를 열어젖힐지 늘 예상할 수도 없었다. 노래나 시, 느지막한 오후의 한 줄기 빛, 예기치 못하게 찾아오는 기억들, 해 질 녘에 들려와 내 목구멍을 간지럽히는, 조종弔鐘 소리 같고 고독이 울부짖는 소리 같기도 한 비둘기 울음 따위였다. 때로는 의지의 힘으로 통로를 열 수 있기도 했다. 두려우면서도, 거부할 수 없는 선택이었다. 기쁨이나 슬픔이 아니라, 그것들이 교차하는 정점이자 두 감정을 자아내는 원료로 끓어오를 때까지 읽고, 생각하고, 느끼고 나면, 몸이 떨리고, 심장이 쿵쿵 뛰고, 정신에서는 포말이 일어서, 이대로 타버릴지도 모른다는, 너무 많은 감정을 느끼는 바람에 죽어버릴지도 모른다는 짜릿함과 두려움에 젖어 바닥에 누웠다.

이런 상태는 분명 의식의 가장 **생생하고**_real_ 강력한 형태로 보였지만, 그럼에도 나는 그것이 "현실reality"이 아님을 알았다. 시간이 흐른 뒤 이런 이해는 나 자신이 쉽게 미쳐버릴까 봐 두려워할 정도까지 진화했지만, 어린 나는 사람이 숭고와 이어지는 자기 안의 통로와 더불어 살 수 없다는 사실을 그저 이해했다. 이 삶의 탯줄이 몸속에서 요동치며 허리케인에 끊어진 전깃줄처럼 불꽃을 흩뿌리는 채로는 도저히 인간 삶의 집단적 서사를 붙들고 버틸 수 없다. 인간의 삶을 정의하는 것은 평정과 선형성, 스쿨버스 노선과 학교 숙제와 젠더와 수면 시간과 세금이다. 이런 요건들을 대체로 맞출 수는 있었지만, 나는 내가 오로지 미약한 정도로만 현실의 논리를 준수하고 있으며, 그 배후에 한층 더 흉포한 감성이 군림함을 알았다.

내부와 외부 세계의 불화 앞에서 어린 내 몸이 지닌 회복력과 힘이 위로가 되었다. 몸은 두 세계를 이어주는 연결고리 노릇을 해주었기 때문이다. 몸이란 헤아릴 수 없는 기이한 걸작이자, 내 안의 통로를 따라 흐르는 그 무언가에서 떨어져 나온 완벽한 한 조각이었다. 그럼에도 내 몸은 의식의 극단적 전환에 휘둘리지 않았다. 몸은 언제나 **진짜**_real_였다. 내가 우리 집 진입로 옆에 있는 거대한 떡갈나무를 수월히 오를 수 있음을, 연못 한가운데까지 헤엄쳐갈 수 있음을, 내가 가진 두 손으로 물리적 세계에 굳건한 힘을 행사할 수 있다는 사실을 아는 건 늘 기분 좋은 일이었다. 사실, 모든 신체적 접촉을 인도하는 나긋나긋한 힘을 지닌, 웬만한 아이들의 손보다 큼직한 내 손이야말로 내 신체적 능력의 발원지이자, 실재의 그리고 인간을 훌쩍 뛰어넘는 창조적 지성의 측정 가능한 증거로 보였다.

게임은 이런 식이었다. 숲속, 소나무가 가장 높이 자란 곳으로 혼자 터벅터벅 걸어갔다. 소나무가 떨어뜨린 매끈한 바늘잎으로 바닥이 온통 뒤덮인, 1년 중 가장 적절한 때였다. 집에서 멀지 않지만 인간이 만든 구조물은 시야에 전혀 들어오지 않는 그곳에서, 바닥에 누워 눈을 감고 정신을 칠판처럼 깨끗이 닦았다. 때로 혼자 이야기를 지어내기도 했지만 그 이야기들은 전부 허술하고 알맹이 없는 것들이었다. 내가 다른 행성에서 온 외계인이라거나 기억상실증에 걸렸다는 식의 이야기. 중요한 건, 내가 하늘에서 뚝 떨어진 이방인이라는 점이었다. 그러다 나는 조심스레 눈을 뜨고 주변을 자세히 살펴보았다. 소나무 바늘잎을 한 줌 움켜쥐고 얼굴 가까이 가져가 초록 향기를 들이마셨고, 가늘고 뾰족한 잎끝을 혀에 대보기도 했다. 여름이면 연못 속으로 걸어 들어가면서, 두 개의 서늘한 입으로 내 발목을 베어 무는 물의 감촉을 느끼는 게 이번이 처음이라 상상하기도 했다.

마당 언저리를 따라 우리 가족이 키우는 개를 따라다니고 있자면 심장이 쿵쿵 뛰었다. 정원에서 물 주는 호스를 발견해 햇빛에 달궈진 호스의 배 속에 가득 찬 물을 마셨다. 그러다 아무한테도 들키지 않고 집 안에 들어가는 데 성공하기도 했다. 아, 세상에서 가장 잘 아는 곳을 낯선 지형으로 만들 때 생기는 이 두려움 가득한 기쁨. 집 안의 서늘한 그늘. 카펫을 깔지 않은 마룻바닥의 부드러움. 음식이 가득한 찬장에 담긴 부조리할 정도의 호사. 그 어떤 이야기도 존재하지 않는, 오로지 나만이 이름 붙일 수 있는 세계를 향해 느끼는 경이로움은 끝이 없었다.

"고등 동물일수록 더 많은 놀이를 즐깁니다." 〈와일드 아메리카Wild America〉의 어느 에피소드에서 진행자 마티 스투퍼는 이렇게 설명했다. "동물이 식욕이나 수면욕 같은 본능적 필요를 충족하고 나면 놀이를 할 시간과 성향이 생겨나는 겁니다." 〈와일드 아메리카〉는 아칸소주 토박이이자 자연보호주의자인 스투퍼가 만든 30분짜리 프로그램으로, 1982년부터 1994년까지 미국의 공영방송 PBS에서 방영되었다. 매 에피소드는 관악기를 사용한 위풍당당한 주제곡과 알록달록한 스웨터 차림에 맵시 있게 턱수염을 다듬은 스투퍼의 자기소개로 시작했다.

"진정한 놀이에는 목적이 없고, 목표가 있다면 오로지 새로운 감각을 경험하는 것뿐이지요." 그는 이렇게 설명하면서도 놀이가 종종 건설적이기도 하다고 덧붙였다. 새끼 산양은 태어난 지 몇 분 만에 펄쩍펄쩍 뛰놀며 다리 힘을 기른다. 청소년기 담비는 놀이 삼아 다람쥐를 쫓아다니며 성년기에 쓸 사냥 기술을 익힌다. 이런 장면들 위로 생각에 잠긴 듯한 스투퍼의 해설이 덧씌워진다. "여기서 우리도 배울 점이 있을 것 같습니다. 아마 덜 절박하게 노는 법, 배움을 놀이처럼 하는 법을 찾을 수도 있겠지요."

내가 〈와일드 아메리카〉를 좋아했던 건 마티 스투퍼의 이런 철학적인 여담 때문이 아니라, 이 프로그램이 숲속에서 내가 하던 게임처럼 익숙한 것을 새로운 맥락에 올려두었기 때문이다. 스투퍼는 종종 (무척 자주) 에피소드 속 동물들에게 인간의 서사를 덧붙이고는 했지만, 그럼에도 동물 세계에서 일어나는 모든 일에 가치를 부여하는 최우선 순위는 생존이라는 사실은 늘 분명히 했다. 야생 담비가 아무리 제 감정에 취한다 한들 새끼들에게 구해다줄 먹이 사냥을 멈추지는 않을 터였다. 자연 다큐멘터리 속 영양 한 마리에게 하이에나 떼가 덤벼드는 장면을 보던 내가 눈을 꼭 감아버릴 수밖에 없었다 한들, 하이에나들은 아직 목숨이 붙어 있어 발광하듯 몸부림치는 영양의 따뜻한 살을 거리낌 없이 뜯어먹었다.

어머니는 나를 채식주의자로 키웠고, 나 역시 딱히 고기를 먹고 싶은 욕구가 없었다. 그러나 때로 여름이면 나는 큼직하게 자른 수박 한 조각을 가지고 마당 구석에 간 뒤 수박이 갓 죽은 동물 사체인 척했다. 네 발로 엎드린 채 붉고 달콤한 과육에 얼굴을 파묻고 우걱우걱 베어 먹었다. 한 주먹 뜯어내 입안에 쑤셔 넣기도 했지만, 내가 알기로 이런 식으로 먹이를 먹는 동물은 없었다. 그건 특정한 동물을 흉내 내는 놀이라기보다는, 내가 나의 내면에서 인식했으나, 인간 문화에서는 적합한 표현이 존재하지 않는 야생성의 한 형태를 재현하는 일에 가까웠다.

〈와일드 아메리카〉 외에도 공영방송에서 방영하는 더욱 잔인한 자연 다큐멘터리 특집들을 보면서 어쩌면, 하고 생각했다. 어쩌면, 다른 이들은 피로 물든 하이에나의 이빨과 가차 없는 허기 속에서 자기 모습을 보지 못할지도 몰라. 어쩌면, 다른 이들은 심장이 내달리지도, 주먹이 절로 쥐어지지도, 목이 뻣뻣하게 굳지 않을지도 몰라. 자신이 임팔라와 가까운지 사자와 가까운지 구분하지 못할지도. 하지만 나는 그랬다. 우리 집 뒤 숲속에 혼자 있을 때면 다른 누가 나를 보고 있을지도 모른다는 생각은 일절 하지 않은 채 가슴을 쿵쿵 두들기며 내가 지어낸 이야기를 연기했다. 조마조마해져 돌아다니는 다람쥐에게도, 우리 집 골든 리트리버의 정신 나간 집착에도 공감할 수 있었다. 숟가락과 포크 따위를 보면 우리의 팔 끝에 완벽한 도구가 붙어 있는데 그런 것들이 왜 존재하는지 혼란스러웠다.

미국 시인 월트 휘트먼은 우리와 동물의 차이를 말하며 동물은 "땀을 흘리지도 자신의 상황에 불평하지 않는다"고, "불만인 녀석도, 소유욕으로 광증을 부리는 녀석도 없다"고 주장했다. 초등학교에서 나는 인간은 동물이되 다른 동물처럼 육체적 생존을 위한 본능에 이끌리지 않는다고 배웠다. 우리는 먹이사슬이 내려다보이지 않을 만큼 사슬의 맨 꼭대기에 존재했다. 우리는 생존이라는 문제를 훌쩍 뛰어넘어 이제는 폐기된 본능이 자본주의라든지 비키니 왁싱 같은 참극으로 왜곡된, 드높은 어둠의 영역에 존재했다. 그 시절의 나로서는 이름 붙일 수 없었을지 몰라도 인식할 수 있었다.

우리가 당연하게 받아들이는 인간 삶의 서사—돈, 자동차, 쇼핑몰, 환경 오염과 모든 산업이 착란적이고 재난적인 방식으로 이루어지는 자원의 오용이 아니라 간주하는—로부터 잠시나마 떨어져 나와, 보다 진화론적인 관점에서 그 서사를 일별하다 보면 믿을 수 없을 정도로 기괴하다. 이건 삶일까, 아니면 낯선 디스토피아 영화, 우리 모두가 꾸고 있지만 조만간 깨어나 "자연"이 텔레비전 프로그램의 분류 또는 소비 선호도를 구축하는 다양한 경험 중 하나가 아닌, 유일한 것이고 모든 것인, 분별 있는 동물의 삶을 재개하게 될 그런 꿈일까?

그러나 초등학생이던 어린 우리는 20세기 후반의 미국 중산층 생활을 존재론적으로 탐구하지 않았다. 자본주의에 대해서 배우지도, 휘트먼을 읽지도 않았다. 우리는 어떻게 인간이 **되는지** 배우는 중이었다. 비록 우리가 짐승이라 할지라도, 짐승같이 보이거나 짐승처럼 행동하지 않는 법을 배우고 있었다. 타인을 짐승이라 부르는 건 모욕이었다. 사춘기에 접어들자 안타깝게도 이 서사를 이어가기 어려웠다. 나는 온몸이 딱지와 멍투성이인 아이였다. 피부는 햇볕에 타 갈색으로 그을렸고, 한숨을 푹푹 쉬어댔고, 몸에 난 모든 구멍이 궁금하기만 했다. 나는 한 마리 짐승이었다.

중학생이 되었을 때 그 사실이 특히나 더 역겨운 비밀처럼 느껴졌던 건, 내가 소녀이기도 했기 때문이었다.

때로는 그때로 돌아가고 싶다. 한 인간으로서의 내 삶이라는 필름을 되감기해 모든 것이 변한 그 시점이 담긴 프레임을 찾고 싶다. 마치 내 몸을 빼앗기는 장면이 나오는 뿌연 셀룰로이드 필름 네모 칸이 존재하기라도 하는 것처럼. 몸뿐 아니라, 몸을 통해 찾아오는 모든 기쁨을 빼앗기는 장면이다. 손 하나가 프레임 속으로 들어와 모든 걸 앗아간다. 벗겨진 무릎에 닿는 바닷물의 따끔함, 떡갈나무 껍질에 쏠려 아린 손바닥, 자전거를 타고 내리막을 날 듯이 내려갈 때 종아리로 날아드는 자갈의 아픔, 온종일 달린 뒤 다리가 느끼는 떨림, 소나무들이 이룬 대성당에 울리는 내 목소리, 몸이 무엇을 할 수 있는지에만 신경 쓰고 몸이 어떻게 보이는지에는 하나도 신경 쓰지 않던 나날의 완벽한 자유.

물론, 단 한 프레임에 담기지는 않았을 것이다. 너무 많은 것들이었으니까. 영화 스크린에 포진한 앙상하게 마른 소녀들. 어머니가 집에서 치우려 들었던 텔레비전. 우리 집 우편함에 들어오기 시작한 매끈한 표지의《틴 매거진》. 이르게 발달하기 시작한 내 몸에 침묵으로 의견을 보탰던, 수영장 파티를 열었던 그 애. 내 허벅지를 꼬집더니 자기 허벅지에 비해 엄청나게 두껍다고 지적한 부잣집 여자애.

내 손을 미워하게 된 건 4학년이 끝날 무렵 몸이 폭발하듯 성장했을 때로, 엘로이즈 브릴과 굿월폰드에 나란히 앉아 있던 그날로부터 1년쯤 지나고 나서였다. 가슴과 허벅지는 또래 중 그 누구보다 빠른 속도로 부풀어 오르며 반란을 일으켰다. 먹지 말라고 쓰인 약병을 마시는 바람에 바람직한 소녀라는 집을 뚫고 나와버린 앨리스처럼 거대해진 것 같았다. 나는 헐크였으나, 내 체구와 힘은 초능력이 아니라 저주였다. 소녀란 거대해서는 안 되었다. 딱지로 뒤덮여서도, 힘이 세서도 안 되는 존재였다. 납득하기 어려운 일이지만 크고 강한 건 우리를 제외한 모든 동물이 원하는 거였다.

　인간으로 산다는 건 어지간한 다른 종과는 달리 깃털을 꼼꼼히 다듬는 쪽이 암컷이라는 의미였다. 우리는 가장 약해지려고, 작아지려고, 아기처럼 굴려고 경쟁했다. 수컷에게 매력적으로 보이도록, 자기를 가냘프게 만드느라, 가진 모든 자원을 썼다. 우리의 목표는 가능한 한 최고로 부드럽고, 깔끔하고, 섬세해지는 일이었다. 말도 안 되는 일이었다. 나에게는 나를 가냘프게 만드는 습관이 없었다. 나는 깔끔하지도, 섬세하지도 않았다.

음식을 먹을 때도 나는 다른 모든 일을 할 때와 마찬가지로 빠르게, 힘차게 먹었다. 어느 날 점심시간, 학생 식당에서 네모나게 잘라 파는 눅눅한 피자를 먹어 치우자 옆자리에 있던 여학생이 신기하다는 눈으로 빤히 쳐다보았다.

"뭐야?" 그렇게 묻는 순간 문득 타인의 시선이 의식되었다.

"너 진짜 빨리 먹는다." 그렇게 말하는 그 애의 목소리에는 희미한 만족감이 묻어 있었다. "난 한 조각을 다 먹지도 못하거든. **엄청 크니까.**"

〈와일드 아메리카〉에서 늑대는 아무것도 먹지 않고 일주일을 버틴다고 했지만, 나는 하루가 한계였다. **이번 주에는 스트링 치즈 말고 아무것도 먹지 않겠어,** 나는 속으로 그렇게 맹세했다. 어느 토요일에는 온종일 젤라틴 가루인 무설탕 젤로 가루 한 봉지만 먹었다. 손가락을 빤 뒤 모래를 닮은 빨간 가루가 든 작은 봉지에 집어넣으면 손끝은 진홍색으로 물들었고, 가루를 먹고 있자면 마치 독을 스스로 입에 넣은 것처럼 화학 물질의 맛으로 입안이 화닥 달아올랐다. 만약 더 작은 동물로 변신하게 만드는 독이 있었다면 기꺼이 그 독을 먹었으리라.

이제 와서 돌아보면, 크고 강한 것이 최고가 아닌 최악이 되는 가치의 극단적인 역전은 충격적이기만 하다. 남성은 모든 걸 가졌고, 인식할 수 있는 모든 면에서 우월한 존재로 여겨진 반면, 우리는 그 어떤 형태건 남성적이라 여겨지는 우월성을 얻고자 애쓰지 못하도록 억제당했다. "남자 같다manly"는 말은 모욕 중에서도 가장 비열한 것이었다. 내적 유턴을 이뤄내기 위해 모순으로 들끓는 괴상한 프레임에 충실히 순응하기까지는 엄청난 적응력이 필요했다. 지금 생각하면, 우리가 그럴 수 있었던 건 생존 본능이 없어서가 아니라, 이 본능이 미세 조정을 거쳤기 때문이다. 단지 중학교에서 살아남기 위해 필요한 자질이 〈와일드 아메리카〉에서 살아남기 위해 필요한 것과는 정반대였을 뿐이다.

우리는 많이 먹기 시합 대신 굶기 대결을 펼쳤다. 힘을 뽐내는 대신 자기 비하를 일삼으며 우정을 쌓았다. 팔씨름 대신 누구 손이 작은가 대보았고, 힘과 덩치를 겨루는 대신 누가 가장 연약한지 겨뤘다. 오래지 않아 누군가 내 손을 "남자 손"이라고 했고, 나는 어른이 될 때까지도 나 자신을 비하하는 데 그 모욕을 사용하곤 했다.

나는 어머니를 많이 닮았지만, 그중에서도 가장 먼저 눈에 띄는 닮은 점은 손이었다. 우리는 둘 다 손가락이 길고, 손바닥이 널찍하고, 손톱이 튼튼했다. 쇼핑몰 매대에서 파는 반지는 우리 손가락에 맞지 않았다. 장갑은 백화점 남성용품 코너에서 샀다. 뱅글 팔찌 같은 것은 애초부터 낄 엄두도 내지 않았다. 청소년기에 나는 어머니가 이목구비가 섬세하고 광대뼈가 두드러진 아름다운 외모인 게 억울했다. 손이 크다고 해서 어머니가 아름답다는 걸 모르는 사람은 있을 수 없었다. 하지만 나는? 내 손은 나를 저버렸다. 나는 인간들 속에 섞인 헤카톤케이르였다. 팔 끝에 달린 두 개의 기적은 괴물이 되었다.

학교에서는 말수를 줄이는 법을 배웠다. 더 느리게 움직였고 헐렁한 옷 속에 몸을 숨겼다. 더 작고, 더 쿨한 존재가 되기를 간절히 바랐다. 결핍이 덜하고, 무엇이든 덜한 존재. 거인처럼 커진 기분이었지만 그 기분은 사실이 아니었다. 어떤 대상에 대한 감정을 오인한 경우는 그때가 처음도, 마지막도 아니었다. 그것은 자신의 몸을 포기할 때, 또는 내가 몸을 빼앗길 때 일어나는 일이다. 내 눈이 더 이상 내 몸의 전문가가 아니게 되었으므로, 몸의 물리적 실체를 바라보는 일은 불가능하다. 몸은 이제 몸이 아닌, 바람직한 몸으로부터의 인지된 거리이자 영영 올바르지 않은 어떤 상태일 뿐이고, 그것은 존재하는 일 자체가 올바르지 않기 때문이다. 미덕은 오로지 끊임없이 자기를 지워 없애는 행위에만 있었다.

내 몸은 구상 단계부터 변덕스럽기는 했지만 굽길 수 있고, 숨길 수 있으며, 욕망의 재구성에 종속된 것이었다. 누가 내 몸을 예쁘다고 생각하면 내 몸은 예뻐진다. 손은 그렇지 않았다. 내 자아 관념이 때때로 바뀐다 해도, 손은 길고 튼튼하고 넓적하며 흉터투성이인 그대로였다. 손은 내 진실로 안내하는 지도였다. 내게는 섬세한 꽃잎이 달리지 않았다. 나는 발레리나가 아니었다. 3루수였다. 당기는 사람, 미는 사람, 달리는 사람, 산을 오르는 사람, 헤엄치는 사람, 붙잡는 사람, 냄새 맡는 사람, 맛보는 사람, 고개를 젖혀대며 웃는 사람이었다. 나는 손을 사용했다. 손에는 사물의 흔적이 남았고, 손은 사물에 흔적을 남겼다. 이 손 때문에, 바람직하다 학습한 모습대로의 소녀가 도저히 될 수 없었다.

진짜 나, 바닥에 쌓인 소나무 바늘잎들 무더기에서 일어나 자기만의 세계에 이름을 붙이던 그 소녀는 어떻게 된 걸까? 그 여자애는 추방당했다. 내 안의 야생과 바깥의 야생을 연결하던 통로를 파괴할 수는 없었지만, 본성을 길들이고, 몸을 가냘프게 만들며 최선을 다해 봉인했다. 진짜 내면으로부터 고개를 돌려 바깥을 향했다. 그 뒤로 오랫동안 되돌아보지 않았다.

자신이 스스로 가장 혐오하거나 두려워하는 면이, 타인을 바라볼 때 가장 먼저 알아차리는 면이 되는 경향이 있다. 식이장애에 시달리는 사람이 요리책을 읽듯 나는 타인의 손을 읽기 시작했다. 알고 보니 손은 손 주인의 모든 걸 보여주었다. 심지어 지문조차 우리가 어떻게 접촉하는지를 보여주는 증거다. 태아가 3개월이 되었을 때, 손끝 피부가 표피층보다 먼저 자라나면서 빠른 변화의 속도 때문에 찌그러진다. 그다음에는 어머니의 자궁 내벽과 자신의 몸을 붙들고 처음 만난 작은 세상을 더듬어가는 동안에 지문의 굴곡이 생겨난다. 세계는 이런 식으로 우리를 빚어내고, 신체적 자아를 자아의 다른 어떤 차원보다도 더욱 영구하며 더욱 개인적인 방식으로 정의한다.

10대 때, 나는 타인의 말소리를 자체 음소거한 뒤 그의 손을 바라보는 법을 익혔다. 물어뜯은 큐티클, 깔쭉깔쭉하거나 반듯하게 다듬은 손톱, 흉터로 옹이 진 손마디. 손의 움직임은 때로 사고의 움직임을 따라간다. 손은 사라지기 쉬운 생각을 더듬어 찾고, 숨기고 싶은 생각을 주먹으로 움켜쥔다. 손은 프로펠러처럼 펄럭이며 우리를 딱 맞는 표현 가까이로 데려간다. 손은 우리를 꼬집고 비틀어 단속하는, 말 없는 억압을 가하는 게슈타포다.

손을 위장할 방법은 없었기에 나는 주머니나 소매 속에, 등 뒤에, 허벅지 밑에, 주먹 속에 손을 숨기는 법을 배웠다. 영원한 수치심의 밤에 꽃잎을 단단히 오므린 나의 두 송이 아네모네.

열세 살, 나는 내 몸과 이혼한 뒤였다. 서로를 미워하는 이혼한 부모와 마찬가지로, 몸과 나의 협력이 그저 의무에 지나지 않음을 받아들였다. 내게는 몸이 필요했고, 그 사실 때문에 몸을 더욱 혐오했다. 내가 다른 모든 동물을 향해 깊은 연민을 품은 것과는 딴판으로, 몸이라는 동물을 대할 때의 잔혹함은 소시오패스급이었다. 몸이 허기를 느끼거나 어설프게 움직임으로써 내게 복종하지 않을 때면 몸을 벌주고 억눌렀다. 사사건건 감시하고, 비판하고, 깎아내리기를 그치지 않았다. 꿈속에서조차 그랬다. 그전에도, 그 뒤에도, 다른 존재를 향해 그렇게 큰 적의를 느낀 적은 없었다.

그럼에도 어떤 순간들은 존재했다. 10대의 내가 한밤중 방에 혼자 있다 보면, 몸으로부터의 자율이라는 환상이 바스러지면서 깊고도 깊은 슬픔과 부드러움에 사로잡힐 때가 있었다. 무릎의 흉터 하나하나마다 기억을 담고 있는 튼튼한 두 다리를 바라보았다. 너무 큰 증오를 흡수한 작고 부드러운 배를. 아무리 잔인하게 굴어도 곁을 떠날 줄 모르는 충성스러운 두 마리 개 같은 두 손까지도. 문득 학대당한 동물을 보는 눈으로 몸을 바라보게 되었다. 가엾은 몸. 소중한 몸. 어떻게 이 몸이 이런 취급을 받도록 내버려둘 수 있었단 말인가? 내 몸은 **나였다**. 자기 몸을 혐오한다는 건 정신적 자가면역질환을 앓는 것과 같았다. 그런 순간들이면, 나는 내가 정신질환에 걸렸다고 생각했다. 내가 내 몸과 맺고 있는 이 적대적인 관계를, 말 그대로 정신질환 말고는 달리 어떻게 설명할 수 있을까? 내가 하는 행동 중 어떤 것이 타고나길 **나인** 것이며 어떤 것이 문화적으로 부과된 것인지 구분할 수 없었다. 물론 그런 것이 애초에 가능한지는 알 수 없지만. 분명히 알았던 건, 내가 나라 여기는 그 밖의 형언할 수 없는 측면들을 구속하고 있는 그 몸에 스스로 가하는 폭력이었다. 몸이 나를 보호하는 만큼, 나 역시 그만한 정성을 쏟아 몸을 보호해야 마땅했다. 가해자가 자신이 저지른 짓을 돌아보며 느낄 법한, 말로 표현할 수 없는 양심의 가책이 밀려왔다. "미안해." 속삭이며 내 어깨를 감쌌다. "사랑해." 잠이 들면 또다시 베일이 드리워졌다. 아침이 오고, 침대에서 일어나 거울을 보면 다시금 거부감이 찾아왔다. **또 너구나.**

이제 와 생각하면, 자기애란 자아의 다른 기능들과 마찬가지로 동물적 본능임을 그 순간들이 증명하는 것 같다. 내 흉포한 사랑은 철저한 경계를 통해 억제되고 있을 뿐 지워지지 않는 것이었다. 내 자기혐오는 저절로 만들어진 것이 아니다. 그것은 내 몸 바깥 환경의 표현이었고, 시간이 흐른 뒤 그 환경을 바꿀 수 있음을 알게 되었다.

내 첫 여자친구 릴리언은 나를 혼란에 빠뜨렸다. 헝클어진 짧은 머리와 작업복 스타일의 카펜터 팬츠. 찢어진 곳을 강력테이프로 붙인 다운재킷. 부드러운 목소리. 금세 터지는 눈물. 그녀의 주머니 속이나 내 얼굴을 무심코 스치는 섬세한 손. 그 손에 여기저기 물감이 묻어 있고 손톱 밑에는 언제나 초승달 모양으로 흙이 끼어 있어도, 릴리언은 그런 모습 때문에 더 소녀다웠다. 늘 그녀에게 키스하고 싶었다. 또, 여리디여린 몸집이 주는 자유가 부러웠다. 그런 몸에 깃든 릴리언은 자기 자신인 동시에 아름다울 수 있었다. 나였다면 어땠을까? 100개의 손을 모조리 드러낸 나는 거인으로 보였으리라.

열여섯 살이던 그해 남는 시간 대부분을 릴리언과 보냈는데, 고등학교를 자퇴한 뒤였으니 상당히 많은 시간이었다. 나는 집에서 독학하겠다고 우길 만큼 자신감이 있었지만, 존중받고 싶은 마음이 간절한 단 한 명의 상대와 함께 있을 때면 자신감을 잃었다. 과거 학교 친구들이나 선생들은 그들이 내게 어떤 힘을 행사하고 어떤 식으로 내 사고를 형성했건, 내가 열다섯 살이 되자 무관한 사람들, 내 삶이라는 이야기를 스쳐 지난 뒤 다시는 등장하지 않을 단역으로 보였다. 반면, 릴리언은 내가 **사랑받고** 싶은 상대였는데, 그렇기에 그녀가 혐오할지도 모르는 나의 어떤 부분들을 용의주도하게 숨겨야 했다. 실제 릴리언은 바로 그런 부분들 **때문에** 내게 매력을 느꼈을지 모르니 그것은 순전히 투사에 불과했지만, 내게는 다른 사람에게 매력적으로 보이는 법에 대해서 가장 단순한 이성애적 모델 외에는 참조할 만한 것이 없었다.

릴리언과 함께 있는 시간 대부분은 자신을 통제하고자 바짝 긴장한 채로 보냈다. 내 몸은 온갖 측면에서 릴리언보다 컸고, 움직임이, 웃음이, 의견이 지나치게 요란하면 그녀의 관심이 내 몸에 쏠릴까 겁이 났다. 내가 가진 모든 동물적 요소—내가 삶에 접근할 때의 타고난 원기를 포함해서, 아니, 어쩌면 무엇보다도 그것—는 내 여성성에 대한 모욕이며 가능하다면 완전히 없애야 하고, 없애는 데 실패한다면 용의주도하게 억누르고 위장해야 한다는 믿음을 내면화하는 데 성공한 뒤였다. 학창 시절 경험은 몸을 혐오하도록, 관심이 쏠릴 만큼 튀는 요소는 모두 숨죽이게 만들라고 가르쳤지만, 이 기술을 제련한 계기는 릴리언과의 관계였다. 릴리언과 함께 있을 때는 내가 퀴어인 것을 드러낼 수 있었다. 남성용 셔츠를 입었고 투박하고 낡아빠진 닥터마틴 부츠를 신었다. 화장을 하지 않았지만 여전히 위장하고 있었다. 파시스트적인 경계심이 내 몸을 지배했다.

내가 릴리언과 함께 있는 모습을 본 어머니의 어느 친구는 내가 그녀보다 "훨씬 더 성숙해" 보였다고 했다. 여자친구가 자기 몸과 더불어 살아가는 방식에는 분명 아이 같은 면이 있었다. 앉을 때는 다리를 쩍 벌리거나 희한하게 꼬았고, 안달 난 듯 몸을 꿈지럭거리거나 손으로 음식을 먹었으며, 허공을 한참이나 멍하게 쳐다보는 일이 잦았다. 릴리언이 남들의 시선을 의식하지 않는 것 같아 매력적이었고 이 또한 나로서는 도달할 수 없는 육체적 이상이자 가녀린 체구를 가진 사람들만 얻을 수 있는 자유라 생각하며 우러러보았다. 즉 그녀가 아름답기 때문에 거리낌 없이, 나아가 단정치 못하게 행동할 수 있는 것이라고 말이다. 나는 아직 어렸으므로 여전히 아름다움이 자유라고 오해했고 여성이 가부장제가 요구하는 불가능한 조건을 달성하면 그 손아귀로부터 일종의 졸업을 할 수 있다는 생각을 품고 있었다. 오랫동안 나는 우아함과 헝클어짐 사이의 매력적인 긴장을 흉내 낼 수 있기를 갈망했다. 어머니 친구는 나와 릴리언의 차이를 그보다 더 잘못 판단할 수 없었다. 지금은 그만큼 확신이 들진 않는데, 자기가 살아가는 사회적 세계를 이해하는 것이야말로 성숙의 척도가 아닐까? 또, 나는 어머니 친구의 실수에 안도감, 자부심, 고뇌가 뒤섞인 불편한 감정을 느꼈다. 훗날 나를 비롯해 진정으로 비밀스러운 사람 누구나 익숙해질 경험이었다. 더 성숙해 보였다는 말은 내 진짜 자아—그것이 무엇이건 간에—그리고 깊이 뿌리내린 자신감 부족을 숨기려는 부단한 노력이 빛을 보았다는 증거였다. 내 진실을 아는 사람은 또다시 나뿐이었지만, 이번에는 내 지휘하에 이루어진 일이었다.

하지만 어떻게 하면 이 통제와 불확실성의 지형 속에서 진실한 충동에 흠뻑 빠질 수 있단 말인가? 릴리언을 향한 내 욕망은 **진짜**였다. 우리는 그녀의 어수선한 방에서 몇 시간이나 키스했고, 카세트테이프를 뒤집을 때나 물을 들이켤 때 말고는 멈추지 않았다. 내 욕망은 펄펄 날뛰었고, 그녀의 손길은 남자들의 것처럼 내 욕망을 눌러 끄지 않았다. 지금까지의 몸이 수동적인 현금인출기였으며 남자들은 처음 발기한 날 건네받은 비밀번호를 누르고 내게서 원하는 걸 꺼내갔다면, 릴리언에게 내 몸은 정신 사나운 음악을 울리며 코인을 줄줄 뱉어내는 슬롯 머신이었다.

성적 쾌락은 짜릿하면서도 동시에 그만큼 두렵기도 했지만, 보통의 이유들 때문은 아니었다. 우리는 진한 애무를 나누는 것에서 더 멀리 나아가지는 않았다. 나는 더 많은 걸 원했지만 감히 시도할 수 없었다. 내 욕망은 입구였고, 내 야생적이며 진실한 자아로 릴리언을 이끌 수 있도록 허락된 단 하나의 사슬이었다. 성욕에 완전히 사로잡히면 나 자신을 너무 많이 보여주는 바람에 릴리언이 도망쳐버릴지도 모른다는 두려움 속에서 살았다. 우리가 섹스를 하거나 적어도 수행하되, 소녀답게, 가냘프게 신음하는 방식으로 해야 한다는 것을 알 정도로는 여성 욕망의 각본을 잘 알았다. 내 욕망은 그런 식이 아니었다. 딱 맞는 시, 노래, 아니면 비스듬히 쏟아져 들어오는 빛처럼, 내 욕망은 인간보다는 하이에나를 더 잘 이해하는 나의 어떤 부분으로 곧장 들어가는 문이었다. 어느 문턱을 넘는 순간 스스로를 통제할 능력을 완전히 잃고 말리라는 걸 느꼈다. 전력 과부하 아니면 고장 난 정화조처럼, 내 최악의 면이 풍기는 악취가 온 방에 퍼질지도 몰랐다. 으르렁거리고 그로테스크한 체위로 몸을 뒤틀며 내가 가진 짐승 같은 진실을 드러내버릴지 몰랐다.

서로의 몸을 만질 때도 나는 조심스러웠고, 릴리언이 예전에 나를 만진 것과 다른 방식으로 그녀를 만질 엄두를 내지 못했다. 몇 시간 동안 키스하며 몸을 더듬다 보면 답답한 마음에 골반이 앞뒤로 움찔거렸다. 그다음엔 어떻게 해야 하지? 인터넷이 없던 시절이었다. 무엇을 더 해야 하는지 몰랐다. 무언가를 시도해볼 만큼 용감하지도 못했다. 우리 둘 중 누가 남자인 거지? 그런 궁금증이 들었다. 그러면서 그 역할이 나일지도 모른다는 생각에 겁이 났고, 동시에 그렇다고 확신했다.

어느 날 우리는 릴리언의 집 뒷마당 잔디 위에 담요를 깔고 누웠다. 나무들 사이에서 벌레들이 윙윙대는 소리가 들렸고, 공기 중에 꽃가루가 잔뜩 날렸다. 나는 소설을 읽는 중간중간 릴리언이 붓에 수채화 물감을 묻혀 스케치북 위에 칠하는 모습을 구경했다. 젖은 붓끝이 작고 검은 혀처럼 흰 종이 위에 보라색 선을 그었다.

한참 뒤, 릴리언은 그림을 뜯어 건넸다.

"선물이야." 그러면서 내 정수리에 입을 맞췄다.

그림을 받아 드는 내 가슴이 순식간에 희망으로 부풀어 올랐다. 알지 못해서 원하지조차 못했던 희망이 나를 찾아낸 것이다. 잠깐이었지만 그 무엇이든 가능할 것만 같았다. 나의 행복까지도.

나는 릴리언에게 미소를 지은 뒤 그림을 살펴보았다. 알록달록하게 그려진 여자의 누드, 가지가 마구 뒤엉킨 나무 옆에 짧은 시가 쓰여 있었다.

"때로 너는 나비보다는 곰을 닮은 손길로 나를 만져." 시의 한 구절이었다. 수치심이 몸을 매섭게 관통했다. 나, 투박한 곰 앞발이 달린 나. 오래전 〈와일드 아메리카〉는 곰의 거대한 앞발은 나무 오르기, 헤엄치기, 후려치기, 얼음 지대를 헤치고 나가기에 쓸모가 있다고 알려주었다. 내 손엔 어떤 쓸모가 있을까? 나는 선사시대인의 비율을 가진 추하고 조악한 존재가 된 기분이었다. 존 스타인벡의 소설 『생쥐와 인간』 속 레니*가 된 기분이었다. 나 자신의 손으로 불구가 되었으며, 인간 사회에 어울리지 못하고 가장 소중한 것들을 망가뜨릴지 모른다는 두려움에 사로잡힌 존재가.

---

* 『생쥐와 인간』에 등장하는 레니는 거구와 낮은 정신 연령이 특징인 인물로, 부드럽고 아름다운 것들을 좋아하지만 스스로 감당할 수 없을 정도로 강한 신체적 힘 때문에 상대를 해친다.

첫 만남에서 손 크기를 비교하는 일은 유홀U-Haul 농담*만큼 널리 알려지지 않았지만 지금까지 내가 여성과 나눈 모든 로맨스에서 빠지지 않았던 레즈비언 클리셰다. 이성애자들 역시 서로 손 크기를 비교하지만, 그 접촉에 우리만큼의 흥분감이 담기지 않는 것은 남성과 여성의 섹스에서 손이 최우선 도구가 아니기 때문이다.

20대 시절, 이때다 싶을 때마다 "나 손 진짜 커"라고 말했다. 그러면 데이트 상대는 "나도 마찬가지야"라고 대답했지만 늘 내 손이 더 컸다. 나보다 키가 6인치[약 15센티미터]는 더 큰 여자들보다 손가락이 길고 손바닥이 넓었다. 내 몸의 나머지 부분 역시도 근육질이며 굴곡이 있었지만, 작은 키와 거의 매일 신는 하이힐 덕분에 숨기고 덜어낼 수 있었다. 수십 년간 몸의 다른 부분은 옷차림으로 위장할 수 있었지만 두 손은 뻔뻔스러울 만큼, 염치없을 만큼 컸다. 도저히 숨길 방법이 없었다.

사랑을 나눌 때 연인에게 더 많이 '깁**' 했더라면 커다란 내 손을 향한 미움을 더 빨리 극복할 수 있었을 것이고, 내 손을 미워하지 않았더라면 분명 연인에게 더 많이 '깁' 했을 것이다. 내가 사랑한 여자들은 남자 옷을 입었고, 언제나 나보다 거

의 모든 면에서 컸다. 그리고 대부분, '깁' 하는 건 상대였다. 여자와 진짜 섹스를 하기 시작한 순간부터 내가 퀴어라는 것에, 파트너가 내게서 느끼는 매력이 여성성에 대한 억압적 정의를 준수하는지의 여부와는 무관하다는 것에 감사했다. 여성 연인과의 이 특정한 구성에 있어 내가 원하는 것과 **되기를** 원하는 것을 혼동한 경우는 릴리언과의 관계가 유일했다. 이후에 만난 연인들과의 사이에서는 정반대였다. 그들에게 내가 끌린 이유는 섬세한 것이 아름답다는 낡은 미적 관념과는 무관했다. 의자에 앉을 때 퍼지는 그들의 널찍한 허벅지를, 내 몸을 내리누르는 상대의 무게를 애틋이 여겼고, 그들에게서 풍기는 사향 섞인 몸 내음을 기쁘게 들이마셨다. 그들 안의 동물을 갈구했다. 그럼에도 불구하고, 나 자신에게도 같은 자유를 주는 일은 여전히 감히 생각할 수조차 없었다.

성적 경험이라는 선물이 이성애주의의 처방전에 훨씬 덜 얽매여 있음을 깨닫고 나서도 자유롭지 않았다. 불을 켜놓은 채 연인에게 벗은 몸을 보여준 적도 없었다. 자의식이 사라지지 않았다. 연인이 나를 바라볼 때마다 나도 내 몸이 여태 숨겨왔던 거대함을 뿜어내고 말까 봐 팔다리와 상체의 위치를 부단하게 감시했다. 내가 준비되기 전 몸이 드러낼 그 무엇이 여전히 두려웠다.

열두 살이던 시절에 세웠던 이상에 도달하려는 노력을 그만두는 순간 상대가 더는 나를 사랑하지 않으리라고 논리적으로 **생각한** 것은 아니었다. 그런 믿음과 일련의 행동들은 내 지적 기능의 기저에 머무를 정도로 내게 깊이 심겨 있었던 것이다. 그보다 잘 "알게" 된 지는 이미 오래였다. 길들었음을 아는 것만으로 길들임이 없던 일이 되지는 않는다. 나는 20년간 나를 감시했고, 감시를 그만두면 내가 가장 애정을 갈구하는 상대가 혐오감을 느낄 만큼 우스꽝스러운 진짜 몸이 드러나버릴지 모른다는 두려움을 키워왔다. 마음먹는다고 해서 멈출 수는 없었고, 멈추지도 않았다. 여러 여성과 마찬가지로, 당시의 나는 두 명의 집사가 기싸움을 벌이는 집처럼 살아왔다. 한 집사가 찾아올 손님을 위해 끊임없이 벽을 도배하는 사이 다른 한 집사가 벽지를 찢는다. 한 집사가 고급 요리를 하면 나머지 한 집사는 요리를 쓰레기통에 쏟아버린다. 얼마나 엄청난 에너지 낭비인가! 어쩌면 당신은 이럴 필요 없을지도 모른다. 당신은 가부장제와 싸우는 동시에 여전히 강박적으로 칼로리를 계산하며 사는 법을 알 테니까. 교차성 페미니즘을 이해하면서도, 여전히 당신의 가치는 남성이 얼마나 탐내는 여성인지와 정비례한다고 내심 믿을 수도 있다. 의식은 허위의식을 방지하지 못한다. 그것이 페미니즘이 존재하는 이유 중 하나다.

나는 섹스에서의 불균형을 걱정했지만, 그 걱정을 입 밖에 내지는 않았다. 그 시절에도, 지금도 모든 섹스가 반드시 완벽하게 상호호혜적이어야 한다고 믿지 않는다. 그럼에도 우리의 섹스가 불균형했던 이유 중 하나가 내 두려움이었음을 안다. 연인에게 '깁'을 했을 때 상대가 좋아하지 않을까 봐, 또는 내가 좋아하지 않을까 봐 두려웠다. 내가 좋아하고, 그러면서 그런 나를 역겹다고 느낄까 봐 두려웠다. 더 최악의 경우에는, 상대가 나를 역겹다고 느낄까 봐 두려웠다. 나는 여전히 남자 역할을 하기가 두려웠던 것이다.

오드리 로드는 「성애의 활용—성애의 힘에 대하여」라는 글에서 성애적인 것을 "우리 안, 극히 여성적이고 영적인 차원에 존재하며, 표현하지 못한, 또는 알아차리지 못한 감정의 힘에 단단히 뿌리내린 자원"이라고 정의한다. 우리가 받는 억압은 이 자원과 그것이 타고난 힘을 억누르는 것에서 기인한다고 로드는 주장한다. "여성인 우리는 우리의 가장 깊고 비이성적인 앎으로부터 솟아나는 힘을 불신하게 되었다." 대학 시절 이 글을 읽었고 또 좋아했지만, 이 글이 내 삶에 있어 지니는 의미가 얼마나 폭넓은지 완전히 이해하지는 못했다. 그 사실이 다행인 건, 그 시절의 나는 아직 변할 준비가 되어 있지 않았기 때문이다. 이 글을 다시 읽었을 때 나는 준비되어 있었다.

30대 초반, 내가 10대 시절부터 쉬지 않고 독점적 연애를 해왔음을 의식하게 되었다. 눈에 띄는 사실이라고 생각했지만 동시에 이상할 것 없는 일이었다. 많은 사람이 끊임없이 연애를 했다. 나는 그저 연애가 잘 맞는 사람인 거라고 스스로에게 말하면서도, 속으로는 어쩐지 합리화 같다는 생각도 들었다.

"잠시 쉬어야 할 것 같지 않니?" 서른두 살 때, 어머니가 물었다. 내가 3년간의 동거를 막 끝낸 뒤였다.

"그럴지도요." 나는 그렇게 대답했지만 이미 다음 연애를 시작한 뒤였다. 그 연애가 끝났을 땐 정말 잠시 쉬어야겠다는 생각이 들었다. 나는 다른 종류의 관계를 원했으며, 변해야 하는 건 나라는 것도 알았다. 그 뒤로는 훨씬 짧은 연애를 네다섯 번 연달아 했다. 서른다섯 살이 되자, 연애를 쉰다는 결심을 건성으로 해서는 안 되겠다는 생각이 들었다. 너무 오랫동안 타인을 그리고 나에 대한 타인의 끌림을 삶의 중심에 두고 살았다. 섹스와 사랑이라는 노골적인 형태로 얽히는 일에 대해서만이 아니라, 이에 앞서는 모든 활동과 나 사이에 명확하게 선을 긋지 않으면 혼자만의 시간을 가지는 건 불가능했다. 플러팅도, 성적 긴장감이 손톱만큼이라도 존재하는 우정을 유지하는 일도, 데이팅 앱 구경도 하지 말아야 했다. 나는 타인의 매력에 습관적으로 민감하게 반응하는 사람이었으므로 **실수로** 헌신적 연애 관계를 시작하곤 했다.

중학생 시절, 숭고의 수단으로서 내 몸이 가진 힘과 기쁨을 거부하고 그 대신 세상 사람들이 가하는 프레임을 받아들였던 그때 이후로, 나는 몸의 가치를 타인, 말하자면 남성과의 관계 속에서 최우선으로 평가했다. 30대가 된 뒤 남성을 잠재적 파트너로 바라보는 일은 거의 없었는데도, 그 프레임은 여전히 경험 대부분을 정의했다. 내 신체를 여전히 혐오하는—커다란 손이 싫었고, 신체 비율은 만화에나 나올 법하며 그로테스크하다고 여겼다—나의 일부는 타인의 욕망이 지닌 전환적 힘 속에서 저항할 수 없는 안도감을 얻었다. 연애는 이런 안도감이 끝없이 솟구치는 원천을 주는 한편으로, 나를 향한 타인의 인식을 자기 수용의 조건으로 놓고 의존하는 습관을 강화했다.

처음에는 힘들었다. 습관적으로 반복하는 행동들 탓에 몇 번이나 다시 시작해야 했다. 그러나 혼자인 채로 지내며 내 안으로 시선을 돌린다는 과제에 진심으로 전념하자 변화는 순식간이었다. 식물이 해를 향해 자라나듯, 내 삶이 열리기 시작했다. 어쩌면 내 안의 무언가가 열리면서 그 속으로 더 많은 삶이 들어온 건지도 모르겠다. 별안간 시간이 온전히 내 것이 되었고, 존재의 결이 미세하게, 그러나 완전히 바뀌었다. 나는 달렸고, 잠을 잤고, 학생을 가르쳤고, 친구나 가족과 몇 시간이나 통화했다. 대부분 예전에도 하던 일이었지만, 마치 끼고 있는지도 몰랐던 장갑을 벗어 던진 것처럼 다른 **느낌이었다.**「성애의 활용」을 다시 읽다가 로드가 "성애란 우리가 무슨 일을 하는지만의 문제가 아니다. 우리가 그 일을 하는 행위the doing에서 얼마나 예리하며 충만한 느낌을 얻을 수 있는지의 문제다"라고 설명한 부분을 읽으며 깨달음의 한숨을 쉬었다.

처음에는 조마조마했지만 나중에는 한없이 기쁘게 느껴진, 마치 다른 인간과 대화하는 법조차 잊어버린 것 같은 낯선 감각이 찾아올 때까지, 온종일 글을 썼다. 타인의 응시가 가하는 속박으로부터 자유로워지자 나 자신이 가하는 속박 또한 느슨해졌다. 어린 시절 숲속에서 보낸 날들 이후, 처음으로 "일을 하는 행위"를 느꼈다. 내 삶의 맥락을 떨쳐낸 뒤 새로이 탐구했다. 솔잎을 맛보고, 수박을 한 움큼 집어 입으로 가져갔다. 이제는 혼자가 아니고, 미친 것도 아니며, 심지어 이 맹렬한 힘을 표현할 언어를 찾을 수도 있을 만큼 나이를 먹은 뒤, 나는 내 안의 통로를 다시 열어젖혔다.

그 무엇보다도 급격한 변화는 나와 내 몸이 맺는 관계에서 일어났다. 열두 살 때 언뜻 깨달았으나 온 힘을 다해 몰아냈던 자기 사랑이라는 본능이 여태껏 나를 기다려왔던 것이다. 나는 새 침대를 샀고, 아침마다 혼자 잠에서 깨어 귀한 보물을 확인하듯 온몸을 부드럽게 어루만졌다. 잘 잤니, 엉덩이야. 잘 잤니, 허벅지야. 잘 잤니, 손아. 나는 경이로운 눈으로 몸을 빤히 들여다보았다. 석 달 꼬박, 그 뒤에는 한 해가 다 지나도록, 존재하는 것은 오로지 우리뿐이었다. 허기가 지면 아무 때나 먹는 음식. 책을 읽고 목록을 써 내려가며 보내는 늦은 밤. 말없이 맞이하는 은빛 아침.

여태 나는 자유를 얼마나 잘못 알고 있었나? 아름다움이 자유를 얻기 위해 치르는 값이라고, 나 자신이 되려면 성공적으로 나를 지워 없애야 한다고 오해했다. 그런데 그 반대였다. 자기혐오를 버리고 자유를 깨치려면, 자기혐오로부터 이득을 얻는 체계에서 빠져나와야 했다. 로드가 장담한 대로 "우리가 내면에 존재하는 성애의 힘과 접촉하며 안쪽에서부터 바깥을 향해 살아가기 시작하면… 비로소 우리는 가장 깊은 의미로 스스로를 책임지기 시작하게 된다."

나는 내가 사랑하고, 사랑받는 방식을 바꾸고 싶었을 뿐이다. 이를 통해 나 자신에게로 돌아갈 수 있으리라는 것은 몰랐다. 성애가 "자아감이 시작하는 지점과 우리의 가장 강렬한 감정들이 일으키는 혼돈 사이의 지표"라면, 내 손은 성애의 도구이며, 언제나 그랬다. 내 손은 어린 시절 내가 가졌던 자아감과 도저히 분리할 수 없을 정도로 결합해 있던 가장 강렬한 감정들이 일으키는 혼돈의 첫 전달자이자 첫 행위자였다. 오랫동안 나와 소원했던 그 손이 돌아가는 길을 가리켰다.

그해부터 나는 문예 창작 수업을 듣는 학생들에게 각자 가장 복잡한 감정을 느끼는 신체 부위를 향해 사랑의 편지를 쓰라는 과제를 내기 시작했다. 이 과제는 이후로도 내 강의 계획서에 꾸준히 등장했다. 학생들은 이 과제를 극도로 어려워했다. 아무리 고통스럽다 해도, 우리는 때로 자기혐오를 사랑하며, 그것이 살기 위해 꼭 필요한 것이라고 착각한다. 그러나 사랑의 편지를 쓰고, 얼굴을 붉힌 채 떨리는 목소리로 낭독하고 나면 마치 문이 열린 것처럼, 내면 깊숙한 곳 어딘가에 작은 불꽃이 켜진 것처럼, 학생들의 눈에는 야생의 기운이 감돈다. 할 수만 있다면 손을 둥글게 오므려 그 불꽃 하나하나를 지켜주고 싶었다.

도니카와 사귄 지 6개월, 내 금욕 기간이 끝난 지 1년 뒤였던 어느 토요일, 우리는 토론토의 화창한 긴 하루를 즐기며 손을 잡고 돌아다녔다.

"나에게서 좋아하는 점을 말해줄래?" 묵직하게 내려앉은

태양 속에서 모든 것이 느리고 금빛으로 빛나던 오후에 내가
물었다.

"당연하지. 어떤 걸 말해줄까?"

"흠. 그냥 피상적인 것." 이런 대화는 이미 우리의 습관이었
다. 우리는 처음부터 서로에게 원하는 바를 정확히 요구하기로
했고, 둘 다 그 약속을 지켰다. 얼마나 단순한 일인가, 또 이럴
수 있기까지 얼마나 오랜 시간이 필요했나. 내가 원하는 것이
무엇인지 알아내고, 그것을 요구하고, 마지막으로, 그것을 받
는 법을 배우는 데에는 여태까지 한 모든 연애, 10년간의 상담
치료 그리고 1년 가까이 이어진 금욕 생활이 필요했다. 이 때
문에, 또 수없이 많은 다른 이유로, 도니카와 나의 사랑은 기나
긴 세월에 걸친 작업의 정점처럼 느껴졌다.

"내가 좋아하는 점은," 도니카가 미소를 지었다. "네 키가
그리 크지 않다는 점이야."

나는 웃었다. 불과 몇 분 전, 오늘 산책을 하려고 운동화를
신고 나온 덕에 발이 편하다고 말했다. 조깅할 때가 아니면 운
동화를 신는 일이 거의 없었다. 10대 후반부터 매일 하이힐을
신다시피 했다.

"하지만 키가 좀 더 컸더라면 이런 신발도 신을 수 있었을
텐데." 나는 가게 진열장 앞에 멈춰서서 미끈하게 생긴 옥스퍼
드화 한 켤레를 가리켰다.

"지금은 왜 못 신는데?" 도니카가 순수하게 혼란스럽다는
표정으로 물었다.

나는 얼굴을 찌푸렸다. "난 다리가 너무 짧고 손발이 너무 크잖아. 저런 걸 신으면 땅딸막한 트롤이 따로 없을걸." 내 체형에 집착하고, 이 체형을 위장해야 한다고 믿는다는 사실을 연인에게 이토록 솔직히 털어놓은 것은 처음이었다. 자유가 무엇인지 알게 되었을지는 몰라도, 자유롭게 살아가는 능력은 여전히 이토록 작고도 집요한 방식들로 제한되어 있었던 것이다.

과거에 만난 다른 연인들처럼 도니카도 나보다 키가 컸고 남성용 옷을 자주 입었다. 전 연인들과 도니카가 비슷한 점은 그게 끝이었다. 그녀의 손이 내 손보다 크다는 뜻은 아니다. 실제로 그렇긴 하지만 말이다. 내 말은, 우리 연애에서는 침대 안팎에서 담당하는 역할이 젠더화된 범주로 나뉘지 않는다는 뜻이다. 나는 도니카가 내게 여자 역할을 바라지 않는다는 걸 분명히 안다. 우리는 그저 우리 자신이기만 하면 된다.

"몸은 작고, 손발이 큰 존재가 또 있는데, 뭔지 알아?" 그녀가 물었다.

나는 고개를 저었다.

"아기 호랑이. 엄청나게 강하고 민첩한 친구들이지. 수영을 잘하고 나무도 잘 타는 데다가 어마어마하게 귀엽다고."

내가 웃음을 터뜨리자 그녀는 내 쪽으로 몸을 돌렸다. 그러더니 부드러우면서도 단호한 목소리로 말을 이었다. "꼬마 친구. 나는 네 비율이 너무 매력적이라고 생각해. 네가 네 몸을 마음에 들어 하지 않는다고 해서 다른 사람도 그렇게 생각하는 건 아니야." 도니카는 다시 가게 진열장을 바라보았다. "저 신

와일드 아메리카

발 너한테 진짜 잘 어울릴 것 같아."

받는 법을 배우려면, 요구하지 않았을 때조차 받는 법도 배워야 한다. 사랑이 따스한 빛을 흩뿌리며 슬그머니 다가오게 내버려두고, 눈을 가늘게 뜬 채로 그 빛 앞에 가만히 서 있는 것. 감당할 수 없이 큰 사랑일지도 모른다. 나는 울음을 터뜨릴 것 같다고 생각하며 한참을 서 있었다. 울지 않았다. 우리는 계속 걸었다.

바이런은 대서사시 『돈 주앙』의 제6칸토에서 모든 여성에 대한 자신의 숭배를 생각하다 헤카톤케이르에 대한 사색에 잠긴다. "부럽도다, 브리아레오스… 그토록 많은 손과 머리를 가졌으니… 다른 부위들도 그 비율대로 몇 배나 가졌으리." 이 구절에 대해 내가 하고 싶은 말은, 고추 100개가 한 개보다 낫다고 생각하는 건 오로지 남자뿐이라는 거다. **손과 머리**가 실제로 모든 것이 **될** 수 있음을 모르는 사람만이 그렇게 생각한다.

지금, 내 연인은 '텍'에 어떤 거리낌도 없다. 우리의 섹스는 옷을 일부만 벗은 채로 이루어지는 일방적인 행위가 아니다. 내 길고 강한 손가락들이 그녀의 몸속으로 미끄러져 들어가면 그녀는 몸을 꿈틀대고, 가냘픈 신음을 내뱉고, 끙끙거린다. 그렇다, 동물처럼. 우리는 동물이며, 지금이야말로 그렇다.

아주 잠깐이지만, 때때로 나는 철로를 벗어난 바퀴처럼 나 자신으로부터 빠져나오기도 한다. 그녀 위로 웅크린 몸이, 구부러졌다 펴지는 허벅지가, 땀이 흥건한 등이, 욕망에 사로잡혀 입을 헤벌린 얼굴이 보이는 순간, 진저리를 내며 그 모든 것을 도로 집어넣고, 나 자신을 도로 작게 만들고 싶어진다. 그러나 그렇게 한다는 건 그녀를 이 침대에, 우리 둘의 몸 사이에만 존재하는 **이곳**에 홀로 남겨둔다는 뜻이다. 그렇기에, 난 그러지 않는다. 두 번 눈을 깜빡인 뒤, 다시금 내 안으로 들어간다.

더. 그녀가 명령하면 나는 그녀에게 줄 것이 더 많다. 내 손은 거대하다. 뻔뻔스러울 만큼, 염치없을 만큼 크고, 굶주린, 거대한, 사랑받는 손이다. 이 손이 실현하는 욕망, 우리가 나누는 이 욕망은 지진이고 바다 폭풍이다. 욕망은 우리 머릿속 생각을 싹 지워버리고, 눈을 질끈 감게 만들고, 믿지도 않는 신을 향해 기도하게 된다. 욕망은 우리를 쾌락으로 너덜너덜해진 난파선으로 만들고, 우리는 나른한 채 소금 범벅이 되어 침대 기슭으로 씻겨 나간다. 여태 나는 내 손이 작아져야 하는 줄 알았지만, 사실은 내가 내 손에 맞추어 자라나야 하는 거였다.

어느 날, 섹스가 끝난 뒤 그녀가 말했다. "하고 싶은 말이 있는데, 해도 되는지 모르겠어. 한심하게 들릴 것 같아서."

"말해줘." 나는 그녀의 가슴에 고개를 기댄 채 그녀의 맛으로 짭짤해진 입으로 말했다.

"숭고해. 너와 섹스할 때는 숭고한 기분이 들어."

나는 웃으며 몸을 굴려 등을 침대에 대고 누운 뒤 두 팔로 눈을 가렸다.

"진심이야!" 그녀는 우겼다. "때로는 겁이 나. 이대로 제 정신을 잃을 것 같아서."

칸트는 이렇게 썼다. "숭고란 절대적으로 위대한 것"이며 그 특징은 "어떠한 비교도 불가능"하다는 것이다. "**그것을** 두려워하지 않는 채로도" 우리에게 공포감을 심어주는 대상이다. 예를 들면, 칸트는 지진을 숭고한 사건으로 이해한다.

도니카가 무슨 말을 하고자 하는지 정확히 알았지만, 이를 표현할 언어가 없었다. 내가 가진 지식은 이런 경험을 입 밖에 내도 된다는 걸 알기 전에 쌓은 것이었다. 우리의 섹스는 힘의 교환이 아니라, 우리가 자신에 대해 생각하기를 멈추고 오로지 몸을 신뢰할 때만 일어나는 자연적 사건처럼 느껴졌다. 누구도 남자 역할을 하지 않았고, 그건 누구도 어떤 **역할을** 수행하지 않아서였다. 이런 사건은 우리 안의 가장 동물 같은 면을 끄집어내도 사랑받을 수 있음을 믿지 않고서는 일어날 수 없다.

나는 친밀성이 로맨스와는 거의 무관하다는 사실을 알게 되었다. 어쩌면 친밀성이란 다른 누군가에 의해 쓰인 이야기에 바탕을 두는 로맨스와는 정반대인지도 모르겠다. 친밀성은 자기 자신과 가까워야만 이룰 수 있는, 타인과의 가까움이다. 창밖의 번개를 내다보는 것이 아니라 그 번개를 맞는 것이다.

진정한 사랑이란 자기를 길들이는 캠페인에 성공했을 때 얻는 보상이 아니다. 그것은 아주 오래전, 혼자만의 건설적인 놀이를 하며 연습했던 바로 그 일이다. 이방인이 되어 숲속에 들어가는 일, 내게 주어진 이야기들을 흔들어 떨쳐버리고, 내가 만나는 세계에, 함께, 이름을 붙이는 일이다.

지금의 내가 나에게서 지워버리려 애썼던 바로 그것들 때문에 사랑받는 것은 사실이지만, 이 글은 사랑을 통해 자신을 사랑하는 법을 알게 된다는 이야기가 아니다. 나아가 자신을 사랑하기로 마음먹는다는 이야기도 아니다. 단지 그러기로 마음먹는 것만으로도 나를 사랑할 수 있었던 적은 단 한 번도 없었으므로.

　그럼에도, 이 글은 사랑 이야기다. 사랑을 하는 사람이 어느 거짓된 신의 제단 앞에서 잃어버린 세월을 한탄하는, 그런 종류의 사랑 이야기다. 후회가 밀려들 때마다 나는 헤카톤케이레스를 떠올린다. 그들은 어린 시절 티탄족을 쓰러뜨리지 않았다. 그들은 티탄족의 지배하에 살았다. 그들은 티탄족의 **소유**였다. 헤카톤케이레스의 힘이 오래된 신들의 힘을 능가하기까지는 시간이 걸렸다. 하지만 그 뒤에는? 그들은 산을 무너뜨렸다. 거대한 손 하나가 한 개씩, 한꺼번에 100개의 산을 무너뜨렸다. 그런데, 그들이 자신의 힘을 미워하라 배웠더라면 어떻게 되었을까? 손으로 산을 움켜쥘 때까지, 자신이 무엇을 할 수 있는지, 자신들만의 올림포스를 만들 수도 있다는 사실을 알기까지 100년이 걸렸으리라.

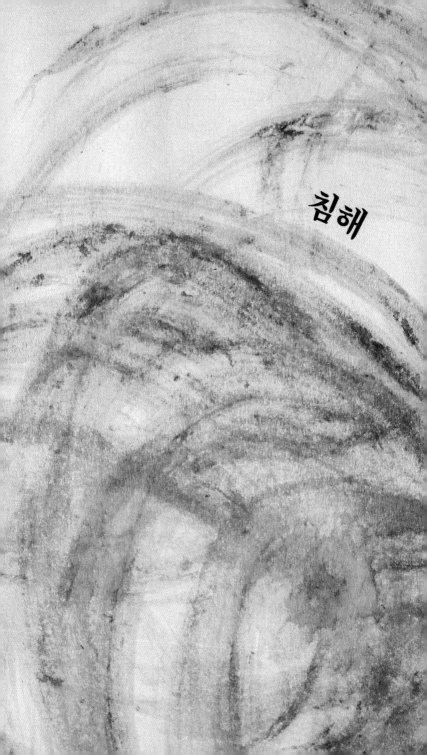

침해

I did not
choose to be
a spectacle.

나는 구경거리가 되기를
선택하지 않았으므로.

2004년 여름, 브루클린의 몬트로즈애비뉴가 여전히 부시윅에 속하고 조지 W. 부시 대통령이 재임하던 시절, 나는 가장 친한 친구 그리고 그녀의 핏불 두 마리와 함께 지하철 L노선 역 부근의 듀플렉스 아파트로 이사했다. 그때까지 내가 살았던 아파트 중 가장 근사했던 그 아파트는 쪽모이세공 마루와 입주한 지 한 달 만에 덜렁거리기 시작한 번들거리는 조명 같은 싸구려 자재로 리모델링된 곳이었다. 친구는 지하를 썼고, 나는 대로변으로 커다란 창문이 두 개 난 1층 침실을 썼다. 몇 분에 한 번 꼴로 지나가는 열차가 땅을 뒤흔들었고 걸음을 재촉하는 지하철 통근자들의 인파가 온종일 내 방 창문 앞을 지나쳤음에도, 커튼을 활짝 열어두고 풍성한 자연광을 흥청망청 즐겼다.

직업 도미나트릭스로 지낸 지 거의 4년 차가 끝나갈 무렵이었다. 술과 약을 끊은 직후이기도 했다. 그러니까, 술을 마시거나 헤로인 주사를 놓는 대신 소설과 자조 도서self-help books를 읽으며 집에서 보내는 시간이 많았다는 뜻이다.

어느 날 밤, 독서 등을 끈 뒤에도 아직 잠들지 않았던 나는 등줄기를 스치는 불편한 감각을 느꼈다. 존 치버는 교외에 사는 한 남성이 이웃 남성의 관음 대상이 되는 이야기를 그린 단편소설 「치유」에서 타인이 자신을 지켜볼 때의 신체적 반응을 "살이 끔찍하게 굳어진다"고 적확하게 표현했다. 열차에서 내린 승객들이 창밖을 지나갈 때, 길모퉁이 정지 신호에서 멈춘 차의 그림자들이 내 방 벽을 스쳐가는 데는 익숙했지만, 하나의 그림자가 가만히 멈추었고, 그 그림자를 드리운 대상은 침대에서 가까운 쪽 창문 구석으로 새어 들어오는 빛줄기를 막고 있었다.

"안녕, 아가씨." 바깥에서 웅얼거리는 목소리가 들려왔다. "자니?"

얼굴이 차가워지고 몸이 뻣뻣했다. 가슴안에서 심장이 펄떡펄떡 뛰었다.

"예쁜아, 자위하는 중이야?"

목소리는 침대에서 고작 2야드[약 180센티미터]쯤 떨어진 아주 가까운 곳에서 들려왔다. 비명을 지르며 방에서 뛰쳐나가고 싶었지만, 내가 방 안에 있다는 걸 드러내는 게 너무 무서워서 꼼짝도 할 수 없었다. 그래서 대신 기도를 하기 시작했다. 신에게 한 건지, 침입자를 향한 것인지는 알 수 없었다. **제발 그만해요.** 나는 소리 없이 애원했다. **제발 이런 일이 일어나지 않게**

해주세요. 제발 떠나요. 남자는 몇 마디 더 웅얼거리더니 떠났다. 커튼이 벌어진 틈으로 다시 빛이 나타나더니 그의 그림자가 유리창을 가로로 지나가며 한 쌍의 어둠이 내 침실 벽을 훑었다.

맥박이 쿵쿵 뛰었고 그가 떠나고 나서도 다시 돌아올까 봐극도로 겁에 질려 한참 동안 꼼짝하지 못했다. 그러나 돌아오지 않았다. 생각이라는 걸 할 수 있을 정도로 마음이 가라앉고 나서야 그가 내 모습을 보았을 리가 없다는 걸 깨달았다. 커튼이 유리창을 가리고 있었던 데다가, 가로등이 켜진 인도에서 깜깜한 내 방을 들여다보았자 보이는 것이라고는 유리에 비친 자기 모습뿐일 터였다.

내가 여자인 건 어떻게 알았을까? 이 집에 누가 사는지도 모른 채 그저 던져본 말일 거라는 생각은 도저히 들지 않았다. 내가 〈풀리지 않은 미스터리Unsolved Mysteries〉나 UFC 격투기 경기 준결승전을 보면서 괴물을 닮은 맹견에게 생고기를 던져주는 보디빌더나 근무를 끝낸 경찰이면 어쩌려고? 아니다, 남자는 유리창 밖에서 날 본 게 아니라는 걸 깨달았다. 그전에 날 본 것이다. 미친 듯이 지난 며칠을 머릿속으로 더듬으며 누군가가 나를 훔쳐보는 모습을 본 적 있는지, 방 창밖에 이상한 사람이 있는 걸 본 적 있는지 생각했다. 없었다. 그다음에는 낮에 방에서 하는 활동들을 머릿속으로 훑으며, 내가 컴퓨터를 쳐다보는 모습을, 침대에서 책 읽는 모습을, 커튼 닫는 걸 잊은 채 샤워를 마치고 나와 옷장 앞이나 거울 앞에 벌거벗고 서 있던 잠깐의 시간을 몰래 관찰하는 한밤의 예비 범죄자를 상상했다.

사생활이 나만의 환상에 불과했다고 생각하자 너무나 예민해진 기분이 들었다. 어쩌면 그 남자는 나를 몇 주, 몇 달간 스토킹한 뒤에야 내게 말을 건넬 용기, 어쩌면 의지를 그러모은 것인지도 모른다. 그 알 수 없는 길이의 시간이 내 뒤에서 연기로 가득 찬 방처럼 부글부글 끓고 있었다.

나는 미국 뉴잉글랜드 숲속에서 자랐고, 빛공해도, 지나가는 사람도, 심지어 고함을 질러서 들릴 거리에 사는 이웃도 거의 없었기에 침실 창문에는 애초 커튼이 달려 있지 않았다. 뉴욕으로 이사한 뒤인 열아홉 살 무렵엔 공공장소에서 남자들이 나를 향해 거침없이 일삼는 평가의 말에 충격을 받았다. 1999년에 "길거리 성적 괴롭힘street harassment"은 흔히 알려진 용어가 아니었지만, 그런 경험은 지하철 선로 위의 쥐만큼이나 흔했다. 20대 중반에는 길거리 성적 괴롭힘에 익숙해지고 캣콜링하는 남자가 보복할 가능성을 분별하는 데도 능숙해져서, 얌전하게 미소를 지을지 철벽을 칠지 본능적으로 알 수 있었다. 어떤 상황이건 여성은 계속 걸어가는 수밖에 없었고, 말씨름을 벌인다면 신체적 폭력의 위협이 본능적으로 뒤따랐다. 집 밖에서 끊임없이 경계해야 하니 집 안은 사생활을 갖춘 성스러운 곳이 되었다. 뉴욕, 아마도 모든 도시의 여성은 아파트 문을 닫고 걸어 잠그는 순간 몸이 느끼는 안도감을 안다. 이 신성함을 침해받은 순간 나는 공황감에 사로잡히고 말았다.

왜 나야? 그런 생각이 들었다. 내가 나도 모르는 사이, 한밤중에 남의 집을 기웃거리는 남자의 환심을 살 만한 행동을 했나? 혹시 과거의 어느 오후, 그가 보는 앞에서 내가 **정말** 자위를 했을 가능성이 있나? 이렇게 돌아볼수록 과거의 순진했던 내가 무책임해 보였다. 심지어 내 과실 같기도 했다. 방 안에서 벌거벗고 서 있었던 나는 얼마나 순진하고, 무지막지하리만큼 조심성이 없었나? 아는 사람이 이런 일을 겪었다는 이야기는 한 번도 들어본 적 없었다. 물론 아는 사람에게 그런 일을 겪은 적 있느냐고 물은 적도 없었는데, 이런 이야기를 선뜻 꺼내는 건 본능을 거스르는 일이어서다. 우리에게 과실이 있다는 믿음은 우리의 침묵을 부추기고, 우리의 침묵은 우리에게 과실이 있다는 거짓말을 지켜준다.

신체 발달이 빨랐던 열한 살 때, 매일 버스 정류장에서 내게 침을 뱉던 알렉스 이야기를 나는 아무에게도 하지 않았다. 열두 살 때, 친구 집 욕실에서 내 몸을 더듬은 남자 어른 이야기도 누구에게 하지 않았다. 열세 살 때, 중학교에서 1년 내내 견뎌낸 성적 괴롭힘에 대해 한 마디도 입 밖에 내지 않았다. 열네 살 때, 내가 일하던 낚시용품점 점장이자 끝없이 더러운 농담을 늘어놓던 60세 남성에 대해서도 누구에게도 말하지 않았다. 열아홉 살 때, 섹스를 거부하고 잠든 내 등에 대고 정액을 쏟아낸 남자에 대해서도 아무한테도 말하지 않았다.

피해자를 비난하는 문화를 내면화하게 된 건 대부분 이 침묵 탓이었음에는 의심의 여지가 없다. 당연히 창밖의 남자는 내가 자위하는 모습을 본 적 없었을 테지만, 왜 남성이 이런 짓을 하는가에 관한 서사는 널리 이야기되지 않는 반면, 여성이 해가 진 뒤 돌아다녀서, 짧은 치마를 입어서, 가슴이 커서 피해를 유발한다는 식의 서사는 우리에게 익숙하기 그지없다. 피해 자성의 병리학은 자책과 수치심이 내게 일어난 일을 설명하고 책임을 가정함으로써 그 일에 통제를 가하려는 평범하기 그지없는 시도라고 주장하기도 한다.

하지만, 브라이언 드 팔마의 영화 〈침실의 표적Body Double〉을 생각해보라. 히치콕의 〈이창Rear Window〉과 〈현기증Vertigo〉에 대한 오마주인 이 영화에서, 여성은 매일 밤 레이스 달린 팬티와 배에 걸치는 사슬(이 영화가 1984년에 개봉했다는 증거)만 걸친 채 창가에서 도발적인 춤을 춘다. 여자의 연기는 침대 위에서 자위 행위를 연상시키는 연출된 동작으로 침대 위를 구르는 것으로 끝나지만, 이는 순수하게 남성 구경꾼을 위한 연기다.

내가 〈침실의 표적〉을 봤던가? 기억나지 않고, 중요하지도 않다. 여성이 자의식을 품고 보이지 않는 남성 관객을 위해 공연한다는 이런 서사는 우리 문화에 팽배하기 때문이다. 타인의 눈에 보이는 것이 절대 섹시한 일이 아니라고 말하는 것은 아니다. 노출증은 관음증과 마찬가지로 실제 존재한다. 관음 대상이 된 경험에 대해 내가 인터뷰한 여러 친구와 지인 중 한 사람은 자신의 은둔자 이웃에 대해 이렇게 주장했다. "내가 그에게 관음을 허락했어. 그게 그 사람 인생에서 아마도 가장 짜릿한 일일 테니까. 나는 마지막에 샤워기를 끄는 순간까지 그 사람을 일부러 못 본 척해. 그다음엔 그를 잠깐 바라보는 거지. 그것도 섹시하달까."

그녀의 이야기에 담긴 에로티시즘에서 일상성이 느껴지는 건 아마도 누군가 우리를 훔쳐보는 일이 섹시하다는 메시지가 쇄도하며 우리 모두 그 메시지를 주입받았기 때문이고, 또, 타인이 우리를 원하는 건 섹시한 일이기 때문이다. 내가 인터뷰한 어느 여성은 누군가 자신을 훔쳐본다고 이야기했을 때 남자 친구가 "관심받는 게 좋지 않았어?"라고 되물었다고 했다.

이는 남성을 면벌하는 서사이기도 하다. 여성이 늘 연기를 하고 있다는 사실이 설득력을 가질수록, 엿보는 행위의 죄 역시 덜어진다. 우리가 보이기를 원한다면, 어째서 엿보는 것이 범죄인가? 나아가 우리를 유혹자로 만들어 남성의 역할을 한층 더 극단적으로 도치하기도 한다. 남성들이 **우리의** 피해자라고 말이다! 핀처가 제작한 넷플릭스 인기 드라마 시리즈 〈마인드헌터Mindhunter〉 네 번째 에피소드에서 다섯 여성을 강간하고 살해한 몬티 리셀을 심문한 두 FBI 요원 중 한 사람이 이렇게 묻는다 "그럼, 이 사건의 진정한 피해자는 몬티 러셀인 건가?" 그러자 파트너 요원이 대답한다. "그게 그의 관점이지." 모든 가해자가 널리 공유하는 특성 중 하나는 바로 자신을 피해자로 바라본다는 것이다.

'피핑 톰peeping Tom'이라는 용어는 11세기에 벌거벗은 채 말을 타고 영국 코번트리를 누볐다는 레이디 고다이바의 이야기에서 유래한 것으로, 오늘날까지도 코번트리 시민들은 매년 (옷을 입은 채로) 도시를 행진하며 그 일을 기념한다. 전해지는 이야기대로라면 모두가 레이디 고다이바를 보지 않기로 맹세하고 그 약속을 지켰지만, 단 한 명, '엿보는 톰'이 있었다고 한다. 이 이야기에 경고의 메시지는 담겨 있지 않다. 애초에, 공짜로 펼쳐지는 구경거리를 즐기지 않았다고 해서 이야기 속 톰을 비난할 수 있는 자가 누가 있겠는가?

우리에게는 지시에 따를 줄 아는 능력이 생긴 순간부터 여성이 매 순간 남성을 위해 연기해야 한다는 암시뿐 아니라 그 연기를 위한 처방까지도 빗발치듯 쏟아진다. 존 버거는 『다른 방식으로 보기』에서 "남성의 존재는 그가 지닌 힘이라는 약속에 의존한다. …남성의 존재는 그가 당신에게, 또는 당신을 위해 무엇을 할 수 있는지를 시사한다"고 쓴다. 역으로, "여성이 남성에게 어떻게 보이는지가 그 여성이 어떤 대우를 받는지를 결정할 수 있다. 이 과정에서 어느 정도의 통제권을 가지려면, 여성이 이를 수용하고 내면화해야 한다."

20대 초반이 되었을 무렵에 나는 이미 긴 세월에 걸쳐 이런 교육을 받은 뒤였다. 내가 남성의 눈에 어떻게 보이는지를 통제할 수 없거나, 통제하지 않을 때 따르는 대가도 치렀다. 나는 남성적 응시를 내면에 이식했다. 내 동물적 본성을 억누르려고, 체형을 바꾸려고, 수많은 방식으로 나를 지우려고, 남성에게 그들이 원하는 바로 그것을 주려고 노력했지만, 어떤 방법도 통하지 않았다. 나는 남성 입장에서 여성에게 자신이 원하는 일을 하는 것을 합리화하기가 얼마나 쉬운지 이해했다. 여성학 수업에서 남성적 응시가 무엇인지 배웠지만, 남성적 응시를 내게서 꺼내는 방법은 몰랐다.

자꾸만 남성적 응시에 관심을 가진다는 것 자체가 잘못처럼 느껴졌다. 남성에게 욕망의 대상이 되는 것이야말로 내 할 일 아니었나? 심지어 나는 이를 통해 돈벌이하는 법까지 찾아냈다. 버거의 말을 빌리자면, "남성은 여성을 본다. 여성은 보이는 자신을 본다. …따라서 여성은 자신을 대상, 특히 시각의 대상인 볼거리로 바꾼다." 레이디 고다이바처럼 나 자신을 구경거리로 바꾼 것이라는 생각이 들었다. 그러니 낯선 남자가 나를 본 것도 당연했다.

물론 가부장제는 이 모든 요소의 협력을 통해 작동한다. 우리는 정신 속에서 소리 없이 피스톤을 움직이는 이 정교한 기계의 번질번질한 톱니 장치들을 우리가 걸치는 장신구라 착각한다.

(내가 아는 한) 그 남자가 처음 찾아오고 다음 날, 방 안을 들여다볼 수 없게 커튼을 창틀에 테이프로 고정했다. 밤에는 룸메이트가 기르는 핏불 중 덩치가 가장 큰 레드를 침대로 데려와 같이 잤다. 나는 이불을 덮고 누웠고, 레드는 내 다리에 기댄 채

묵직한 몸을 말고 낮게 코를 골았다. 차들이 쌩쌩 지나가자 커튼 위로 헤드라이트 불빛이 일렁였다. 그 남자가 나타났을 때 나는 뜬눈으로 누워 있었다.

"안녕, 아가씨." 그렇게 말하는 그 남자의 형체가 창문에 어두운 그림자를 드리웠다. "날 맞이할 준비가 됐어?" 아드레날린이 쏟아지며 몸이 따끔따끔해졌고, 나는 한 손으로 레드의 앞발을 꼭 쥐었다. "날 기다리느라 보지가 축축해졌지?" 목소리가 물었다. 그 소리에, 내 손길에, 어쩌면 내 두려움이 풍기는 냄새에 레드의 두 귀가 쫑긋 일어섰다. 레드는 침입자에 맞서 우리를 지키는 것보다 품에 파고들거나 간식 먹기를 더 좋아하는 개였지만 바깥에서 들려오는 소리에 민감했고, 순수한 근육으로 이루어진 70파운드[약 32킬로그램]의 위압적인 체구를 갖고 있었다. 레드가 벌떡 일어나 크게 한 번 짖었다.

그 남자의 성가신 존재를 확인해주는 또 하나의 존재가 있다는 것만으로 밀려오는 안도감이 너무나 큰 나머지 나는 숨을 토해냈다. 레드는 침대 위에 우뚝 일어서더니 귀를 파르르 떨며 낮게 낑낑거리는 소리를 냈다. 내 안도감이 두려움에 아주 작은 구멍을 뚫은 순간, 그 구멍이 간헐천처럼 분노를 뿜어냈다. 평생 이어져온 경계심 그리고 신체적 폭력을 당할지도 모른다는 공포 아래에는 노여움이라는 기반암이 도사리고 있는 경우가 종종 있다. 저 좆 같은 새끼는 대체 누구지? 내가 내 침대에서 두려움에 떨며 꼼짝 못 하고 있다는 사실에 별안간 분노가 치솟았다.

이불을 확 걷고 일어나 맨발로 침실 밖으로 나갔다. 레드도 따라나왔고, 나는 외투를 걸치고 운동화를 신은 뒤 레드의 목걸이에 줄을 연결했다. 아파트를 나와 건물 현관으로 나갔다. 나는 범인이 레드가 짖는 소리에 겁을 먹고 도망쳤을 거라 생각했던 모양이다. 아직도 내 방 창문 앞에 서 있는 그 남자를 보고 놀랐으니 말이다. 갈색 머리에 검은색 패딩 재킷을 입은 20대 남자였다. 그 남자가 아무렇지도 않게 나를 향해 가볍게 뛰어왔다.

"대체 무슨 개 같은 짓거리야?" 그렇게 물으면서 레드가 피에 굶주린 개라는 인상을 주고자 줄을 바짝 당겨 잡았지만, 사실은 레드가 그에게 달려들어 반가운 듯 손을 핥기라도 할까 봐 걱정됐다.

"안녕, 아가씨." 그 남자가 나를 위아래로 견주어보았다. "오늘 밤 어때? 바빠?"

"제정신이야?" 내가 되물었다.

"남자친구 있어?" 그가 물었다.

"지금 당장 꺼져. 다시는 오지 마. 경찰에 신고할 테니까." 그렇게 말한 뒤 대답을 기다리지 않고 휙 돌아서서 다시 레드를 끌고 건물 안으로 들어왔다. 맥박이 귓속에서 쿵쿵 뛰었고, 그 남자에게 얼굴을 보인 게 큰 실수는 아니었을까 하는 생각이 들었다.

그날 밤, 그는 다시 나타나지 않았지만 잠들 수 없었다. 그가 보인 반응이 혼란스러워서였다. 그 남자의 얼굴에 수치심이라고는, 나를 위협한 것은 차치하고, 부적절한 일을 했음을 인정하는 기색이라고는 한 점도 없었다. 밤을 같이 보내자고 말할 때 역시, 그의 말투에 특별히 협박조가 묻어 있던 것도 아니었다. 내가 매일 거리에서 마주치는 수많은 남자들과 하나도 다를 바 없었다. 마치 내가 합법적인 성적 관심의 대상인 것처럼, 자신이 괴롭히고 스토킹하는 상대가 아니라, 바에서 술을 마시다가 만난 여성이기라도 한 것처럼. 마치 자신이 하는 행동들 모두가 낭만적 구애의 범주에 속한다는 것처럼 굴었다.

〈침실의 표적〉에서, 주인공은 이웃을 훔쳐보고, 온종일 따라다니며, 속옷 가게 탈의실에 들어간 그녀를 엿보고, 공중전화로 하는 통화를 엿듣고, 그녀가 버린 새 팬티를 쓰레기통에서 끄집어낸다. 마침내 두 사람이 마주했을 때 몇 마디 채 주고받기도 전에 여자는 주인공의 품속에 뛰어들고, 두 사람은 맹렬한 키스를 나눈다. 이 영화에서는 여성이 스토킹을 당했음에도 불구하고 남성에게 끌린 것을 넘어, 스토킹이 유혹의 유일한 증거로 제시된다. 이러한 서사가 말이 되는 까닭은 영화의 전반부 3분의 1이 주인공의 인간적인 면모를 보여주고자 하는 데 통째로 할애된 덕분이다. 영화 도입부에서 귀가한 주인공은 여자친구가 다른 남자와 한 침대에 있는 장면을 보고, 곧이어 우리는 그가 눈물을 흘리며 어린 시절 괴롭힘당한 경험을 떠올리는 장면, 주체할 수 없는 폐소공포증 삽화, 죽 쑤는 배우로서 겪

184

는 시행착오들을 목격하게 된다.

내 스토커도 〈침실의 표적〉을 보았을까? 알 도리가 없다. 그에게는 이런 서사를 관찰할 기회가 수도 없이 많았을 테니까. 예를 들어, 1984년 인기를 끈 영화 〈기숙사 대소동Revenge of the Nerds〉에 등장하는 사랑스러운 괴짜 남학생들 무리는 여학생 기숙사 샤워실에 카메라를 설치하고 알몸 사진을 찍어서 판다. 이 괴짜 중 한 명은 다른 남자인 척 어느 여성을 속여 자신과 섹스하게 만드는데, 그의 정체를 알아차린 여성은 자신이 그를 사랑한다고 인정한다. 이 말은 즉 엿보기, 수치심 주기, 강간이 이들의 로맨스에서 구애로 여겨진다는 것이다.

뿐만 아니라 〈맬리시우스Malicious〉, 〈애니멀 하우스의 악동들Animal House〉, 〈괴짜들의 병영일지Stripes〉, 〈포키스 Porky's〉, 〈원스 어폰 어 타임 인 아메리카Once Upon a Time in America〉, 〈아메리칸 뷰티American Beauty〉, 〈내겐 너무 아찔한 그녀The Girl Next Door〉, 〈환상의 그대You Will Meet a Tall Dark Stranger〉, 〈기묘한 이야기Stranger Things〉도 있다. 이런 식으로 한도 끝도 없이 더 나열할 수 있다.

이런 작품들은 남성에게 스토킹과 엿보기가 용인할 수 있는 구애의 형태이며 연애로 이어질 가능성이 있다고 용기를 주는 동시에, 여성에게 이런 행위의 대상이 되고자 하는 욕망을 처방한다. 스토커와 대면한 뒤, 옷을 갖춰 입고 침대에 누운 나는 실제로 이런 고민에 빠졌다. 혹시 내가 그 경험을 오해하고 과잉 반응하지 않았나? 그렇지 않았다는 건 이미 알고 있었다.

이보다 몇 년 전이었더라면 내 본능을 불신하기 위해, 극심한 침해를 당했다는 기분을 몰아내기 위해 반드시 필요한 정신적 곡예를 좀 더 잘 펼칠 수 있었을지도 모른다. 그러나 그렇게 할 수 없었던 이유 중 하나는 호의와 애정을 가지고 엿보는 존재라는 서사만큼이나 익숙한, 또 다른 서사가 존재하기 때문이었으리라. 바로 관음증을 가진 살인자다. 이런 묘사 역시 너무나 널리 퍼져 있으므로 하나하나 읊을 필요는 없을 것이다. 몇년 전, 나는 여성에 대한 잔혹한 폭력을 플롯의 중심에 두는 텔레비전 프로그램을 보지 않기로 결심했다. 그런 프로그램은 셀수 없이 많았고, 저속한 타블로이드 신문이 보도하는 범죄를 소재로 한 드라마부터 할리우드 귀족들이 연출하고 출연해 상까지 받은 유료 케이블 방송사의 프로그램에 이르기까지 장르전체를 흠뻑 물들이고 있었다. 〈프라임 서스펙트Prime Suspect〉, 〈더 폴The Fall〉, 〈킬링The Killing〉, 〈트루 디텍티브True Detective〉, 〈마인드헌터〉 그리고 황금 시간대 텔레비전 드라마 중 역사상두 번째로 오랫동안 방영된 〈성범죄수사대: SVU Law & Order: Special Victims Unit〉까지. 수백만 명의 미국인이 관음 대상, 스토킹 대상, 이어 참혹한 시신으로 발견된 여성의 몸이라는 이미지를 흡수하는 상상만 해도 서늘해진다. 그런 프로그램이 계속 제작되는 건 우리가 그런 것을 계속 보기 때문이다. 그렇다고해서 내가 정치적 이유로 그런 프로그램들을 더는 보지 않는건 아니다. 이건 보이콧이 아니었다. 특히나 뉴욕에서 혼자 사는 여성인 만큼, 내 상상 속에 이런 이미지를 더는 수집하고 싶지 않기 때문에 보지 않는 것이었다.

엿보기에 대한 두 가지 문화적 내러티브, 즉 무해하고 낭만적인 본보기 그리고 폭력적인 행위 사이의 큰 차이는 후자가 전자보다 더 진실하다는 것이다. 1999년《살인 연구Homicide Studies》에 실린 한 논문에 따르면 살해된 여성 중 89퍼센트가 살해 시점으로부터 12개월 이내에 스토킹을 당했으며, 살해된 여성 중 54퍼센트는 죽기 전 경찰에 스토킹을 신고했다. 내가 인터뷰한 카먼은 창가를 서성거리며 훔쳐보던 남성을 신고했는데, 바로 며칠 후 침입자가 그녀의 아파트로 쳐들어와 룸메이트를 강간했다고 했다. 범인은 잡히지 않았지만, 이후 약 1년 간 유사 범죄 신고가 잇따랐다. 또 다른 여성은 자신을 엿보는 이웃을 경찰에 신고하려다 주저했는데, 얼마 후 그 사람이 소아성애로 세 번째 기소되기 직전 자살했다는 기사를 접했다.

텔레비전이 방영하는 서사 중 대다수는 이 사건이 실제 헤드라인에서 뽑아낸 것임을 내세우는데, 이 사실은 여성 살해의 절반에 가까운 수가 낯선 소시오패스가 아니라 연인에 의해 발생하는 현실을 가린다. 이런 사건의 경우 헤드라인에서는 "로미오와 줄리엣 스타일의 폭행"이라거나 "사랑을 위한 살인"이라는 표현이 등장하곤 한다.

이는 바로 위험과 로맨스 사이의 선을 의도적으로 흐리는 이런 서사들이 내게 불편하게 느껴지는 가장 큰 이유다. 〈침실의 표적〉에는 위험한 존재로 제시되는 **또 다른** 스토커가 등장하고, 덕분에 우리의 주인공은 더욱 선량한 이가 된다. 주인공이 이웃 여성을 스토킹하는 동안 "인디언"이라 불리는 그로테스크한 거인도 마찬가지 행동을 하는데, 그는 결국 전기 드릴을 사용한 엽기적인 방식으로 그 여성을 살해하고, 나중에 그의 정체는 또 다른 잘생긴 백인 남성 인물이 변장한 것이었음이 밝혀진다. 〈침실의 표적〉은 엿보기가 살인의 예비 단계일 수 있는 만큼 로맨스의 예비 단계일 수도 있다고 주장한다. 언제 스토커에게 굴복하고, 언제 스토커로부터 달아날지는 우리에게 달려 있다. 이는 매혹적인 플롯 장치이자 여성이 자신의 본능을 믿지 못하도록 가스라이팅하는 케케묵은 기법이다. 물론 드 팔마가 이 기법을 발명한 것은 아니다.

〈침실의 표적〉은 히치콕의 1958년 작품 〈현기증〉에 바치는 오마주로, 제임스 스튜어트가 연기하는, 극도의 현기증으로 고통받는 사설탐정 스코티가 킴 노백이 연기하는 매들린을 미행한다는 원작 플롯의 상당 부분을 그대로 따왔다. 〈침실의 표적〉에서도 여성 주인공은 아무런 이유 없이 자신을 미행하는 것처럼 보이는 남성과 사랑에 빠진다. 〈현기증〉에서도 섬뜩한 음모를 은밀하게 진행하는 악역 남성이 등장하고, 매들린 역시 결말에서 살해당한다. 드 팔마의 〈침실의 표적〉에 영감을 준 또 다른 작품인 히치콕의 〈이창〉에서도 제임스 스튜어트는 유혹하듯 춤을 추는 이웃 여성을 훔쳐보는 영웅적인 스토커로 등장하며, 그는 결국 자신의 아내를 살해한 이웃을 밝혀낸다.

어머니는 당신이 어릴 때 〈이창〉을 아주 좋아했다. 그렇기에 내가 어렸을 때 온 가족이 모여 이 영화를 함께 보고, 플롯에서 반전이 일어날 때마다 깜짝 놀라며 다 같이 웃었다. 〈현기증〉은 내가 젊은 여성이었을 때 가장 좋아한 영화이기도 했다. 킴 노백처럼 허리와 엉덩이의 실루엣을 강조한 펜슬 스커트를 입고 매끈한 프렌치 트위스트*를 해보려고 머리카락을 붙들고 씨름하며 몇 달을 보내기도 했다. 그러나 지금의 나는 이런 영화들을 다시 본 뒤로 집을 나설 때마다 자꾸만 어깨 너머를 되돌아보고, 집 안에 가만히 있고 싶은 마음과 내 뒤로 바짝 붙어 걷는 남자들을 모조리 때려눕히고 싶은 마음 사이에서 갈팡질팡한다.

엿보는 남성이 등장하는 유명한 영화 중 이 글을 쓰기 전 내가 보지 못한 유일한 작품이 〈저주받은 카메라Peeping Tom〉였다. 걸작이라 호평이 자자했던 이 영화의 차별점은 선량한 스토커와 살인자 스토커라는 이분법을 버렸다는 점이다. 영화 속 스토커는 두 모습을 다 가졌다. 잘생긴 금발 남성 마크는 살해당하는 순간 공포에 질린 여성 피해자의 표정을 영상으로 남긴 뒤 강박적으로 되돌려 보는 연쇄 살인범이다. 아래층에 사는 정직한 이웃 헬렌(마크가 창문을 통해 엿보다가 만난 상대)이 그의 정체를 밝히려 하자, 그는 저명한 심리학자이던 아버지가 어린 시절 자신의 침대에 도마뱀을 넣어놓고 공포에 질린 반응을 영상으로 남기는 식의 실험을 자행했다고 고백한다. 헬렌은

---

* 긴 머리를 틀어 올린 뒤 안쪽으로 말아 마무리하는 머리 모양.

마크를 사랑하는 감정, 그의 트라우마를 연민하는 감정, 자신의 안전을 두려워하는 감정 사이에서 갈팡질팡한다. 이는 여성이 남성의 삶에서 기대받는 역할을 포괄적으로 보여준다. 남성이 권력을 행사하는 대상이자 남성의 말에 귀를 기울이고 공감하는 존재인 동시에 순수와 예외주의라는 낭만적 판타지를 투사하는 대상 그리고 남성의 구원자다.

"당연한 거 아니야?" 한 친구는 이 영화에 대해 이렇게 빈정거렸다. "여자로 사는 것, 살해당하는 것도 기분이 더럽지만, **비열한 아버지**가 있는 것만큼 최악은 아니라 이거지."

위험한 남성을 인간적으로 그려내며 공포와 유혹을 혼동하게 만드는 서사의 창작자들이 이런 묘사에 자기를 투영하기도 한다는 사실은 아마 그리 놀랍지 않게 다가올 것이다. 히치콕의 〈새The Birds〉와 〈마니Marnie〉의 주연 배우 티피 헤드런은 2016년 출간한 회고록에서 감독이 여러 번의 성폭력을 가했으며, 자신이 거부하자 촬영장에서 학대하는 방식으로 앙갚음했다고 밝혔다. 히치콕은 다른 출연진이 헤드런을 따돌리도록 유도했고, 촬영이 이루어지는 닷새 동안 살아 있는 새에게 쪼이게 했으며, 그 뒤에는 헤드런이 영영 회복하지 못할 정도로 커리어를 방해했다고 한다.

〈라디오 데이즈Radio Days〉와 〈환상의 그대〉에서 엿보는 인물을 등장시킨 우디 앨런은 이제는 그의 성범죄가 널리 알려졌음에도 처벌받지 않았고, 이는 엿보기와 스토킹이 자주 등장하는 게 특색인 영화 작품들을 남긴, 도피한 강간범 로만 폴란스키와 마찬가지다.

이 글을 쓰기 위한 자료를 모으던 중 『블랙 달리아』, 『L.A. 컨피덴셜』, 『내 어둠의 근원』을 쓴 저자이자, 여러 작품에 엿보는 남성을 등장시킨 유명한 범죄 소설가 제임스 엘로이를 곧바로 떠올렸다. 대강 자료를 찾다 보니 월터 컨이 2013년에 진행한 인터뷰 영상을 보게 되었는데, 이 인터뷰에서 엘로이는 1960년대 후반 로스앤젤레스에서 자신이 여성들을 엿보았고, 반려동물용 통로를 이용해 여성의 집에 몰래 들어가 속옷을 훔쳤다는 개인사를 늘어놓았다. 처음 이 인터뷰를 보았을 때 너무 경악한 나머지 영상을 되감기해 다시 한번 보아야 했다.

"그러니까 말이죠, 월터." 이야기를 절반쯤 했을 때 엘로이는 흐뭇한 기색이 역력한 채 이렇게 말한다. "저는 방금 이야기한 방법으로 타인의 집에 열일곱 번, 열여덟 번, 스무 번, 스물한 번, 스물세 번까지 몰래 들어갔다는 겁니다. 1966년 후반에서 1969년 여름까지요." 엘로이는 그 사건들을 묘사하는 데 그치지 않고 뻐기기까지 한다. 그런 "끝내주는 밤" 중 한 번을 회상한 뒤 그는 느릿느릿 읊조린다. "M양의 브라는… 잊히지가 않는군요." 그는 컨에게 말한다. "몰래 들어가서 그 브라를 집에 가져가는 거지요, 친구."

"그런 기술을 실제 사용할 수도 있었겠군요." 인터뷰 진행자인 컨은 혼잣말처럼 대답한다. "이게 진정한 저널리즘 아닙니까!" 컨 역시도 속으로는 경악했을지 모른다. 엘로이의 말을 듣는 그의 미소는 부자연스럽다. 그러나 컨은 반박하는 대신 사근사근한 진행자 역할을 수행하고 가해자의 행위를 저널리 즘적인 것이라고 추켜세운다. 여성을 침해하는 행위를 통해 함께 유대감을 쌓자는 다른 남성의 초대를 받아들임으로써, 컨은 남성이 여성의 비인간화를 통해 유대감을 쌓는 오래된 전통을 강화한다.

결국, 〈기숙사 대소동〉은 여성들에게 모욕을 주고 폭력을 가함으로써 그들을 유혹하는 남성들에 대한 영화가 아니다. 이러한 플롯 장치는 그저 진짜 이야기, 즉 더 강한 남성 집단에 대항하는 패배자 집단의 결집을 뒷받침하기 위한 것일 뿐이다.

존 치버의 소설 역시 여성은 오로지 그가 그려내는 남성성의 배경으로만 존재하나, 여기 등장하는 남성성은 협력보다 갈등을 보여준다. 「치유」의 화자는 자신을 엿보던 이웃을 기차역 승강장에서 우연히 마주쳤을 때, 이웃의 딸이 지닌 순수함에 설득되어 이웃에게 따져 묻지 않기로 한다. 그 대신 마치 일종의 위안을 구하는 것처럼, 또 다른 젊은 여성을 따라 기차에서 내린다. 그는 독자들에게 말한다. "그녀는 나를 한 번 쳐다보았고, 내가 자신을 따라가고 있다는 사실을 알았지만, 나는 그녀가 즉각 도움을 요청하지 않을 부류의 여자라는 걸 확신했다." 그는 설명을 이어간다. "그것은 그녀에게 나직하게, 아주 나직하게 '아가씨, 부디 제가 손으로 발목을 감싸 쥐도록 허락해주시겠습니까? 제가 원하는 건 오로지 그것뿐입니다. 아가씨, 거기 제 목숨이 달려 있어요'라고 말하고 싶은 욕구를 억누를 단하나의 방도였다." 이 장면에서 우리는 주인공이 이웃의 사생활 침해로 인해 입은 깊은 상처, 코앞으로 다가온 그의 이혼을 떠올리며 응당 깊은 감동을 받아야 하리라. 그의 행동은 괴상하기는 해도 도저히 공감 가지 않는 건 아니다. 홀아비 신세로 사는 삶과 사생활 침해가 그의 공격성이 깃들어 있던 깊은 우물을 휘저었기에, 그 안에 있던 것들이 담길 그릇이나 분출할 통로가 필요한 듯하다. 그는 소름 끼치는 존재가 아니다. 그저, 버거가 말했듯이 "그가 지닌 힘이라는 약속에 의존"하는 남성적 존재감을 되찾고자 피해자의 배턴을 타인에게 넘기려 할 뿐이다. 여성이 느끼는 공포는 그에게 자신이 더는 대상화된 객체가 아닌 주체라는 안도감을 준다.

경찰에 신고하겠다고 협박하기는 했지만, 진지하게 그럴 생각을 하지는 않았다. 나는 본능적으로 자책했고 경찰도 나를 탓할 거라고 생각했다. 경찰은 나더러 과잉 반응이라고 할 터였고, 나 역시 어느 정도는 내가 과민했기를 바랐다. "겉보기엔 우스운 상황이라는 걸 나도 알지만, 창밖에 그 남자의 얼굴이 또다시 나타날 때 느끼는 공포는 진짜였고, 점점 누적되었으며, 왜 그것을 견뎌내야 하는지 알 수 없었다. 특히, 내 생활 방식을 총정비하려던 이 시점에는"이라고 말하는 「치유」의 화자가 가진 특권이 내게는 없었다. 그는 더 나은 삶을 추구할 권리가 침해되어서는 안 된다는 믿음을 갖고 지역 파출소에 신고하지만, 경찰은 인력 부족으로 그의 집에 경비 인원을 보내줄 수 없다고 말한다. 우리도 잘 알다시피 남성으로 사는 게 겉보기만큼 쉬운 건 아니다. 그러나 적어도 그는 기차에서 만난 여성의 힘을 빼앗음으로써 트라우마를 즉각 해소할 자격을 가진다.

이런 역학 관계는 엿보는 자가 수많은 다른 가해자와 마찬가지로 자신에게 가해진 힘의 과시를 타인에게 전달하는 것이라는 관음증의 병리학 연구를 대체로 확증한다. 2016년, 학술지 《성중독과 강박Sexual Addiction & Compulsivity》에 실린 한 연구는 성도착자 중 다수가 어린 시절 성적 학대를 경험했으며, 특히 관음증 환자의 경우 그 밖의 여러 사회적·정신적 부담에 더해 아버지와의 부정적 관계를 보고했음을 밝힌다.

그럼에도, 이런 행위들을 설명하기 위해 어린 시절 트라우마까지 되짚어갈 필요는 없다. 남성의 에고는 어린 시절 당한 학대 같은 거대한 상흔에 시달리지 않고서도 이런 반응을 수행할 수 있기 때문이다. 때로는 여성에게 거절당하는 것만으로도 충분하다. 뉴욕의 거리에서 그저 무시당한 것만으로도 앙심을 품은 남자들을 보라, 아니면 나와 같은 고등학교에 다니던 남학생 브렌트 볼도 있다.

브렌트는 10학년의 전설적 존재였다. 한 학년 아래인 나도 온갖 소문을 들었으니까. 혼후 관계를 다짐한 여학생들은 브렌트가 나타나는 순간 정신을 잃었고, 이후에는 첫 경험을 잃었다. 그는 여자들을 애타게 하는 남자였지만 내 마음을 아프게 하지는 않았다. 소문이 자자한 방식으로는 말이다. 어느 날 밤 파티에서 그가 나를 한쪽으로 데려가더니 잠시간의 형식적인 애무 끝에 오럴 섹스를 요구했다. 이 짧은 육체적 교환과 함께 우리의 친밀함은 끝날 것이라는 잘못된 추측을 했던 나는 거절했다. 그 뒤 우리는 1년간 말을 섞지 않았다.

그 일이 있고 몇 달 뒤, 나는 첫 여자친구 릴리언을 사귀게 되었다. 처음으로 미친 듯이 사랑에 빠져, 주말이면 자전거를 타고 마을 반대편에 있는 그 애의 집으로 달렸다. 그 집은 농한기에는 건조한 황야일 뿐이지만 열매가 익기 시작하면 진홍빛으로 변하고 곧 홍수를 이루는 크랜베리 습지 한가운데 자리하고 있었다. 어느 날 오후, 긴 산책을 하다가 우리는 크랜베리 습지 옆 오솔길에 멈춰 키스했다. 키스하다 보니 서로의 몸을 더 듬게 되었고, 몇 분간 마른 잎사귀들 위를 굴러다니며 조금이라도 맨살을 드러내려 서로의 옷을 잡아당겼다. 평소 우리의 관계는 담백한 편이어서 그날 습지 옆에서 뒹군 몇 분간은 그 뒤로 약 18시간 동안 내 기억 속 가장 달콤하고도 짜릿한 순간이었다.

다음 날 아침, 평소와 다를 바 없이 학교 복도에서 브렌트를 마주쳤다. 놀랍게도 그가 걸음을 멈추더니 말을 걸었다.

"야, 멀리사. 어제 너 봤어." 그가 히죽 웃으며 말했다.

"뭐? 어디서?" 당황한 내가 물었다.

"습지에 친구랑 있던데." 그는 내가 그 말을 이해할 때까지 한참 나를 빤히 바라보다가 어정어정 걸어가버렸다. 나는 얼굴이 달아올라 지난 기억을 들쑤셨는데, 이로부터 10년 뒤 나를 엿보는 남자가 처음 등장했을 때도 마찬가지였다. 그가 날 따라다니고 있었나? 예전에도 날 따라다녔나? 어디에 숨어 있었지? 세세하게 알 수 없었기에 전날에도, 지나간 여러 날들에도 걱정이 드리워졌다. 나는 그가 숲속에 쪼그리고 앉아 음흉한 눈길로 우리를 바라보는 모습을 상상했고, 과거의 내 무지를 그리고 무지가 지닌 가혹한 취약성을 생각했다. 그때는 이런 침해에 이름을 붙일 방법이 없었고, 이름을 붙인다 해도 말할 수 있는 사람이 없었다. 그래서 나는 그냥 삼켰다. 다른 여러 일들처럼, 내가 자초한 거라고 생각했다.

스토커는 또다시 내 창가로 돌아왔고, 일주일에 두세 번씩 오는 날도 있었다. 그때마다 나는 짖어대는 레드를 보듬어 안고서는 얼마 전부터 침대 옆에 둔 칼을 빤히 쳐다봤지만 바깥으로 나가지는 않았다. 그 남자의 얼굴도 이미 잊었기에, 낮에 길에서 우연히 마주친 그가 나를 알아볼까 봐 걱정됐다. 내가 인터뷰한 여성 중 하나도 이런 두려움을 표현하고는 이런 말을 했다. "그게 누구라도 이상하지 않잖아요."

경찰을 찾아가고 싶지 않은 이유는 또 있었다. 그 시절 나는 여전히 도미나트릭스로서 성노동에 종사하고 있었으므로 외적으로도 내적으로도 모든 게 더 복잡해질 터였다. 경찰에게 내가 하는 일을 알리고 싶지 않았다. 또, 당시에는 실제로 남성

의 성애적 판타지를 수행하는 일이 내 직업이었다. 버거의 말
대로, 나를 대상이자 볼거리로 만들었다. 남성을 위한 에로틱
한 연기를 수행하는 것이 내 목적이기에, 아무리 그 수행이 대
개 상대의 수치심이라는 형태를 띤다 해도 내가 내 목적을 내
면화하지 않는 건 불가능했다. 내 안에서는 일터에서 하는 일
과 밤에 나를 찾아오는 스토커의 차이는 분명히 **느껴졌다**. 전
자는 노동, 후자는 공포였다. 그러나 내가 고객과의 사이에서
그리고 사디즘과 마조히즘의 세계에서 동의라는 개념을 이해
하고 있는 것과는 달리, 내 방 창문에 대고 말을 거는 그 남자
에 대해서는 도저히 그 개념을 적용할 수가 없었다. 요즘은 앨
라나 매시Alana Massey 같은 작가가 루이 C. K. 스캔들에 대한
반응으로 여성잡지《셀프Self》에 다음과 같은 의견을 담은 논
평을 기고할 수 있다. "성노동자는 자신들로부터 가학적인 남
성들을 구하거나, 가학적인 남성들로부터 성노동에 종사하지
않는 여성들을 구하고자 존재하는 것이 아니다. 모든 성노동자
는 자신의 선과 요율을 정할 권리가 있으며, 그 어떤 이유로건
동의하지 않을 때 겁박당하지 않을 권리가 있어야 한다." 그러
나 스물세 살의 나는 그런 글을 읽어본 적이 없었다.

또, 나는 킹크Kink*와 페티시를 편견 없는 관점으로 바라보
고자 하는 사람이었으며, 그 세계에서 관음은 일상적인 것이
었다. 이 글을 쓰는 지금도 관음증을 공공연하게 병적인 것이
라 말하기가 망설여진다. 그 시절 나는 킹크 역시 건강할 수 있

---

* 관습적인 성 행동에 포섭되지 않는 성적 행위, 관념, 판타지.

고, 킹크를 수행하는 이들은 종종 깊이 있는 친밀한 관계를 나눌 줄 아는, 고도의 사유 능력을 갖춘 사람들이라는 사실을 알고 있었으며, 지금도 안다. 또, "비전형적" 성행위의 병리화가 수백 년 전부터 나와 과거의 내 고객 같은 사람들을 처벌하고, 억압하고, 범죄화하고, 낙인찍는 데 이용되었다는 것도 잘 안다. 비전형적 성행위들은 너무나 오랜 세월 주변화되었고, 이 때문에 이 분야에 문외한인 이들도 건강한 행위와 해로운 행위를 구분할 수 있을 정도로 널리 알려진 공적 담론은 여전히 존재하지 않는다. 이 글을 건성으로 읽은 독자가, 우리 사회가 오랫동안 그러했듯이 건강한 것과 해로운 것을 한 덩어리로 받아들일지 몰라 걱정스럽기도 하다. 동의를 얻은 관음적 행위와 동의 없는 행위 사이의 차이는 섹스와 강간의 차이와 마찬가지다. 모든 행위를 한데 묶어 비난하면 이들에 담긴 복잡함, 이들이 기능하는 광대한 스펙트럼은 훨씬 더 쉽게 지워지고 만다.

내가 도미나트릭스였을 때, 관음하는 고객들은 특히나 더 무해해 보였다. 엿보기에 대한 판타지를 품고 던전을 찾아온 남자들은 우리가 맨발로 벌레를 밟아 짓이기기를, 식인에 관해 이야기하기를, 자기 몸 위에 대변을 보기를 바라는 남자들과는 완전히 달라 보였다. 그들이 가진 페티시에 대한 내 개인적 감정이 어땠건 간에, 그들 중 가학적인 남성은 없었다. 피해자의 동의 없이 관음을 실행한 남성들과, 도미나트릭스의 동의하에 자신들의 성적 판타지를 펼친 남성 고객들 사이에는 결정적 차이가 있을 뿐 아니라, 그 행동이 범죄인지 아닌지의 차이도 있다. 그럼에도 2016년 논문 「침해의 변종들: 노출증과 관음증 Varieties of Intrusions: Exhibitionism and Voyeurism」의 저자들은 이렇게 쓴다. "역사적으로 관음증과 노출증은 피해자에게 큰 영향을 미치지 않으며 개별적으로 일어나는 경범죄로 받아들여져 왔다." 이런 인상은 아마도 대중문화에서의 묘사 방식에서 기인했을 테지만, 타인을 엿보고자 하는 충동이 그리 낯선 것이 아니기 때문이기도 하다.

나 역시 다른 사람들의 창문 너머를 들여다본다. 우리 집을 향해 털털 나아가는 지하철에서 노란 불이 켜진 낯선 이들의 아파트 창문을 들여다보며 언뜻 바라본 디오라마 같은 그들의 삶을 탐낸다. 부자 동네를 지나갈 때, 브라운스톤 건물을 창문으로 엿보며 화려한 샹들리에와 맞춤형 서재를 힐끔거리고 싶어 하지 않는 사람도 있을까? 우리는 대체로 서로에게 호기심을 품고, 우리가 살 수 있었을 또 다른 삶, 또 다른 방을 상상하기를 즐긴다. 게다가 관음은 기분 좋은 자극일 수 있다. 2006년의 한 연구는 남성 중 83퍼센트, 여성 중 74퍼센트가 들킬 염려가 없다면 타인이 옷 벗는 모습을 보고 싶어 한다고 주장했다.

1987년 연구에 등장한, 관음증자 중 37퍼센트가 강간 범죄에 그리고 52퍼센트가 소아성애 범죄에 연루되었다는 수치를 우리는 어떻게 받아들여야 하나? 아니면 모든 연쇄살인범 중 4분의 1이 관음증을 가지고 있다는 결론을 내린 또 다른 연구는? 받아들일 필요는 없다. 「침해의 변종들: 노출증과 관음증」에 따르면 "이런 행동들의 뿌리는 규범적인 성적 틀에 집약

된 것이다. 그러나 노출증과 관음증을 실행하는 개인들은 이런 규범적 행위를 적응적 관계 발달이 아닌 병리학적이거나 중독적인 패턴으로 내보인다." 이런 주장은 오래전부터 우리가 하는 해로운 행위는 모두 "자연스러운" 본능의 도착으로부터 발전해 나온 것이며, 생각만으로 저지른 범죄를 심판한다면 우리 모두 유죄라 말해왔다. 그러나 우리에게 엿보고자 하는 충동이 있음을 인정하더라도, 관음을 실행에 옮기는 이는 세상 사람 중 극히 일부다. 관음을 실천한 이들 중 소수는 다른 행위들로 나아가는데, 내 스토커 역시 그런 소수 중 한 명이었다.

"포틀랜드에 있는 제 아파트 창가에 앉아 있던 어느 날 밤이었어요." 헤일리는 설명했다. "그런데 그 남자가 유리창의 금이 간 틈 사이로 포르노 잡지에서 찢어낸 페이지를 들이민 거예요. 남자에게 오럴 섹스를 해주는 여자 사진이었죠." 헤일리가 웃었다. "마치 제가 '아, 진짜 재밌겠네요'라고 반응을 보이기라도 할 것처럼 말이에요." 어떤 반응을 보였느냐고 묻자 헤일리는 말했다. "그냥 '자기야, 지금 어딨어?' 하면서 총을 휘둘렀더니, 그 남자가 바깥 수풀 속에 숨어 있다가 도망가는 소리가 들리더라고요." 헤일리는 내가 인터뷰한 사람들 중 예외에 속했다. 대부분은 그 당시 "총을 여러 정柾 지니고 있는 유형의" 남자친구가 없었다.

한 예로, 스트리퍼로 일하던 질은 가학적인 남자친구와 동거하던 집을 나와 막 혼자 살기 시작했을 때의 일을 들려주었다. "자유롭고 안전한 기분이었어요." 혼자 사는 삶은 질에게 그런 기분을 느끼게 해주었다. 그러던 어느 날 현관문에 이런 쪽지가 등장했다. "친구들과 난 당신이 운동하는 모습을 즐겨 봅니다. 벌써 일주일 넘게 지켜보고 있어요. 특히 몸을 숙이는 자세를 취해서 팬티 속 보지가 뒤에서 보일 때가 좋아요. 우린 당신 뒤에서 박아주겠다는 이야기를 서로 나눕니다. 절정을 느끼게, 기분 좋게 해줄게요." 공포와 분노에 휩싸인 질은 암막 커튼을 사기로 마음먹었지만, 바로 그날 밤 또 다른 쪽지가, 이번에는 침실 창문에 붙어 있었다. "우린 당신의 침실 창문을 들여다보고 있어요. 침대 위에서 당신을 이리저리 굴릴 날이 너무 기다려지는군요. 피를 흘리고 비명을 지를 때까지 박을 겁니다. 실례일 수도 있겠지만, 당신은 정말 섹시해요. 은밀한 숭배자들 드림."

"'실례일 수도 있겠지만'이라니 무슨 그런 개소리가 다 있죠?" 질은 말했다. "그 부분이 가장 소름 끼쳤어요. 단정한 손글씨, 정확한 문법, 내 감정과 쾌락을 중시한다는 양, 신사인 척한 부분이요." 질은 그날 밤 친구들을 집으로 불렀지만 도저히 잠들 수 없었다. 사흘 뒤, 세 번째 편지가 도착했다. "우리의 제안을 검토해보셨기를 바랍니다. 당신은 정말 섹시해요. 구멍세 개를 전부 쑤시면서, 비명 지르고 울게 할 그날을 고대합니다. 은밀한 숭배자들 드림." 질은 경찰을 믿지 않았지만 그럼에도 신고했다. "그 정도로 겁이 났던 거예요."

"우리가 뭘 해드리기를 바라십니까?" 경찰관이 물었다.

"뭘 해주실 수 있는데요?"

"순찰차로 두어 번 집 주변을 살필 수 있습니다. 하지만 집 밖에 잠복하고 감시할 수는 없어요."

"상황이 더 나빠질까요? 그 사람들이 실제로 무슨 짓을 저지를 수도 있을까요?" 질이 물었다.

"저는 그럴 거로 짐작합니다."

"만약 제 입장이라면 어떻게 하시겠어요?"

"아가씨…." 경찰이 한숨을 쉬었다. "이런 말은 하기 싫지만, 만약 저라면 이사하겠습니다."

그래서 질은 그렇게 했다.

질의 이야기가 너무나도 무서웠던 건, 내가 겪은 일과 가장 가까운 경험이었기 때문이다. 나는 음란한 말을 해대는 내 스토커가 다음 단계로, 다른 행위로 넘어갈 유형이라고 생각했다. 경찰을 믿지 못하는 건 여전했지만, 나는 반 마일[약 800미터]이나 걸어가 가장 가까운 경찰서를 찾아갔다.

타투를 가리려고 목깃 있는 긴 소매 셔츠를 입었더니 여름 더위에 금세 땀으로 축축하게 젖어버렸다. 안내 데스크가 거의 턱에 닿을 정도로 높았기에, 나는 경찰서 안 에어컨의 냉기에 떨면서 발돋움을 해 데스크 너머를 보았다. 어떤 상황에 처했는지 설명하자, 경찰관은 인내를 과장스레 연기하는 듯한 태도로 내 말을 들었다. 이야기가 끝나자 그가 눈을 가늘게 뜨고 바라보았다.

"그러니까, 아는 남자입니까?"

"아니요." 내가 대답했다. "말씀드렸다시피 딱 한 번, 제가 따지러 나갔을 때 본 게 다예요. 전에는 한 번도 본 적 없는 남자였어요."

그러자 경찰관은 살짝 얼굴을 찌푸렸다. "확실한 겁니까? 사귀던 사람이 아니라고요? 그쪽 남자친구 중 한 명이 아니었어요?"

그 말에 나는 충격을 받았지만, 그건 충격받을 만한 일도 아니었다.

나는 잠깐의 침묵 끝에 이렇게 말했다. "제가 알고 싶은 건 경찰이 무슨 일을 해줄 수 있는지예요."

"음, 선생님이 그 사람의 신원을 모르는 이상, 접근 제한 명령을 신청할 수는 없습니다."

"그 사람을 감시할 인력을 보내줄 수는 없나요?"

경찰관은 거의 웃음을 터뜨리려고 했다. "선생님이 할 수 있는 최선은 그 남자가 나타났을 때 신고를 하는 겁니다. 그러면 사람을 보내지요."

떨리는 손으로 전화번호를 받아적는 순간에도, 내가 신고 전화를 하지 못하리라는 걸 알았다. 그 남자가 창밖에 있는 동안에 입을 연다는 건 상상조차 할 수 없었다. 나는 대개 경찰에 신고하는 일을 꺼리지만, 수년 전, 내가 살던 아파트 바깥에서 어떤 남성이 여성을 강간하려 하기에 신고한 적이 있었다. 경찰이 도착하기까지 너무 오래 걸려 놀라울 정도였다. 결국 경찰이 찾아낸 그 남자에게는 강간 전과가 여럿 있었고, 나는 증인으로 공판에 참석했다.

인터뷰한 여성들에게 들은 이야기 속에서 가장 흔히 나타난 공통점은, 수많은 형태의 다른 가해와 마찬가지로 엿보기가 별것 아니라 치부하는 다른 남성들의 존재였다. 프로이트 역시 여성 환자가 보고한 근친 성행위를 환상으로 치부했다. 내가 인터뷰한 한 여성은 고등학교 동창이던 남학생이 다른 남학생들과 함께 자신이 옷 벗는 모습을 쌍안경으로 엿본 것을 고백했다고 했다. "그는 마치 그게 칭찬이라 여기는 것 같았어요." 그녀의 말이다. 또 다른 여성은 스토커의 영상과 차량번호를 힘겹게 확보했는데도 경찰이 아무런 조치도 취하지 않았다고 했다. 어떤 여성은 자신을 엿보던 집배원을 신고하지 않았는데, 자기가 집 안에서 벌거벗고 돌아다녔다는 이유로 경찰이 자신에 대한 편견을 가질지도 모른다는 두려움 때문이었다. 우리는 모두 다양한 상황에서 이런 반응들을 마주한 적 있다. 우리가 과장한다고. 과잉 반응한다고. 어느 운 나쁜 남성을 악당 취급한다고. 나아가, 그런 관심은 칭찬이라고. 그러고 보면 1990년대 방영한 인기 시트콤 〈못 말리는 번디 가족Married with Children〉에서 누군가 이웃 여성을 엿보자, 페기 번디는 자신이 피해자가 아니라는 사실에 발끈해 남편인 앨에게 자신을 엿보는 척해 달라고 부탁한다.

남성들과 함께 있을 때 성추행이라는 화제가 입에 오르면 내가 움찔하는 것도 그 때문이다. 나는 그들이 무슨 말을 할지, 자신들의 어떤 면을 노출할지 두렵다. 남성들 대부분은 성추행을 경험한 적이 없고 예전에는 생각해볼 필요조차 없었으며, 그들의 반응에서는 무지가 드러난다.

어느 날 밤 저녁을 먹으며 친구로부터 이런 이야기를 전해 들었을 때도 같은 생각을 했다. 친구가 다니던 학교에는 바로 옆에 커다란 주차 빌딩이 있었다. 여성이라면 누구나 그곳이 폭행 현장이 될 만한 곳이라 여기리라는 점에서는 친구도, 나도, 생각이 같았다. 내 친구는 강간 생존자이기도 하다. 내가 아는 대부분의 여성과 마찬가지로, 친구는 차를 찾으러 갈 때마다 차 키를 손에 쥔 채 빠르게 걸으면서 혹여나 자신을 공격할 사람이 나타날까 봐 끊임없이 주변을 살핀다. 하루는 어떤 남자가 일반적인 경우보다 더 바짝 붙어 따라왔고, 결국 내 친구는 휙 돌아서서 고함을 질렀다. "어디 가는 건데요?" 그러자 남자는 그저 근처에 주차한 자기 차를 가리켰다.

친구가 이 경험을 남자친구—모두가 완벽한 연인이라고 입을 모아 말하던 남자—에게 이야기하자, 그는 이렇게 말했다. "졸지에 공포의 대상이 된 그 남자 기분이 어땠겠어?"

선량한 남자들은 말한다. **남자들이 다 그런 건 아니야!** 그들은 공포의 대상이 되고 싶지 않다, 그러니 우리가 느끼는 두려움을 다루는 건 우리 몫이다. 이 말은 즉, 폭행을 당하는 입장이자 그런 일을 당할까 봐 늘 두려워해야 하는 입장인 여성으로 사는 건 당연히 짜증 나는 일이지만, 그래도 남성들의 기분을 해치는 게 더 최악이라는 소리다. 우리의 안전을 대가로 치러야 할지라도, 선량한 남자들의 마음을 달래는 것이 여성이할 일이다. 우리는 태어나는 순간부터 남성들에게 그리고 그들의 통제할 수 없는 충동에 순응하도록 훈련해왔다. 예를 들면, 내가 인터뷰한 한 여성은 집주인이 자신을 엿보는 현장을 몇번이나 잡아냈다. 집주인의 아내에게 항의했더니 암막 커튼을사다주었고, 그뿐이었다.

1999년 데브러 귀트니Debra Gwartney의 열네 살 난 딸이, 자기방 창밖에서 파나소닉 비디오카메라를 들고 서 있는 한 남성을발견했다. 경찰은 귀트니 가족의 집 차고에서 꺼내온 양동이가뒤집혀 있는 것 그리고 이 양동이가 여러 차례 창밖에 놓였음을 보여주는 흙 위의 둥글게 파인 자국 여러 개를 발견했다. (다른 인터뷰에 의하면, 한 여성은 자기 방 창밖에 놓인 우유 상자, 비슷한 파인 자국들, 창문 가리개에 기다랗게 뚫린 구멍을 발견했다.)

1년 하고도 반이 지난 뒤, 한 친구가 귀트니에게 자신이 사는 오리건주 유진에서 윌리엄 그린이 체포되었다는 기사를 팩스로 보내왔다. 그린이 현상을 맡긴 필름 속에 열한 살 소녀가그의 몸 위에 누운 사진이 있었던 것이다. 경찰이 그의 집을 수

색하자 5년 치 영상이 담긴 비디오테이프 수십 개가 나왔고, 그 속엔 궈트니의 네 딸을 비롯해 100명이나 되는 소녀들이 옷을 갈아입고, 자고, 텔레비전을 보는 모습이 담겨 있었다. 2차 수색에서는 집 차고 속 비밀 공간에 숨겨놓은 비디오테이프들—소녀들의 침대에서 그들의 팬티를 움켜쥐고 자위하는 모습도 담겨 있었다—과 속옷, 수영복, 배수구에서 꺼낸 머리카락 덩어리들, 궈트니의 가족 앨범에서 훔친 사진들이 나왔다.

이렇게 무시무시한 사건을 술회하는 궈트니의 글을 읽다 보니 저명한 소설가 제임스 엘로이가 떠올랐다. 사람들은 피해자가 아이인 경우와 성인인 경우는 다르다고들 한다. 이런 남성 중 누군가는 우리가 치를 떨며 혐오하는 욕망을 실행했고 다른 누군가는 좀 더 공감받을 만한 욕망을 실행했지만, 그들은 여러 가지 유사한 범죄를 저질렀고 똑같이 피해자의 권리를 존중하지 않았다.

윌리엄 그린은 재판 직전에 감형을 조건으로 유죄를 인정했다. 선고 공판에 증인으로 출석한 피해자는 궈트니의 딸들뿐이었다. 궈트니는 이렇게 설명했다. "결심 공판이 끝날 무렵 판사는 실제로 이렇게 말했다. 내 딸들이 신체적으로 해를 입지 않은 건 정말 운 좋은 일이라고. 애초에 그렇게 큰 범죄가 아니라는 소리였다. 우리가 빼앗긴 건 사진 몇 장, 속옷 몇 점이 전부였으니까. 소녀들 중 침해당한 이는 아무도 없다고 판사는 말했다." 형사는 궈트니에게 그린이 영영 출소하지 못할 것이라고 장담했지만 판사는 그에게 강도죄에 대해서만 형을 선고

했다.

"윌리엄 그린은 성범죄자로 등록되지 않을 것이다." 귀트니는 이렇게 썼다. "출소 후 카메라 사용이 금지되지 않을 것이다. 학교와 이웃에게 과거 행적이 고지되지도 않을 것이다. 판사는 판사석에서 내 딸들을 내려다보며, 그들이 당하지 않은 일들이 있으니 운 좋다 생각하라고 했다. 내 딸들에게 법정을 떠나 이전과 다름없이 살아가라고 말했다." 그린은 2014년 출소했다.

치버의 「치유」 결말에서 주인공은 한동안 소원하던 아내와 재결합한다. "그 뒤로 우리는 쭉 행복하게 살았다"고 주인공은 말한다. 제목이 시사하는 바처럼 주인공의 경험은 자기 안의 어둠으로 들어가는 시도이자 온전함을 되찾는 통로였다. 그는 한동안 다른 남성에 의한 피해자인 동시에 자신의 본능이 촉발한 폭력의 가해자로서, 오로지 남성들에게만 존재하는 폭력적 공간을 점유한다. 결국, 소설의 마지막 문장이 말하듯, "여기선 모두가 잘 지낸다."

그러나 내가 인터뷰한 여성들은 잘 지내지 못했다. 그들의 여정은 자기 안의 어둠으로 들어가는 시도가 아니라 남성들의 어둠 속에 포섭되는 일이었다. 귀트니는 이렇게 말한다. "어떤 면에서 나와 내 딸들은 그 사건을 영영 극복할 수 없을 것이다. 소녀들을 촬영하는 장면을 들키지만 않으면 아무에게도 위해를 끼치지 않는다고 생각했다는 남성으로부터, 우리의 가장 내밀한 성소를 침범당한 일을 영영 극복할 수 없을 것이다."

그러나 이 위해가 흘린 피는 내가 인터뷰한 여성들, 대부분 자기 집에서도 도저히 편안할 수 없는 여성들의 미래까지 물들인다. "저는 아직도 그 사건의 영향에서 벗어나지 못한 걸까요?" 한 여성은 물었다. "아마 편집증이라는 말로 가장 잘 설명할 수 있을 것 같아요." 그러나 "편집증"은 그 여성이 불필요하게 경계함을 암시하는 용어다. 내가 인터뷰한 여성 중 다수가 지속적으로 겪고 있는 영향, 즉 자신의 책임은 없는지에 대한 걱정을 가리키는 말이기도 하다. 귀트니는 말한다. "내 마음을 괴롭히는 하나의 의문은 아마 죽을 때까지 나를 따라다닐 것이다. 윌리엄 그린이 딸들을 따라다닐 때, 나는 대체 어디 있었느냐고."

인터뷰한 여성들과 달리 나는 최근까지 그 경험이 얼마나 내게 깊이 영향을 주었는지 의식하지 못했다. 이 글을 쓰기 시작하기 직전, 여자친구에게 스토커 이야기를 들려주었다.

"이제 그 일은 생각 안 해. 당시에는 너무 무서웠지만, 아직도 그 일에 매달리는 것 같지는 않아."

그렇게 말하자 여자친구는 놀란 듯 나를 쳐다보았다. "정말? 커튼을 닫은 뒤 양면테이프로 고정하는데도?"

"아, 하긴." 내가 대답했다.

"게다가 아무리 한밤중이라도 옷을 입기 전에는 절대 창문 있는 방에 안 들어가잖아."

"특히 한밤중일 때 그러지." 내가 덧붙였다.

그날의 침해가 15년 가까이 지난 지금까지도 내가 내 집에서 살아가는 방식을 통제하고 있다는 사실에 생각이 미친 건 처음이었다. 그 뒤로, 지나가는 남성들에게 성적으로 접근해도 되는 상대로 보일까 봐 얼마나 두려워했는지에 대해서도 말이다. 원래 그런 거라고 당연하게 생각했다. 실제로 거의 한평생에 가까운 나날 동안, 나는 늘 그래왔으니까.

시선의 대상으로 존재하며 그것이 의무이고 칭찬이며, 나아가 힘의 원천이라는 말을 들으며 살아온 평생이 남긴 가장 큰 여파는 사생활의 특권이라는 감각이 서서히 둔화된 것이리라. 애초에, 방 안에 혼자 있을 때조차 만에 하나 나를 엿보고 있을지도 모르는 남성을 떠올려서는 안 되는 것 아닌가? 나는 창밖에서 들여다보는 시선을, 카메라를 든 이웃을, 바짝 붙어 따라오는 낯선 사람을, 길에서 던지는 말들을 거부할 수 없고, 거부해서도 안 된다. 따지고 보면, 시선과 손길은 얼마나 다른 것일까? 지나가는 아무 남성이 내 몸을 이용해도 된다는 메시지는 또 얼마나 강력한가? 이 메시지에 저항한들 남는 건 불편함뿐이다. 참아내는 게 낫다. 그것을 기억할 가치가 없는 것, 농담, 저널리즘, 특권, 나아가 사랑의 예비 단계로 재구성하는 것이 낫다.

내 이야기는 수많은 방식으로 끝날 수 있었을 테지만, 그중에 스토커와의 로맨스로 끝나는 결말은 없다. 인터뷰한 여성 대부분과 마찬가지로 나 역시 이사했고, 두렵던 몇 달을 기억 속에 묻어버렸다. 그 일은 스스로를 지킬 수 없다는 무력감을 느끼게 만드는, 끝없이 이어지는 일상적 침해 중 하나에 불과했기 때문이다. 물론 그건 긴 시간이 지나 돌아보며 나 자신의 언어로 내린 결론이다.

내 이야기가 그렇게 끝나서 다행이다. 레이디 고다이바와는 달리, 나는 구경거리가 되기를 선택하지 않았으므로. 나는 그 어떤 남성에게도 이쪽을 보지 말라고 맹세하게 할 수 없다. 시간이 흐르자 스토커도 발길을 끊었다. 그러나 그 뒤로도 쉽게 잠들 수는 없었다. 바짝 긴장한 채로 고요를 깨뜨리는 소리를, 침대 위로 드리워지는 그림자를 경계했다. 몇 달 뒤 이사했고, 그 뒤로도 여러 번 이사했지만, 나는 계속 기다렸다.

• 고대 아테네에서 10월경 벌어졌던
사흘간의 축제로, 데메테르를
기리기 위한 여성들의 비의秘儀였다.

테스모포리아*

My darkness
has become
my work
on this earth.

내 어둠은
지상에서 내 작품이 되었다.

1. 카토도스 *Kathodos*[*]

7월, 로마. 한여름의 공기는 담배 연기와 피로로 자욱하다. 내가 탄 비행기가 착륙했을 무렵 나는 24시간 가까이 뜬눈으로 지새운 상태였는데 그중 3시간은 렌터카를 빌리려고 공항에서 대기하다 흘러갔다. 울려 퍼지는 경적과 쏜살같이 달리는 모페드 사이를 뚫고 시내로 운전해 들어가서 미심쩍은 자리에 주차한 뒤, 인도 위 인산인해를 이리저리 헤치고 걸어가 빌려 둔 작은 아파트를 찾아갔다. 2층으로 올라가 커튼을 닫고 거칠거칠한 흰 시트가 깔린 낯선 침대로 올라갔다. 지친 얼굴 사진을 찍어 페이스북에 올린 뒤—이탈리아에 왔다!—순식간에 잠들

---

[*] 테스모포리아Thesmophoria 축제의 첫날을 가리키며, 하강κάθοδος을 뜻한다. 상승ἄνοδος을 뜻하는 아노도스anodos라고 불리기도 한다. 하데스가 페르세포네를 납치한 것을 상징적으로 보여주기 위해 제단에 바쳤던 돼지를 구덩이 속에 던지는 행위가 이루어졌다.

었다.

어머니로부터 문자 메시지가 세 통 오는 바람에 깼다.

이탈리아라고??

내 표는 다음 달인데!

멜리???

어머니는 나폴리에서 나를 만나기 위해 몇 달 전부터 심리 치료 일정을 비워두었다. 우리는 나폴리에서 어머니의 할머니가 태어난 곳인 소렌토의 작은 어촌으로 갈 계획이었기에, 그곳에 일주일간 또 다른 아파트를 빌려두었다. 나는 어머니와 나누었던 이메일을 미친 듯이 뒤지며 날짜를 찾았다.

어머니 말이 맞았다. 어머니에게 보낸 이메일에 여행하는 달을 잘못 썼다. 몇 주 뒤, 예약한 티켓을 서로에게 이메일로 전달했지만, 우리 둘 다 꼼꼼히 확인하지 않은 모양이었다.

이때 느낀 공황감은 여태 손꼽아 기다렸던 어머니와 함께할 휴가를 망쳤다는 실망감보다 컸다. 내가 잠든 동안 어머니가 몇 시간이나 당혹스러워했으리라는 사실과, 어머니 당신 역시 이 사태에 원인을 제공했다는 점에서 느꼈을 실망감보다 컸다. 어머니가 나에게 화를 낼 거라는 두려움보다 컸다. (그 누가 나한테 화를 안 낼 수 있겠는가?) 어머니의 노여움은 금세 사그라지니까.

벌집처럼 섬세하고 복잡한 구조물을 상상해보라. 이미 여러 번의 타격을, 때로는 무심결에 이루어진 타격을 견뎌온 나머지, 실수로 손을 스치는 것만으로도 부서지고 마는 구조물.

216

내 두려움은 생각이 아닌 본능으로부터, 그간의 모든 실수를 꼼꼼히 기록해온 어떠한 신체의 논리로부터 솟아난 것이었다. 그 논리란 누군가의 마음을 무너뜨리고 또 무너뜨리다가 일정한 횟수를 넘으면 나를 향한 그 사람의 마음이 딱딱하게 굳어버리리라는 것이었다.

어머니는 딸을 원했다. 내가 이런 이야기를 이해할 나이가 되자마자 어머니는 멀리사라는 이름이 꿀벌이라는 뜻이라고 설명해주었다. 나중에 그것이 데메테르의 여성 사제 이름이기도 하다는 사실을 알았다. 멀리사라는 이름은 멜린디아, 또는 멜리노이아라는 페르세포네의 다른 이름들과 마찬가지로 **멜리** *meli*, 즉 꿀을 뜻하는 고대 그리스어 단어 'μέλι'에서 나왔다. 어머니와 나를 데메테르와 페르세포네에 비교하는 건 너무 뻔한 일일까?

나는 내 몸으로 다른 몸을 창조하는 게 어떤 기분인지 모른다. 영영 모를 수도 있겠다. 그러나 두 살이 다 되어 완전한 문장을 구사할 수 있을 때까지 어머니가 내게 모유수유했다는 건 기억 난다. 고형식을 먹을 수 있게 되자 어머니는 바나나와 케피르kefir*를 먹였고, 아직도 케피르의 시큼한 맛을 떠올리면 입맛이 돈다. 어머니는 주근깨가 돋은 가슴에 나를 안고 재우며 노래를 불러주었다. 책을 읽어주고, 요리해주고, 어디에 가든

---

* 효모로 배양한 톡 쏘는 맛의 발효유.

나를 데리고 다녔다.

사랑받는 것은, 안전하다 믿을 수 있는 것은 얼마나 큰 선물인가. 모든 아이는 이 선물을 받도록 태어났으나 모든 부모가 선뜻 그렇게 해주는 건 아니다. 내 생부는 그럴 수 없는 사람이었다. 그렇기에 어머니는 그를 떠났다. 이후로 우리는 할머니와 살았다. 어느 날, 우리는 해변에서 기타를 치는 한 남자를 만났고, 그는 내 진짜 아버지가 되었다. 두 분이 처음 만난 그날부터 아버지는 어머니와 나를 떼놓고 생각하지 못했다. 지금도 아버지를 만날 때마다 가장 먼저 듣는 말은, "아! 이제 정말 네 엄마랑 똑같아졌구나."

두 분은 어린 시절의 나를 아끼고 사랑했던 것만큼, 어린 시절 나에 대한 기억도 열렬히 사랑했다. 통통하고, 행복하며, 한없이 재잘거리던 나. "얼마나 귀여웠던지." 두 분은 말했다. "눈을 뗄 수가 없었어. 누가 데려갈지도 몰라서."

아버지가 바다로 나가자 어머니와 나는 다시 둘만 남았다. 남동생이 태어난 뒤, 어머니가 아버지와 떨어져 있는 게 해마다 더 힘들어진다는 말을 털어놓은 상대도 나였다. 내 뺨에 닿는 어머니의 차가운 눈물에서 해무海霧 냄새가 났다. 두 분이 나를 아낀 만큼 나도 우리 집 아기인 동생을 아꼈다.

부모님이 헤어진 뒤 두 분은 네스팅nesting을, 즉 아이들이 원래 살던 집에 살고 두 분이 번갈아 집을 드나드는 협정을 시도했다. 아버지가 바다에서 돌아온 사이, 어머니가 처음으로 동네 반대편에 빌린 방에서 지내던 기간에 나는 어머니가 지독하게 보고 싶어 시름시름 앓았다. 내 갈망은 꼭 분리된 자아처럼, 증류된 자아처럼 느껴졌다. 모든 것이 공황에 사로잡힌 단한 가지 집착으로 응축했다. 장난감도 재미있지 않았다. 무슨이야기를 들어도 구원받을 수 없었다. 나만큼이나 마음이 아팠던, 내가 똑같이 사랑하지만 어머니만큼 의지하지는 않았던 아버지를 보호하려 절망감을 숨겼다. 남몰래 어머니에게 전화를 걸어 울었다. 그전까지는 어머니와 떨어져본 적이 없었다. 어머니가 내 집인 것을 몰랐다.

내 생일은 고대 그리스 달력의 네 번째 달인 피아네프시온 Pyanepsion*에 속한다. 페르세포네가 납치된 달, 데메테르의 절망이 온 대지를 황무지로 만든 달 그리고 사흘간의 축제인 테스모포리아가 열리던 달이다. 아테네 여인들이 모여 비옥한 대지를 축복하던 이 축제에는 날마다 이름이 붙어 있었다. 카토도스, 네스테이아, 칼리게네이아. 남성들 모르게 은밀히 치러진 테스모포리아 축제에서는 희생 제물—주로 돼지 사체—을 땅에 묻는 의식이 있었다. 지난해의 제물은 파내서 남은 잔해를 여신들의 제단에 바쳤다가 다음 해의 종자들과 함께 들에 뿌렸다.

열세 살 때 초경을 하자 어머니는 파티를 열고 싶어 했다. "여자들끼리 조촐하게 모여서 말이야. 축하해주고 싶어." 이미

---

* 고대 아티케력에서 10~11월에 해당하는 달.

너무 늦었다. 나는 생식 능력의 도래를 맞이하기도 전에 이미 더 큰 무엇으로 들끓고 있었다. 온몸이 분출하는 호르몬, 단절되어버린 우리 가족, 어린 시절 내 몸의 종말. 어머니는 이런 변화들이 중요하다고 가르쳤으나 어머니의 가르침으로도 준비할 수 없는 일들이 있었다. 그것들이 합쳐진 결과물은 입 밖에 낼 수조차 없는 것이었다. 이런 변신을 어머니와 함께 축하하느니 차라리 죽고 싶었다. 사랑받는 일은 때로 고통스럽다. 참을 수 없을 때도 있다.

부모와 자녀를 이렇게 갈라놓는 분노를 두고 수많은 심리학자며 철학자 들이 수많은 이론을 내놓았다. 나는 분리, 차별화, 개인화에 대한 논문을 읽어보았다. 연구자들에 따르면 이런 분열은 무척 흔하고, 지독할 수밖에 없고, 때로는 가혹하기도 한데, 특히 어머니와 딸의 관계에서 그렇다고 한다. 어머니와 딸이 가까우면 가까울수록, 어머니로부터 떨어져나오려는 딸의 몸부림도 난폭해진다. 우리의 분열이 그저 서먹한 기간이었을 뿐이라고 누군가가 인정해주거나 안도감을 주기를 바라는 것이 아니다. 난 오히려 이를 다른 방식으로 이해하고 싶다. 그러려면, 우리의 이야기를 다시 해야 한다.

　나를 내 어머니라 상상해본다. 그 말은 내가 12년에 걸쳐 어떤 방해도 없이 꾸준한 친밀감을 나눈 연인이고, 사랑하는 사람이라고. 이때 상대를 책임지고 돌보는 부담은 오롯이 내게

만 주어진다. 또, 아이가 생기고 난 뒤로 덜 중요하게 느껴질 다른 의무들에 대해서도 생각해본다. 데메테르의 경우 그녀가 가진 의무는 대지를 비옥하게 가꾸고 대지에 의지해 살아가는 모든 이를 먹여 살리는 일 그리고 삶과 죽음의 순환이었다. 12년 뒤, 사랑하는 사람은 나를 밀어낸다. 그렇다고 나를 떠나는 것도 아니다. 의존을 그만두지도 않는다. 그럼에도 나는 여전히 아이를 입히고, 먹이고, 나날이 여기저기로 실어 나르고, 건강을 보살피고, 때로는 위로해야 한다. 하지만 상대는 대체로 내 다정함을 받아주려 들지 않는다. 자기 내면세계로부터 나를 완전히 쫓아내다시피 한다. 아이는 분노에 차 있다. 분명 고통스러워하고 있고, 어쩌면 위험에 처했는지도 모른다. 한 걸음씩 다가갈수록, 아이는 한 걸음씩 더 멀어진다.

물론, 이런 유비에는 결함이 있다. 이런 비유를 사용한 건 우리에게 낭만적 사랑과 성애, 결혼에 논리를 불어넣는 수많은 서사가 있음에도, 그중 어떤 서사도 내 어머니가 느꼈을 가슴 아픔을, 그 이후로 내가 알게 된 다양한 사랑의 종류를 제대로 설명할 수가 없어서다. 어른이 된 뒤 맺는 관계들을 정의하는 애착 방식은 부모와의 사이에서 이루어진 최초의 정서적 연결에 따라 정해지는 것이 아닌가? 나는 연인과 연락이 끊겨 충격을 받았던 적이 여러 번 있다. 떠난 사람이 누구인지와는 상관없는 문제다. 상대의 존재를 빼앗기는 일은 자연을 거스르는 범죄이자 일종의 고문 같았다. 어머니 역시 그렇게 느꼈으리라. 검은 전차에 실려간 페르세포네를, 땅이 입을 딱 벌리고 삼켜버리는 모습을 바라보았을 때 데메테르 역시도 그렇게 느꼈으리라.

2. 네스테이아 *Nēsteia*[*]

4월 케이프코드. 열세 살이던 나는 토요일 종일을 스테이시와 함께 도서관에서 보냈다. 적어도 그게 어머니의 차에 타면서 내가 했던 말이었다. 가게들 너머로 해가 반쯤 삼켜진 시각, 오후의 온기는 서늘해졌고 근처 항구에서 불어오는 바람이 부표의 나직한 종소리를 싣고 왔다. 안전벨트를 채운 나는 집으로 걸어가는 스테이시에게 작별 인사를 했다. 어머니와 나는 등을 곧게 펴고 뻣뻣하게 걷는 그 애의 티셔츠 가장자리가 바람에 나풀거리는 모습을 보았다. 로봇을 연상시키는 걸음걸이였다. 스테이시가 벤의 방에 나를 데려가서 우리 둘만 두고 나갔을 때처럼. 스테이시가 나간 뒤 벤은 내 속옷 안을 더듬었다.

"너한테서 섹스 냄새가 나는구나," 어머니가 말했다. 지친 목소리였다. 마치, **제발, 솔직히 말해주렴, 이미 다 알고 있어, 같이 해결하자**고 하는 것처럼.

나는 어렴풋이 수치스러운 척, 말도 안 된다는 척 반응했다. 이전에도 해본 일이었고, 우리 둘 다 알고 있었다.

"섹스해본 적 없는데." 나는 말했다. 나 스스로도 그렇게 믿

---

[*] 테스모포리아의 둘째 날로, 참가자들은 딸을 잃고 슬퍼하는 데메테르를 그리며 '금식*νηστεία*'을 하고 채찍으로 서로를 때리는 제의를 행했다.

었으니까.

어머니는 기어를 변속해 출구로 향했다. "삽입 섹스만 섹스인 건 아니다." 어머니가 말했다.

집에 오는 내내 우리는 침묵했다. 그날 밤, 우리가 신뢰에 대한 대화를 나누었는지는 기억나지 않는다. 이전에도 어머니가 우리 사이의 벌어진 거리에 외줄 하나를 던져 다리를 놓고, 그렇게 신뢰를 이어보려 애쓴 적이 여러 번 있었다. 신뢰가 깨지면 새로 만들어야 한다고 했다. 하지만 우리의 신뢰가 지닌 신성함이 내겐 그렇게 귀한 것이 아니었고, 그렇기에 신뢰가 깨진다는 건 자유를 어느 정도 잃는다는 뜻일 뿐이었다. 어머니는 내게서 자유를 뺏으려 들지 않았다. 그저 내가 당신에게 돌아가기를 바랐다. 아마 나 역시 알았을 것이다. 어머니가 내 거짓말 때문에 생긴 거리가 싫었더라면, 내 침묵, 부루퉁함, 꽉 닫아둔 방문은 더 싫었을 것이다. 물론 매번 내가 싸움에서 이겼다. 우리 둘 다 상대가 원하는 걸 갖고 있었지만, 승리를 확신한 건 나뿐이었다.

어머니가 나를 거짓말쟁이라고 비난하거나, 그렇게 생각할 만한 구실은 정말 많았다. 나는 우리 둘 다 뻔히 아는 사실을 가차 없이 부인했다. 마약을 거래하는 친구 어머니와 함께 약을 배달하러 다녔고, 집 안에 남자를 끌어들이거나, 영화관 뒤편에서 만났다. 성인 남성들이 뒷마당에서, 지하실에서, 항구에서, 문간에서 내 몸을 더듬어도 어머니가 나를 지켜줄 방법은 없었다.

'페르세포네의 강간'은 수천 년간 수많은 화가들이 그려낸 장면이다. 서사시 속 강간이라는 단어는 이 말에 담긴 폭력성을 누그러뜨리려고 납치라는 유의어로 번역되는 경우가 많다. 대개의 조각 작품에서 페르세포네는 하데스의 근육질 팔과 튼실한 다리에서 빠져나오려 부드러운 몸을 비틀며 몸부림친다. 바로크 시대에 지안 로렌초 베르니니가 만든 유명한 작품을 떠올려보자. 하데스는 손가락으로 페르세포네의 허벅지와 허리를 꽉 누르고 있다. 하얀 대리석이 꼭 진짜 살갗처럼 폭 파여 있다. 페르세포네는 양팔을 벌린 채 하데스의 얼굴과 머리를 두 손으로 밀어낸다. 렘브란트가 그린 〈프로세르피나*의 강간〉에서는 하데스의 전차가 포말 이는 바다로 뛰어들어 어둠을 향해 내려간다. 페르세포네의 친구인 오케아니스들이 페르세포네의 새틴 치맛자락을 붙드는 가운데, 하데스는 그녀의 다리를 붙잡고 자기 골반 쪽으로 잡아당긴다. 몸의 다른 부위는 페르세포네의 옷자락에 가려 보이지 않는다.

어머니는 분명 내가 강간당할까 봐 두려웠을 것이다. 응당한 걱정이었다. 이제 와서 생각하면, 내가 강간당한 적이 없는게 놀라울 정도니까. 그건 아마 어머니만큼이나 나 또한 강간을 두려워해서였을 것이다. 아니면 상대가 강요하기 전에 내가 먼저 순순히 따르거나 협상하는 경우가 많았기 때문인지도 모른다.

어머니 입장에서 그런 일은 납치처럼, 마치 누가 당신 딸을

---

* 로마 신화에서 페르세포네와 동일한 신.

224

빼앗고 그 대신 하르피아이아*를 데려다놓은 것만 같았을 것이다. 어머니를 떠나기로, 거짓말하기로, 남자들이 내게 손을 댈 수도 있는 곳으로 도망치기를 선택했음에도, 나는 여전히 아이였다. 그렇다면 그때 나를 납치한 이는 누구였을까? 연기처럼 내 안을 채우고 다른 모든 걸 쫓아내던 욕망을 하데스라 부를 수 있을까? 그렇다, 나는 겁에 질렸다. 그럼에도 내 의지로 따라갔다. 아마 그게 가장 이 이야기에서 가장 무서운 부분일 것이다.

앤 카슨은 『달콤씁쓸한 에로스Eros the Bittersweet』에서 **포이킬로스 노모스**_poikilos nomos_를 탐구한다. 플라톤의 『향연』 속에서 귀족 남성들더러 그들을 퇴짜 놓는 미소년들을 사랑하라 권장하는 모순적 윤리를 표현하는 용어다. 카슨의 말대로라면 **노모스**가 법이나 관습을 뜻하는 반면, "**포이킬로스**는 변칙적이거나 복잡하거나 변화하는 그 어떤 것에도 붙일 수 있는 형용사다." 카슨은 이렇게 쓴다. "이 에로스의 수칙은 사랑하는 이의 마음이 지닌 분열을 사회적으로 표현한다."

그리스 전역에서 널리 이루어지던 스파르타식 결혼식에서는 페르세포네에 대한 강간을 완벽하게 복제하듯이 신랑이 몸부림치는 신부를 부둥켜안고 전차로 "납치"했다.

카슨은 쓴다. "아테네인의 **노모스**는 양가적인 행동 수칙을 권고했기에 **포이킬로스**했다… 그러나 **노모스**가 **포이킬로스**했

---

* 그리스 신화 속 여자의 머리와 맹금류의 몸을 가진 정령으로, 잔인한 성품을 가진 것으로 묘사된다.

던 또 다른 이유는, 그 정수와 사랑스러움이 양가성 **자체**에 담겨 있는 현상에 적용되어서이기도 했다."

내키지 않아 하는 연인이 얼마나 유혹적인지는 우리 모두 안다. 하지만 우리 안의 양가적인 마음은 어떤가? 내 양가성은 나를 고문하는 동시에 압도했다. 이 **에로스**야말로 내 속에서 웅웅거리며 집을 떠나 어둠 속으로 나아가라 추동하던 엔진이었다. 두려움과 욕망은 둘 다 이미 내게는 낯선 존재인 내 몸에 아찔함을 안긴다는 점에서 구분하기 어려웠다. 여기 적용되는 **노모스**도 있었다. 딸들은 어머니를 떠나도록, 손으로 남성의 툭 불거진 부위를 찾아 더듬다가, 다시 거부하도록 정해져 있다. 내 어머니도 분명 이런 일을 예상했을 것이고, 또 자신만은 예외이길 바랐을 것이다.

그러나 어머니 또한 내 연인이자, 억류자 아니었을까? 만약 **에로스**가 결핍이라면, 이는 우리 둘 사이에 존재하는 것이었다. 내가 그 어느 때보다 온 힘을 다해 몸부림친 건 어머니의 품에서 빠져나올 때가 아니었던가? 스파르타의 신부와 마찬가지로, 어머니가 정말로 나를 놓아버렸더라면 나 역시 괴로웠으리라. 딸의 첫 결혼 상대는 어머니다.

「데메테르에게 바치는 찬가」에서 호메로스는 "데메테르 여신은 아흐레 동안 / 타오르는 횃불을 들고 온 대지를 돌아다녔다"고 쓴다. 그 뒤에, 데메테르는 인간의 모습을 취한 채 엘레우시스의 왕자*를 돌보며 그를 불멸의 존재로 만들려다가 실패한다.

내가 열세 살 때 어머니는 심리치료사가 되려고 다시 학교에 입학했다. 매주 그레이하운드 고속버스에 올라 무릎 위에 펼쳐둔 교재를 읽으며 보스턴으로 갔다. 심리치료사가 하는 일은 어머니가 하는 일과 크게 다르지 않지만, 더 안전한 일이다. 협력과 돌봄 관계이기는 하지만, 공생 관계는 아니라는 점에서. 치료사와 내담자는 서로 필요한 것을 주고받는 것이 아니다. 어머니의 내담자들은 영영 불멸의 존재가 되지 못한 엘레우시스의 왕자였을지 몰라도, 어머니는 데메테르가 그 왕자에게 한 것처럼 그들을 불에 집어넣지도 않았다. 어머니는 내담자들을 도왔고, 나는 어머니의 도움을 받아들이지 않았다.

열일곱 살이 되기 몇 달 전 독립하겠다고 하자 어머니는 나를 붙들지 않았다. 나는 당신이 내가 떠나길 바라지 않는단 걸 알고 있었다. "그때 널 붙잡으려 해야 했을지도 모르겠구나." 어머니는 여러 번 그런 말을 했다. "하지만 그러다가 널 영영 잃을까 봐 두려웠어."

---

* 페르세포네를 찾아 횃불을 들고 그리스 각지를 떠도는 데메테르를 나타낸 신화와 설화가 여럿 존재한다. 누추한 늙은 여인의 모습으로 엘레우시스에 도착한 데메테르는 크레타 여인 행세를 하며 어린 데모폰 왕자를 돌보는 역할을 자처한다. 데메테르는 남몰래 왕자를 불에 집어넣어 불사의 존재를 만드는 의식을 치르나, 마지막 날 왕비의 방해를 받아 의식이 실패로 돌아가면서는 정체를 밝힌다. 이후 데메테르는 엘레우시스에 밀 재배법을 전파하고, 엘레우시스에는 테스모포리아를 비롯해 데메테르를 숭배하는 밀교가 퍼진다는 것이 널리 알려진 판본의 공통적 내용이다.

제우스가 페르세포네를 제 어머니에게 돌려보내라고 종용하자, 어둠의 지배자인 하데스는 명령을 따르되 한 가지 조건을 걸었다. 페르세포네가 지하 세계에 머무르는 동안 음식을 조금이라도 먹었다면 1년의 반은 지하 세계로 돌아와 보내야 한다는 조건이었다. 페르세포네는 그 조건을 알고 있었을까? 그렇기도 하고, 아니기도 하다. 일부 판본에서 페르세포네는 자신이 음식을 먹고도 하데스를 속여 집으로 돌아갈 수 있을 만큼 영리하다고 여긴다. 신화에는 허점이 무척 많고, 여러 판본과 변형이 존재하며, 그중 대부분은 연대기에 등장하지 않는다. 다른 기억들과 마찬가지로 신화도 변한다. 의도로 인해, 필요에 의해, 전승자의 망각 때문에, 심지어는 미학적 목적 때문에.

석류알은 루비처럼 예쁘고 달콤했다. 모든 판본에서, 페르세포네는 석류알을 맛본다.

보스턴의 겨울. 나는 열일곱 살이었다. 처음부터 헤로인은 아니었다. 첫 시작은 메스암페타민이었다. 그러나 우리는 오븐을 켜두고 방치한 것처럼 탄 냄새가 물씬 풍기는 집 안, 사방에 널려 있는 그을린 은박지 뭉치보다는 어감이 예쁜 크리스털이라는 이름으로 그것을 불렀다.

페르세포네가 처음 지옥에서 보낸 한 계절을 생각해보라. 집에 전화를 걸었을 때 나는 자주 연락하지 않아 미안하다고 사과했다. "학교 수업 때문에 바빴어요. 좋은 친구도 많이 사귀었고요."

반쯤만 진실이었다. 수업을 빼먹지는 않았다. 친구를 사귄 것도 사실이었다. 나에게는 일자리가, 숙제가 그리고 매달 월세로 150달러가 나가는 문 없는 침실 하나가 있었다. 더 비싼 집이었더라도 어머니는 월세를 내주었을 테지만, 동시에 내게 더 많은 진실을 요구할 권리도 생겼을 것이다.

어머니가 타고 다니던 그레이하운드 고속버스를 타고 집으로 돌아가 어머니가 만든 음식을 먹고 옛날 내 방에서 잠드는 건, **정말로** 지하 세계에서 올라와 대지를 물들이는 황금빛을 쬐는 기분이었다. 이곳이 너무도 그리웠다. 동시에 이곳을 얼른 떠나고 싶어 어쩔 줄 몰랐다.

페르세포네가 하데스를 사랑했다고 상상해보자. 그게 절대 있을 수 없는 일일까? 결국 페르세포네는 죽어서도 하데스를 벗어나지 못했다. 우리는 때로 우리를 납치하는 것들을 사랑한다. 만약 내가 앞으로 평생을, 영원의 절반 동안 누군가에게 붙들려 있게 된다면, 나 역시도 그를 사랑할 수 있는 방법을 찾았으리라 상상해본다.

크리스마스, 아니면 추수감사절이었던 것 같다. 어머니, 남동생, 나는 김이 모락모락 나는 음식이 차려진 식탁 앞에 둘러앉아 손을 잡았다. 서로의 손가락을 꽉 쥐고, 서로의 손바닥을 엄지로 꽉 눌렀다. 너무나 슬프고, 강하고, 맹렬하게 사랑하던 이 작은 삼위일체.

설거지가 끝난 뒤 어머니는 소파에 앉아 우리를 보며 미소를 지었다. "게임이라도 할까? 영화 볼까?"

"엄마 차 좀 빌릴게." 내가 말했다.

어머니의 실망한 표정은 도저히 다시는 떠올리고 싶지도 않다.

"오늘 같은 밤에 어딜 가려고?"

뭐라고 대답했는지는 기억나지 않는다. 기억나는 건 어머니가 나를 보내줬다는 사실, 어머니와 동생을 두고 떠날 때 무척이나 마음이 아팠다는 것뿐이다. 밖으로 나와 앞문을 닫자, 말을 하려다 갈라진 입술이 찢어지는 것처럼 마음속에서 무언가 찢어졌다. 그럼에도 어둠 속에서 담뱃불을 붙인 뒤 집 앞을 떠나 고속도로로 향하자 심장 박동이 빨라졌다. 가족을 두고 불륜 상대를 찾아가는 남자가 이런 기분일까? 나는 반쯤은 아버지이고, 반쯤은 남편인 것 같은 기분이 들었다. 어쩌면 모든 딸은 그런 기분을 느끼는지도 몰랐다. 아니면 그건 아버지 없는 딸들만 느끼는 기분일지도.

약을 끊었을 때 어머니에게 말하지 않았다. 내가 약을 시작한 사실조차 몰랐으니까. 어머니는 직접 눈으로 본 것들만 알았고, 그것만으로도 충분히 나빴다. 지옥에서 기어올라 와 어머니를 찾아온 딸이 자기 모습을 숨길 수는 없다. 더 이상 걱정할 필요 없다고 말했다면, 어머니가 걱정하던 문제가 실제로 일어났다고 인정해야 했을 것이다. 완전히 끝을 냈어야 했을 것이다. 페르세포네가 데메테르에게 지옥에서 있었던 일뿐만 아니라 자신이 **아마도** 완전히 돌아온 것이리라 말했더라면 어땠겠는가? 그런 말을 할 수 있는 딸이 있을까?

또 다른 어느 명절날. 저녁 식사가 끝난 뒤 배가 불러 나른해진 모두가 소파에 늘어졌다.

"차 좀 빌려줘." 내가 말했다.

어머니의 간절한 얼굴. "어디로 가려고?"

나는 심호흡을 한 뒤 말했다. "재활 모임." 그다음에는 설명해야 했다. "상황이 안 좋았어."

어머니는 상황이 얼마나 나빴는지 알고 싶어 했다. 알고 싶다고 생각했던 건지도 모르고.

나는 극히 일부만 털어놓았다. 내 말을 듣는 어머니의 표정이 점점 피로해졌다. "이제야 다 이해가 되는구나." 지친 목소리였다.

방금 한 말을 전부 주워 담고 싶었다. 나를 이토록 사랑하는 사람, 내가 지켜주고 싶은 사람에게, 얼마만큼 진실을 털어놓아도 되는 걸까? 상황을 무사히 헤쳐 나오고 난 뒤 나중에 알려주는 게 더 나쁠까? 어머니가 과거를 헤집으며, 그간의 내 앞뒤 맞지 않는 행동들 속 숨겨져 있던 조각들을 퍼즐처럼 하나하나 끼워 맞추는 모습은 보고 있기 괴로웠다. 누군가를 보호하기 위해 그 사람을 배신한다는 건 까다로운 방정식이다. 마치 자

테스모포리아   231

동차를 사려고 집을 담보 잡히는 것처럼. 또, 나는 나 역시도 늘 보호하고 있었다. 입 밖에 내어 말하고 나면 영영 믿을 수 없을 것 같은 일들이 있었다. 내가 진실을 마주하기 전까지는 어머니에게 말할 수 없는 진실이 있었다.

3년 뒤, 나는 처음으로 쓴 책 『휩스마트Whip Smart』를 어머니에게 보냈다.

"다 읽을 때까지 연락하지 마." 내가 말했다. 어머니에게는 물론 누구에게도 하지 않은 이야기들이 전부 담긴 책이었다. "시간이 얼마나 걸리더라도 상관없어." 그러면서 어머니가 이 책을 읽은 소감을 내게 말할 필요가 **없을** 만큼 오랜 시간이 걸리기를 빌었다.

어머니는 알았다고 했다.

전화가 걸려 온 건 다음 날 오전 7시였다.

"도저히 멈출 수가 없었다." 어머니는 말했다. "책을 내려놓고 불을 껐다가, 다시 불을 켜고 또 집어 들어 읽었어."

어머니는 책에서 눈을 뗄 수가 없었다고 했다. "네가 괜찮아질지를 알아야 했거든."

"살면서 읽은 그 어떤 책보다 힘들었어. 정말 근사했다."

그 뒤로 몇 년간, 어머니는 동료들이 이 책을 읽고 나서 불편한 소리를 했던 이야기, 그때마다 어머니가 내 과거를 어떻게 설명했고, 또 설명하지 못했는지를 때때로 전해주었다.

"나한테도 중요한 경험이었어." 어머니가 한번은 이렇게 말했다. 어머니의 힘든 이야기를 내가 들어주기를 바란다는 뜻인 걸 알았다. 살아가기 **그리고** 이야기하기. 나는 여태 말할 수 없었던 이야기를 온 세상에 대고 하기로 결심했다. 말할 수밖에 없도록 스스로에게 강제했다. 그러나 여전히 어머니와는 이야기할 수 없었다. 내 결심은 어머니에게 과거를 밝힌 동시에, 세상에 그 이야기를 하도록 어머니에게 강제한 것이나 마찬가지였다. 더 불공평했던 건, 내가 어머니의 경험을 알고 싶지 않았다는 것이다. 도저히 들을 수가 없었다.

어머니에게 책을 보내고 5년 뒤, 나는 온종일 자기만 생각하기를 바라는 연인과 사귀었다. 그녀는 원하는 대로 해줄 때면 선물과 과장된 애정 표현을 쏟아부었다. 원하는 대로 해주지 않으면 회피라는 벌을 주었다. 연인이 나를 회피할 때면 과거에 느끼던 분열이, 그때의 구역질 나는 갈망이 얼핏 되돌아오는 것 같은 기분이었다. 고문이 따로 없었다. 내 동의를 받아 일어난, 강제적인 악순환이었다.

처음 집에 데려와 어머니에게 소개했을 때, 그녀는 오로지 나만 쳐다보았다. 저녁 식사 자리에서 어머니가 질문하면 대답하기는 했지만, 먼저 질문하지는 않았다. 그녀는 망이라도 보는 것처럼 자꾸 내 눈만 찾았다. 그래서 나 역시 그녀한테서 눈을 떼기가 어려웠다.

"너한테 굉장히 집중하더라." 어머니는 말했다. "묘하던데." 애써 좋게 표현하려는 말인 걸 알 수 있었다.

내 연인은 어머니를 위한 선물을 준비했다. 홍합 껍데기 안쪽처럼 매끈한 라벤더색 구슬 목걸이였다. 방에 들어온 그녀가 여행 가방에서 작은 상자를 꺼내 건넸다.

"어머니한테 드려." 연인이 말했다.

"네가 준비한 거잖아." 내가 말했다.

"그래도 네가 주는 게 나아." 연인이 말했다.

어머니는 이 또한 묘하다고 생각할 게 분명했다. 이렇게 짧은 방문인데도 단둘이 있으려 하는 것 역시도.

"같이 드리자." 나는 말했다.

그녀와 헤어진 뒤 몇 달 동안은, 그 행동이 그녀가 느낀 양심의 가책을 표현한 것이라 해석하고 싶은 유혹을 느꼈다. 그러나 그녀가 어머니에게 죄책감을 느낄 만큼 자기 자신을 잘 알았을 것 같지는 않다. 그보다는 어머니를 경쟁 상대라 생각했을 가능성이 높다. 내가 아직 모르는 자신의 어떤 부분을, 어머니가 눈치챌까 봐 겁을 냈으리라는 게 내 짐작이다. 하지만 나는 그녀와 사귀던 2년 동안 어머니를 거의 만나지 않았다. 내게 무슨 일이 일어나는지 몰랐고, 알고 싶지도 않았다. 연인과 마찬가지로 나 역시 어머니를 바라보길 거부했다. 어머니 눈에 보이는 것을 보고 싶지 않았다.

몇 번은 울면서 어머니에게 전화했다. 헤로인을 하던 시절에도 했던 일이었다.

"나는 좋은 사람이야?" 나는 그렇게 물었다.

"당연하지." 그렇게 답하는 목소리를 들으면, 어머니가 미간을 찌푸리는 모습이 눈에 선했다. 나를 간절히 도와주고 싶어 한다는 것도 느껴졌다. 나는 전화를 끊었다. 그 어느 때보다도 어머니가 그리웠다. **제발 나 좀 구하러 와줘.** 어릴 때처럼 말하고 싶었다. 이번엔 어머니도 나를 구해줄 방법이 없었다.

그 연애를 끝내기로 드디어 마음먹은 날 아침, 어머니에게 전화를 걸었다. 이번에는 3년을 들여 내 문제를 책으로 써 보내지 않았다.

"이 사람이랑 헤어질 거야. 전에 말했던 것보다 상황이 더 나빠."

"어떻게 더 나쁜데?" 어머니가 물었다. 모든 걸 밝힌 뒤로 어머니는 왜 내가 당신에게 모든 걸 다 털어놓지 않았는지를 알고 싶어 했다.

"모르겠어." 나는 흐느껴 울고 있었다. "내가 그 말을 하고 나서도 이 사람이랑 못 헤어지면 어떡해?"

그러자 어머니는 잠시 침묵했다. "그런다고 내가 너한테 무슨 앙심이라도 품겠니?"

나는 한 손으로 얼굴을 가리고 더 심하게 울었다.

"엄마 말 잘 들어." 어머니는 마치 내 턱을 받쳐주는 손처럼 굳건한 목소리로 말했다. "엄마는 영원히 네 곁에 있을 거야. 네가 죽을 때까지, 매일 널 사랑할 거야."

내가 대답이 없자, 어머니는 말했다. "내 말 들리니? 무슨 일이 있어도, 널 사랑하는 걸 멈추지 않을 거다."

3. 칼리게네이아*Kalligeneia*^*

두 번째 책『나를 버려Abandon Me』를 어머니에게 보낸 뒤 우리
는 몇 시간이나 긴 대화를 나누었다. 나는 글을 쓰며 내면을 들
여다보고 말을 걸 수 있었다고, 글을 쓰지 않았으면 도저히 그
러지 못했을 것이라고 했다. 그러자 어머니는 당신이 내담자들
에게 해주는 일이 바로 그 일이라고 했다. 이런 이야기를 전에
도 나눈 적은 있지만 이토록 깊은 대화는 이번이 처음이었다.

몇 달 뒤, 우리는 어머니가 매년 참석하는 콘퍼런스에 가서
방 안을 가득 메운 심리치료사들 앞에 섰다. 어머니는 먼저 전
세계 임상치료사들에게 훈련 중인 상담 모형을 설명하며 워크
숍을 시작했다. 어머니는 따뜻하면서도 재치 넘쳤고, 전문적이
면서도 카리스마가 넘쳤다. 수십 년 전에 치료를 마친 내담자
들이 보낸 진심 어린 카드들이 우리 집 우편함을 가득 채우는
이유를 알 것 같았다. 어머니의 설명이 끝난 뒤 이번에는 내가
자리에서 일어나, 글쓰기를 통해 과거의 가장 고통스러운 기억
을 되밟아가면서 새로운 의미를 발견했을 뿐 아니라 치유를 만
났다고 이야기했다. 그 뒤에는 그 예시가 될 수 있도록 어머니
의 상담 모형에 바탕을 둔 글쓰기를 과제로 냈다. 몇몇 심리치

---

* 데메테르 축제의 마지막 날로, '무사한 출산'을 뜻한다. 이날 축제 참가자들은
딸을 되찾은 데메테르를 찬양하는 의식을 벌인다.

료사들에게 쓴 글을 읽어 달라고 했다. 그들이 글을 읽자 워크숍 참여자들은 고개를 끄덕이기도 하고 웃기도 했다. 우는 사람도 있었다.

콘퍼런스가 있었던 주말 내내 사람들은 우리의 손을 부여잡고 공동 작업을 칭찬했다. 우리가 이룬 기적 같은 협력이 놀랍다고 했다. 그들은 물었다. "정말 특별하네요. 아이디어는 누가 냈어요?"

"어머니요." 나는 대답했다.

이야기의 기억은 말할 때마다 변한다. 마찬가지로 이야기는 정복될 때마다, 식민화될 때마다, 타인에게 동화될 때마다 돌이킬 수 없는 변화를 겪는다. 그리스 신화보다 더 오래된 모계 신화 그리고 아마 그 신화에 담긴 가치를 지녔을 사회에서 탄생한, 더 오래된 판본의 데메테르 이야기도 있다.

이 이야기에는 강간도, 납치도 등장하지 않는다. 삶과 죽음의 순환을 관장하는 여신인 어머니는 지하와 대지를 자유로이 오가며 한 세계에서 다른 세계로 넘어가는 죽은 이들을 품어 주었다. 오래된 판본 중 몇 가지에 따르면 여신의 딸 역시 젊은 여성의 모습이라는 것 외에는 어머니와 동등한 힘을 지녔다. 또 다른 판본들에 따르면 페르세포네야말로 지하 세계를 관장하는 나이 든 여신이었으며, 처음부터 그랬다.

과거에는, 어머니가 이해하지 못하는 것들을 내가 원한다는 게 두려웠다. 둘 다 우리 사이의 다름을 두려워했던 것 같다. 어머니로부터 숨기 위해 내가 피하고 싶었던 바로 그런 일을 벌이기도 했다. 어머니에게 뭐든지 다 이야기했어야 한다는 뜻은 아니다. 모든 걸 이야기한다면 어머니를 더 신뢰할 수야 있었겠지만, 이 또한 그 자체로 잔혹한 일이었을 것이다. 우리 이야기의 좀 더 미숙한 판본이자, 내가 거의 한평생 품고 다녔던 이야기, 이 글에서 내가 주로 한 이야기 역시 진실이다. 나 자신을 그리고 어머니를 자꾸만 상처 입혔던 이야기. 그러나 모계 신화와 마찬가지로 우리 이야기에도 또 다른 판본, 더 현명해진 판본이 존재한다.

그 판본에서 페르세포네는 이미 집에 있다. 페르세포네가 지하 세계에서 보낸 시간은 자연으로부터의 일탈이 아니라 자연의 실현이다. 내 이야기 역시 마찬가지 방식으로 바라보게 됐다. 내 어둠은 지상에서 내 작품이 되었다. 나는 거듭해서 어머니에게 돌아가고, 두 영역 모두 내 집이다. 이 이야기에는 하데스도, 납치자도 없다. 오로지 나뿐이다. 이런 사실을 어머니에게 숨길 필요 없다는 걸 알게 되어 다행이다. 덕분에 이제 어둠이 나를 죽일 가능성은 그 어느 때보다 줄어들었으므로.

나는 내 안에 두 가지 이야기를 한꺼번에 품을 수 있다. 하나의 이야기 속에 다른 하나의 이야기를 위한 공간이 있다. 테스모포리아 첫날인 카토도스에, 나는 폭력의 의식 삼아 어머니와 딸에 대한 최초의 신화를 희생한다. 그리고 나머지 하나의 신화는 셋째 날인 칼리게네이아에 되찾아 대지에 흩뿌린다. 내 모든 폭력을 이러한 하강, 상승, 씨 뿌리기로 바라볼 수 있으리라. 모든 희생은 우리가 그것을 씨앗 삼아 뿌린다면 수확물이 된다.

작은 아파트 창 너머 로마의 도로가 붐비기 시작하자 핸드폰을 바라보는 동안 두려움이 점점 커져갔다. 나는 우리 여행을 전부 망쳐버리고 하루하루 자책할 수도 있었다. 그러나 그럴 필요는 없었다. 어머니와 나의 유대가 이런 타격을 감당할 수 없을 정도로 연약할까 봐 두려워하던 나는 과거의 나다. 나는 어린 나에게 새로운 이야기를 들려주었다. 어머니가 나를 사랑하는 걸 멈추게 할 수는 없다고 말해주었다. 그렇게 약속했다. 그 뒤에 나는 어머니에게 전화를 걸었다.

당연히 어머니는 엄청나게 화가 났고, 실망했지만, 우리 둘은 웃으며 그 통화를 끝마쳤다.

며칠 뒤, 나는 어머니의 할머니가 태어난 마을에서 전화를 걸었다.

"여긴 정말 엄마 마음에 쏙 들 거야." 내가 말했다.

사랑하는 사람의 기분을 거스를지 모른다는 두려움을 느낀다고 해서, 꼭 그 사람을 잃을 위험이 있는 건 아니다. 오랫동안 나는 그 두 가지를 따로 떼어 생각할 수 없었다. 사랑하는 사람에게 상처 주는 고통과 내가 그 사람을 잃을지도 모른다는 두려움을 구별하기까지는 노력이 필요했다. 사랑하는 사람에게

테스모포리아 239

상처 주는 일은 견뎌낼 수 있다. 그건 불가피한 일이다. 상처를 덜 줄 수 있었더라면 좋았겠지만.

1년 뒤, 나는 나폴리 공항에 어머니를 데리러 갔고, 해안도로를 따라 달려 비코 에쿠엔세라는 이름을 가진 그 마을을 향했다. 그곳에서 우리는 신선한 토마토와 모차렐라 치즈를 먹고, 어머니의 할머니가 걷던 길을 걸으며 2주를 보냈다. 어머니를 태우고 아말피 해안을 처음부터 끝까지 달렸지만, 렌터카는 아주 조금 긁혔을 뿐이다.

내가 운전하는 동안 어머니는 내 핸드폰으로 고속도로 아래 아찔한 절벽에서 물결치는 충격적일 정도로 파란 바닷물을, 꼭 우리를 따라오는 것마냥 선회하는 새들을, 비탈에 자리한 작은 마을들을 영상으로 남겼다. 내가 가장 좋아하는 여행들이 늘 그렇듯, 짜릿하고도 아름다웠다.

그다음 주, 집으로 돌아와 중복되는 사진을 지우며 사진첩을 정리하다가 우리의 행복한 얼굴을 보며 미소를 지었다. 어머니가 찍은 동영상을 재생하자, 내 발처럼 넓적한, 어머니의 샌들 신은 발이 피아트 렌터카의 모래투성이 바닥에 놓여 있는 장면이 보였다. 우리가 풍경에 대해 떠들어대는 목소리가 또렷이 녹음되어 있었다. 알고 보니 GPS 지도가 화면을 채우는 바람에 어머니가 핸드폰 카메라를 반대로 들고 있었던 것이다. 나는 큭 하고 웃은 뒤, 어머니의 발이 움직이는 모습을 계속 보았다. 우리의 목소리는 지나가는 버스에 관해 이야기하고 있었다. 그러다가 나는 브루클린의 내 책상에 홀로 앉아 눈을 감고 귀를 기울였다. 잔물결처럼 이어지는 대화에, 아찔한 커브 길에서 옆을 쌩하니 지나가는 모페드를 보며 헉하고 놀라는 소리에, 끝없이 울려 퍼지는 우리의 웃음소리에.

자신을 아껴줘서 고마워요

It is the thing I have been
trying to undo in myself
and it has been a life's work.

그것이야말로 내가 내 안에서 없애려 했던 것이며,
내 평생의 작업이었다.

해리 할로는 1960년대 내내 자행되던 각종 가학적인 실험 중 하나인 붉은 원숭이 실험을 벌였다. 갓 태어난 붉은 원숭이를 격리한 뒤 1년 내내 그 누구와도 접촉하지 못하게 한 것이다. 할로는 원숭이를 상대로 인간의 우울증 경험을 재현하려 했고, 당연히 성공했다. 30일 뒤, 격리되었던 원숭이들은 "극도로 괴로워한다"는 평가를 받았으며, 그중에서도 더 오랜 기간 격리된 원숭이들은 "사회적 행동의 사실상 모든 측면에서의 심각한 결손"을 비롯해 면역 체계 약화, 스트레스 호르몬 과잉 생산, 성관계 불능, 자해와 절식 경향을 보였다. 1년 꼬박 격리된 원숭이들은 대부분 재적응이 불가능했다.

할로의 연구 결과는 매년 독방에 수감되는 약 8만 명의 미국인 수감자들에게서 확인할 수 있고, 보다 작은 규모로는 우리가 사는 이 사회처럼 정기적인 접촉이 어려운 사회에 사는

셀 수 없이 많은 이들에게서도 나타난다. 심리학자들은 이에 '스킨 헝거skin hunger'라는 이름을 붙였고, 다양한 우울 경험은 알고 보면 접촉의 결핍으로부터 오는 증상이라 본다.

내가 해리 할로와 스킨 헝거에 대한 글을 읽기 시작한 건, 친구 마이로한테서 "네가 관심 있을 것 같은데"라는 제목으로 '커들 파티cuddle party'라는 행사 링크가 첨부된 이메일을 받았을 때였다. 링크를 클릭해 웹사이트로 이동하자마자 눈을 굴렸다. 나는 스킨 헝거에 시달리고 있지 않았다. 사실, 지금의 여자친구를 만나기 전까지 카이로프랙틱 치료사 외에는 누구의 손길도 경험하지 않은 채 1년간 의도적인 금욕 기간을 보냈다. 그 1년은 분명 내 인생 최고의 나날들이었다. 그런데도 행사에 흥미가 일었다. 커들 파티의 존재를 알자마자 내가 거부감을 느꼈다는 사실에 호기심이 발동해서였다. 만나자마자 싫은 사람은 보통 우리 자신을 닮은 사람이다. 또, 알코올중독자들이야말로 절주를 가장 멸시하는 사람들이다. 무릎 반사처럼 일어나는 반발 작용은 일종의 금속 탐지기다. 경고 신호가 울린다는 건 멀지 않은 곳에 무언가 묻혀 있다는 뜻임을 경험으로 알고 있었다.

"커들 파티라는 곳에 가봐도 될까?" 여자친구인 도니카에게 물었다. 내가 뉴욕에서 자발적으로 금욕 생활을 즐기던 시기에 도니카는 뉴욕주 서부에, 가장 가까운 도시로 나가려면 100마일[약 160킬로미터]을 가야 하는 동네에 살았다. 겨울이 길고 혹독하다고 유명한 데다가 너무 외딴곳이라 찾아오는 친구들도 거의 없었다. 그곳에 사는 동안 도니카는 단 한 명의 다른 흑인도 만나지 못한 채, 그 누구와도 포옹하지 못한 채 거의 매일을 보냈다.

"당연하지." 도니카의 대답은 서슴없었다. "나도 같이 가도 될까?"

커들파티Cuddle Party는 리드 미할코와 마르시아 바친스키가 2004년 처음 만들어 2016년 법인을 설립한 단체다. 지난 14년간 이 단체는 미국 전역은 물론 해외에서도 커들 파티 행사를 열었고, 타인과의 신체 접촉에 굶주린 이들의 필요를 충족할 수 있는 전문 커들러cuddler 200명을 양성했다. 로스앤젤레스의 커들생추어리Cuddle Sanctuary, 뉴욕의 커들리스트Cuddlist 같은 유사 단체들도 생겨났다.

행사가 열리는 날을 기다리는 며칠 동안 나는 방대한 양의 기사를 읽었고, 커들파티 공식 웹사이트를 구석구석 읽어보았는데, 어떤 질문이 쏟아질지를 염두에 두고 만든 웹사이트로 보였다. 파티 규칙은 잘 명시되어 있었고, 상호 간 동의를 그리고 성적인 접촉과 성적이지 않은 접촉의 완전한 구분을 중시하는 규칙이었다. 참여자들은 모두 잠옷 차림이어야 하며 '비키니 부위'에 접촉하는 건 금지였다. 파티의 사명 중에는 섹스와 보듬어 안기를 구별하기, 섹스와 혼동되지 않는 건강한 접촉을 가능하게 하기가 있었다. 이 모든 이야기는 관념적 차원에서는 매력적으로 느껴졌다. 비록 개인 차원에서는 그렇지 않았지만 말이다.

도미나트릭스로 일하던 20대 초반, 부드럽거나 감각적인 형태의 서비스를 원하는 고객은 내가 욕설을 해주기를 바라는 고객만큼이나 흔했다. 내 고객은 주로 사무치게 외로운 남성들이었다. 일부는 트라우마 생존자들이었다. 확실한 건, 고객 중 상당수가 스킨 헝거에 시달리고 있었다는 점이다. 때로는 그들의 살갗이 제발 먹이를 달라며 울부짖는, 보이지 않는 입들을 이어 붙여 만든 태피스트리 같다고 느끼기도 했다.

도미나트릭스로 일한 첫해에는, 체벌이나 모욕을 원하는 고객보다는 포옹이나 애정 어린 접촉을 원하는 고객과의 세션을 더 선호했다. 그런 서비스를 수행하는 법은 이미 알고 있었으므로. 그러나 시간이 갈수록 감각적인 서비스에 대해 느끼던 편안함은 불쾌감으로 변했고, 불쾌감은 역겨움으로 변했으며, 결국 역겨움은 혐오감으로 변했다. 다정함을 연기하는 것이 그 어떤 폭력적이고 성적인 행위보다도 나 자신을 더욱더 배반하는 일처럼 느껴졌다. 사랑하는 사람들을 위해 마련해둔 신체적, 형이상학적 공간을 이 애정에 굶주린 뻔뻔한 타인들에게 내줬다가는 그 공간이 오염될 것 같았다. 나는 그들을 안으로 들여서는 안 된다는 것을, 그렇게 해버린다면 내게 이 행위들이 가지는 의미는 달라져버릴 것임을 본능적으로 알았다. 그래서 내 자신을 단단히 걸어 잠갔다. 즉, 이 경험으로부터 나를 분리했다. 내가 나를 가두었다고 말하는 쪽이 더 정확할지도 모르겠다. 고객들과 접촉할 때마다 비명을 질러대는 내 안의 어떤 부분을 떼어내서 비명이 들리지 않는 깊숙한 내면에 가둬두었다. 나라는 집의 조명을 어둡게 낮추고 침실 문을 잠가버린 것이다.

시간이 흐른 뒤, 사람들이 이런 세션 도중에 어떤 감정을 느꼈는지 물어볼 때면 나는 솔직히 대답했다. "아무것도요."

내 성노동 경험에 대해 말할 때 그 경험 중 어떤 것도 트라우마적이었다고 표현하지 않는다. 트라우마적이라는 건 부정확한 묘사인 데다가, 이 표현에서 상대방이 틀린 추측을 하기 때문이다. 특히나 성노동의 맥락에서 트라우마는 피해자성을 연상하게 한다. 세상의 많은 성노동자와는 달리 나는 타인이나 상황에 의해 강제로 성노동에 종사하게 된 것이 아니다. 어원학적으로 살펴보자면 **트라우마**는 상처를 뜻하는 그리스어 단어 'τραῦμα'에서 유래한 것으로, 오늘날에는 통상 신체적이거나 형이상학적 상처를 가리키는 표현이다. 내 성노동 경험은 문자 그대로 상처를 남기는 경험은 아니었으나, 당사자의 입장에서 관찰한 장기적인 영향 중 어떤 것은 그 강도나 정동에 있어 상처 입은 이들의 것과 겹치기도 한다. 숙고해볼 필요가 있는 사실이다. 나는 트라우마란 한 사람을 변화시키거나, 또는 그 사람이 자신을 변화시키지 않는다면 감당할 수 없는, 시간이 흐른 뒤 억제적이라 입증될, 지속되는 방식으로 정신이나 정서의 지도를 다시 그리게 하는 사건이라고 이해하고 있기 때문이다. 방금 한 설명이 내 성노동 경험에 대한 설명과 일치하기는 한다. 그러나 그 시작점, 최초의 **상처 입히기** 그리고 그 안에 담긴 피해자성의 함의와는 내 경험을 도저히 합치시킬 수가 없다. 극심하며 종종 억제적인 변화를 뜻한다는 점에서는 같지만, 이제 임상적 의미를 넘어 과도한 의미를 품는 바람에 닳고 닳은 **트라우마**라는 단어가 암시하는 상처와 피해자화의 여지는 없는 다른 단어가 있었으면 하고 바랄 때가 많았다. 당분간, 나는 그 어원에 있어 상처보다는 결과라는 의미를 지닌 '**사건**_event_'이라는 단어를 쓰고자 한다. 내 경험을 상처로 규정하고 싶은 생각은 없으며, 그 경험이 남긴 결과를 검토하고 싶다.

물론, 나 자신을 자발적으로 분리해 어두운 곳에 가두는 일이 두뇌에서 불러일으키는 효과는 트라우마 생존자들의 두뇌에서 일어나는 것과 비슷할 거라는 생각이 들기는 한다. 극단적인 경우 '비인간화'라 일컬어지기도 하는 이런 해리 상태를 경험하는 환자의 두뇌 스캔 속에서, 뇌는 픽셀화된 얼룩들이 드문드문 남은 빈터나 마찬가지다. 해리를 겪는 두뇌는 모든 영역에서 활동성이 극히 저하되고, 사고의 속도는 굳어가는 페이스트를 떠내는 숟가락만큼이나 느리다. 이후 내가 인터뷰한 한 여성은 "얼어붙은 감정"이라는 말로 이 상태를 표현했다. 이런 감정은 몸과 분리되어 있다는 느낌, 의식이 신체적 자아와 동떨어져 있다는 감각, 디오라마 속의 사람을 볼 때와 같은 기분이라는 식으로 묘사되고는 한다. 해리가 생존 메커니즘으로써 효과적인 까닭도 바로 그것이다. 얼어붙은 자아는 정동을 느끼지 못하나, 정동은 몸에 기록된다. 몸은 기억에서조차 잊힌 일들을 절대 잊지 않는 주판珠板이다.

해리의 효과는 그리 오래가지 않았다. 도미나트릭스로 일한 지 3년째 되자, 고객의 손길을 조금도 견딜 수가 없었다. 일을 그만두기 얼마 전, 1~2주에 한 번씩 꼬박꼬박 30분간의 세션을 받으러 와서 30분 내내 다리를 주물러 달라고 했던 단골 고객이 기억난다. 그의 딴딴하고 까슬거리는 종아리를 두 손으로 붙들고 있다 보면 문득 내면 속 자아가 벌떡 깨어나 분노에 휩싸이는 바람에 그 자리를 떠나야 하는 일도 생겼다.

이런 일들은 내가 커플 파티에 갈 땐 전혀 떠올리지 않았던 것들이다.

토요일 아침, 도니카와 마이로를 차에 태우고 브루클린을 떠나 맨해튼 어퍼이스트사이드로 향했다. 봄이었다. 마이로는 함께 가자는 제안을 받아들이기는 했지만, 우리 중 가장 탐탁지 않아 했다.

"그러니까, 그 사람들 대체 뭐 하는 사람들인데?" 맨해튼 서드애비뉴를 달리던 중 뒷좌석에 타고 있던 마이로가 물었다. "내가 따라가기로 했단 게 나조차 믿기지가 않네."

주소지에 도착한 뒤, 참여 확인 이메일에서 '홀리스틱 로프트'라고 알려주었던 그곳의 초인종을 누르고 들어갔다. 좁은 계단 위에 대충 벗어놓은 신발들이 널려 있었다. 우리도 신발을 벗은 뒤 빼꼼히 열려 있던 문을 밀었다. 미어터질 듯 많은 사람들 속, 한 남자가 우리의 이름을 묻더니 참여자 명단에 체크했다. "전 애덤이에요." 그 말에 나는 그가 커들리스트 창립자인 애덤임을 알아보았다. 우리는 25달러를 내고 선착순 입장 티켓을 예약했는데, 이 티켓은 금세 매진되었다.

화장실 앞에 몇 명이 양말 바람으로 줄을 서서 기다리고 있었고, 작은 부엌에서는 두 사람이 침대 시트를 양쪽에서 붙들고 쳐들고 있는 사이 다른 사람이 시트 뒤에서 잠옷으로 갈아입고 있었다. 미리 잠옷을 입고 온 우리 셋은 사람들이 몰려 있는 좁은 통로를 간신히 통과해 널찍한 로프트 공간으로 들어갔다. 커들 파티에 대한 내 첫인상은 참여자 중 대부분, 대략 3분의 2 정도가 남성이라는 것이었다. 아마도 (내가 20대 초반에 한두 번 가본) 혼성 섹스 파티나 웬만한 나이트클럽에서와 마찬가지로 남성들이 더 안달을 내며 달려들고, 여성들의 참여율을 높이기 위해 주최 측에서 전략적으로 애썼을 것 같았다. 방 안을 헤치고 지나가는 우리에게 쏟아지는 눈길 덕에, 우리 셋이 이곳에서 환영받는 존재임을 분명히 알 수 있었다. 마치 외로운 남자들을 위한 제단에 올라오기라도 한 것처럼 약간 불안해졌다.

로프트는 바닥에 큼직한 쿠션과 담요, 베개를 놓고, 낮은 소파들을 벽면에 붙여두어서 마치 하나의 거대한 침대 같았다. 두 개의 창문을 통해 늦은 오후 햇살이 쏟아져 들어왔고, 창턱에는 가지각색 크리스털이 놓여 있었다.

우리 셋은 빈 곳을 찾아가 조심스레 자리를 잡았다. 참여자들의 나이는 20대부터 50대까지 다양해 보였다. 우리 근처에는 초조해 보이는 잘생긴 젊은 남자 한 명, 벌써 서로 안고 있는 30대 여자와 남자가 한 명씩 있었다. 여자가 남자에게 등을 기대고, 남자는 여자의 상체를 부둥켜안은 자세였다. 관능적으로 보이는, 커플 파티의 기조와 어긋나는 것 같은 접촉이었다. 그래서 두 사람은 커플인 것 같다고 짐작했다. 나는 참여하기 전에 여자친구와 서로 포옹하지 않기로 합의했다. 첫째, 그렇게 하면 커플 파티에 참여하는 의미가 없으며, 둘째, 이곳의 플라토닉한 규칙을 어기는 위험을 무릅쓰기 싫어서였다. 우리 옆에 있던 커플은 우리만큼 양심적이지는 않았던 모양이다. 웹사이트에 나온 규칙에는 "운동복은 괜찮지만, 반바지나 탱크톱은 안 됩니다. 란제리는 금지입니다"라고 쓰여 있었는데도, 여자는 엄청나게 짧은 반바지에 티셔츠를 입고 있었다. 우리를 향해 친근한 말투로 자신을 소개한 그 여자는 도발적인 동시에 연기를 하는 것처럼 보였다. 커플 파티에 온 건 처음이라고 했다. 이 커플에게서 뿜어져 나오는 성적 방종의 에너지는 내게는 익숙한 것이었다. 도미나트릭스로 일할 때 커플 고객이 찾아오기도 했다. 여성이 혼자 오는 일은 거의 없었고, 커플이 올 때는 주로 남성이 먼저 제안하곤 했다. 나는 그 커플로부터 슬쩍 거리를 두었다.

초조해 보이는 젊은 남자와 나는 서로에게 예의 바른 미소를 지어 보인 뒤 소개를 나누었다. 그 남자 역시 커플 파티는

처음이라고 했다. 방 건너편에 위아래 붙은 청록색 잠옷—꼭
아기 우주복을 성인 사이즈로 늘려놓은 것 같았다—을 입은
남자 한 명이 플리스 바지와 낡은 티셔츠 차림이 쾌활해 보이
는 금발 여성의 팔을 쓰다듬는 모습이 보였다. 우리 옆에 있던
커플과는 달리 그 두 사람은 편안하고 플라토닉해 보였고, 커
들 파티의 단골인 것 같았다. 아무에게도 말 걸지 않고 어색하
게 앉아 있는 남성들도 많았다. 커들 파티에 자주 참여하는 사
람이 누구인지는 금세 눈에 띄었다. 그들은 잡담을 나누고, 서
로 포옹하고, 혼자 온 사람에게 살갑게 말을 걸었다. 놀라운 일
은 아니지만, 참여자들은 대부분 백인이었다. 여성 수보다 유
색인 수가 더 적은 것 같았다. 나와 동행한 두 흑인 여성을 제
외한다면, 30명 남짓 되는 참여자 중 유색인은 다섯 명도 안 되
는 것 같았다.

곧 애덤이 우리를 불러 모으더니, 공간 전체를 차지하도록
큰 원을 만들며 서게 시켰다. 애덤은 따뜻한 말투로 다시 한번
커들 파티 규칙을 읊어주었다. 참여자들이 미리 받은 이메일에
있던 내용이었다.

1. 잠옷은 쭉 착용하고 있어야 합니다.
2. 커들 파티에서 반드시 누군가와 포옹해야 하는 것은 아
닙니다.
3. 타인과 신체 접촉을 하기 전에는 먼저 허락을 구한 뒤 말

로써 동의를 받아야 합니다. (원하는 바를 최대한 구체적으로 말하세요.)

4. 좋다면 '좋다'고 대답하세요. 싫다면 '싫다'고 대답하세요.

5. 망설여진다면 '싫다'고 대답하세요.

6. 얼마든지 마음을 바꾸어도 좋습니다.

7. 파트너와 합의한 관계를 존중하고, 파트너와 소통하세요.

8. 파티를 진행하는 동안 궁금하거나 우려되는 점이 생긴다면, 파티 진행자나 커플 도우미를 찾아주세요.

9. 울어도, 웃어도 좋습니다.

10. 파티 후기를 나눌 때는 다른 참여자들의 사생활을 존중해주세요.

11. 파티 공간은 깔끔하게 유지합시다.

어떤 규칙들, 예를 들어 "잠옷은 쭉 착용하고 있어야 합니다"라거나 "파티 후기를 나눌 때는 다른 참여자들의 사생활을 존중해주세요"는 당연해 보였다. 그러나 "얼마든지 마음을 바꾸어도 좋습니다"를 비롯한 다른 규칙들은, 이해할 수는 있으나 여태 한 번도 접해보지 못한 정서가 담긴 것들이었다. 나는 커플 파티에 참여하기로 마음먹기 전 규칙을 모두 살펴보았고, 동의를 중요시한다는 점을 고무적으로 보았다. 그런데도 실제로는 동의가 더욱 확고히 강조되고 있었다.

애덤은 신체 접촉에서 명확한 선 긋기가 어렵다는 사실을 인정했다. 우리 중 많은 수가 가정생활에서 거절하는 법을 배우지 못했거나, 서로 다른 신체 접촉을 구분하는 법을 모른다고 했다. 3번 규칙, "타인과 신체 접촉을 하기 전에는 먼저 허락을 구한 뒤 말로써 동의를 받아야 합니다" 차례가 되었을 때 애덤은 모두 옆 사람과 역할극을 해보라고 시켰다. 한 명이 "당신을 안아도 될까요?"라고 물으면, 상대는 "싫어요"라고 대답하는 역할극이었다. 그러면 처음에 질문을 한 사람은 "자신을 아껴줘서 고마워요"라고 대답해야 한다.

나는 옆자리의 젊은 남자와 서로 마주 보았다.

"당신을 안아도 될까요?" 그가 물었다.

"싫어요." 그렇게 말하는 순간, 마치 거절하는 분위기를 누그러뜨리려는 듯 입꼬리가 절로 당겨져 올라가며 미소가 나왔다. 얼굴이 화끈 달아오르는 바람에 나도 모르게 눈을 빠르게 깜빡거렸다. 내가 거절하리라는 걸 상대가 이미 알고 있는데도 거절이 이렇게 힘들다니? 역할극을 수행할 때 나의 강렬한 반응에 놀랐고 내 몸에 불편감이 남았다.

그다음으로 애덤은 방금 한 역할극을 반복하되, 이번에는 상대에게 "당신에게 키스해도 될까요?"라고 물으라고 했다. 커플 파티에서 키스는 허용되지 않으므로 이번에는 아까보다 거절하기 더 쉬울 법도 했다. 그런데도 나는 이 남자에게 키스하고 싶은 마음이 추호도 없었고, 역할극이라는 투명한 맥락이 있었음에도 키스하고 싶어 하는 척하자니 불편감이 겉으로 드러날 정도로 커졌다. 나는 상대에게 성적 관심을 느끼는 척하는 것이 상대 남성보다 내게 더 힘든 타협인 걸 알았다. 여성의 성적 초대에 담기는 함의는 미리 정해진 시뮬레이션에서조차 위험하게 느껴졌다. 상대가 키스해도 되느냐고 묻는데 나도 모르게 목쉰 소리가 나왔다. 싫다고 대답하는 상대의 얼굴도 벌겋게 달아올랐다. 그가 같은 질문을 하자 거절하는 내 목소리에 미안한 기색이 어찌나 뚜렷이 묻어나왔는지, 꼭 익살극을 벌이는 기분이었다. 마치 내가 내 정서를 통제하지 못하는 것 같았다. 내 말은 꺾인 호스에서 나오는 물처럼 아무 방향으로나 튀어나갔다. 애덤이 다음 규칙의 수행으로 넘어가자 안도감이 일었다.

단순한 동의가 아닌, **적극적**_enthusiastic_ 동의를 강조한다는 점은 고무적이었다. 나는 스스로를 동의를 둘러싸고 일어나는 오늘날의 담론을 익숙히 잘 알고 있는 사람이라 생각했다. 그러나 이곳은 내가 맺는 독점적 연애 관계 바깥에서 처음으로 만난, 내 적극적 동의에 힘을 실어주고, 얼마든지 마음을 바꾸어도 좋은 장소였다. BDSM 문화 역시 이와 비슷하게 지속적이며 적극적인 동의를 중시하고 선을 분명히 긋지만, 내 경험은 BDSM의 상업적 영역에서 있었던 일이다. 내가 도저히 할 수 없는 일도 있었지만, 대체로 고객은 돈을 지불하고 내 동의와 적극성이라는 환상을 얻었다.

커플 파티 오리엔테이션이 끝나자 그대로 이곳을 나가고

싶었다. 그 누구와도 껴안고 싶지 않았고, 역할극 때문에 이미
지칠 대로 지친 상태였다. 가사 없는 편안한 음악이 흐르는 가
운데, 사람들은 부드러운 바닥 위를 엉금엉금 기어가 한데 엉
켰다. 청록색 잠옷을 입은 남자가 내 쪽으로 다가왔다. 올리브
색 피부에 밝은 갈색 눈을 가진 잘생긴 남자가, 위아래 붙은 유
치한 잠옷을 입고 있으니 영 어울리지 않았다. 나는 그에게 그
어떤 특별한 감정도 느끼지 않았다. 그는 그냥 한 남성이었다.

"안녕하세요." 그가 서글서글한 말투로 물었다. "함께 모로
누워 당신을 뒤에서 끌어안아도 될까요?"

"그럼요." 내가 대답했다. 그와 정말로 그런 행위를 하고 싶
은지, 시간을 들여 생각하지는 않았다. 애초에 그 행위에 대해
제대로 생각하지조차 않았다. 나는 그냥 동의했고, 서너 담요
가 깔린 바닥에 누웠다. 그가 등 뒤에 누워 내 몸을 부둥켜안았
다. 나는 그의 몸이 내 몸을 감싸는 걸 원치 않는다고 생각하지
는 않았다. 내가 느낀 불편함은 애초에 사고를 형성하지조차
않았다. 그보다는 온도의 변화, 빛의 이동, 조금 더 거칠어진 내
면의 결에 더 가까웠다.

"당신의 팔을 어루만져도 될까요?" 그가 물었다.

나는 동의한다는 뜻으로 고개를 끄덕였다. 커플 파티에서
는 반드시 말로써 동의해야 한다는 규칙을 떠올리지는 않았
다. 내 몸에 닿는 그의 몸은 따뜻했고, 그의 손길이 닿는 곳은
내 위팔을 벗어나지 않았다. 그의 잠옷 소매 끝이 내 드러난 살
에 쓸리는 촉감이 느껴졌다. 여자친구는 뭘 하고 있을지, 낯선

258

이의 따뜻한 품에 안겨 있을지, 그녀는 기분이 좋을지 궁금했다. 또, 이 자세를 얼마나 오래 유지해야 무례해 보이지 않을지 궁금했다. 내가 느낀 기분은 후하게 표현해보았자 '망설임'이었지만 5번 규칙 "망설여진다면 '싫다'고 대답하세요"를 떠올리지 않았다. 나는 "얼마든지 마음을 바꾸어도 좋다"고 느끼지 않았다. 그러니 커플 파티의 문화와 무관하게, 내 안에 뿌리박힌 문화가 자체적인 명령을 내렸던 것이다. 내 안의 문화는 30대 후반인 내가 발을 들인, 따뜻한 조명이 켜진 홀리스틱 로프트가 아니었다. 생각들이 기억날락 말락 하는 꿈처럼 움직이는 어스름한 공간이었다. 닫힌 문을 향해 이어지는 복도였다. 그 속에서 나는 낯선 이에 가까웠다.

"저도 함께해도 될까요?" 여자 목소리가 물었다. 눈을 들자, 아까 본 자유분방해 보이는 커플 중 여자가 무릎을 꿇고 우리를 내려다보고 있었다.

"전 좋아요." 나를 안고 있던 남자가 경쾌하게 대답했다. 여자는 내 대답을 기다리지 않고 얼른 남자의 뒤로 가서 누웠다. 우리 사이에 샌드위치처럼 낀 남자가 만족스러운 한숨을 내쉬었다. 그의 숨결이 내 머리카락에 느껴지자, 나는 몸 아래 깔려 있던 낡을 대로 낡은 라벤더색 담요를 자세히 보았다. 침구를 세탁하는 주기가 어떻게 되는지 궁금했다.

여자의 손이 남자의 허리를 지나 내 허리를 어루만지기 시작하자, 나는 혼란에 빠졌다. 우선 누가 나를 만지는 건지 혼란스러웠고, 다음으로는 왜 이렇게 불편한 기분을 느끼는지 혼란

자신을 아껴줘서 고마워요

스러웠다. 생각해보니 여자는 내게 동의를 구한 적 없었다. 여자의 손길은 목소리와 똑같은 방식으로 진동하는 것 같았다. 여자가 내보이는 개방성, 그녀가 뿜어내는 성적 도발의 기류에는 어쩐지 불안정함이 깃들어 있었다. 젊은 시절, 나 또한 이를 수행하는 사람이었다. 한편으로는, 이런 행동이 본질적으로 아이러니하다는 것을 알았다. 내 행동에 담긴 의미는 내 행동이 표현하는 것과는 정반대였기 때문이다. 수행하는 이의 진정한 욕망은 숨겨져 있고 때로는 자신도 볼 수 없도록 숨겨져 있다. 이러한 괴리감 때문에 그들은 자신의 동의를 전달하는 데 있어서도, 타인의 동의를 알아차리는 데 있어서도 신뢰할 수 없는 존재가 된다. 그 여자의 손이 나를 어루만지는 순간, 나는 그 모든 것을 알아차렸다. 생각했다기보다는 본능적 혐오감을 느낀 것이다. 그제야 이대로 있을 필요가 없다는 데 생각이 미쳤다.

나는 미소를 지으며 자리에서 일어났다. "저는 좀 돌아다녀 볼게요." 그들에게 말한 뒤 부엌으로 갔다. 목욕하고 나온 개처럼 온몸을 흔들어 쌓인 긴장을 떨쳐버릴 수만 있었더라면 그렇게 했을 것 같다. 그러나 그러는 대신 부엌에 들어가 은색 그릇에 담긴 미니 당근, 아몬드, 네모난 초콜릿 조각을 집어 먹었다. 부엌에 혼자 서서 서로를 부둥켜안은 사람들로 이루어진 풍경을 바라보았다. 애리조나-소노라 데저트 뮤지엄에서 본 전시 속, 몽실몽실한 무리를 이룬 채 서로 끌어안거나 몸을 기대고 있던 프레리독 떼가 떠올랐다. 프레리독은 마치 접촉하지 않는 것보다는 접촉하는 쪽을 무조건 더 선호하는 것만 같았다.

애덤이 참여자들에게 앞으로 남은 시간이 20분이라고 알리자, 나는 심호흡했다. 한 번의 포옹만으로는 커플 파티를 **경험했다**고 하기에는 부족하겠지? 일행은 몹시 만족스러워 보였다. 어쩌면 내가 첫 순서부터 나와 안 맞는 사람들을 짝으로 삼은 건 아닌가 싶었다. 나는 큰맘 먹고 되돌아가 벽 쪽에 자리잡고 앉았다. 오리엔테이션에서 내 역할극 짝이었던 젊은 남자가 금세 나를 찾아냈다. 그는 경직된 말투로 안아도 되느냐고 물었다. 나는 미소를 지으면서, 마치 내 안의 금 간 창문 틈으로 바람이 새 나가는 듯한 애매한 소리를 냈다.

"어떤 식으로요?" 내가 물었다.

"저 정도?" 그러더니 그가 근처에서 서로 마주 보며 두 다리로 상대의 엉덩이를 감은 자세로 엉켜 있던 한 커플을 가리켰다.

'싫어요'라는 말이 내 안에서 징 소리처럼 울렸고, 물결처럼 밀려오는 공황감이 뒤따랐다. "좀 더… 가벼운 접촉은 어때요?" 내가 제안했다. 말을 하는데 얼굴이 나도 모르게 구겨지는 게 느껴졌다. 마치 이 낯선 남자와 엉겨 붙고 싶어 하지 않는 나에게 실망하기라도 한 것처럼.

남자는 긴장한 기색이 역력했지만 목소리에는 짜증이 묻어 있었다. "예를 들면 어떤 거요?"

"손을 잡는 건 어때요?" 나는 말했다. 도저히 표정을 추스를 수가 없었다.

"제가 당신 어깨를 주물러주는 건 어때요?" 그는 이렇게 되물었다.

나는 고개를 끄덕였다. 그가 내 뒤에 앉자 몸에서 뿜어져 나온 열기와 긴장이 내 등에 그림자처럼 드리워졌다. 나는 몸을 앞으로 숙여 그의 몸에서 멀어지고 싶은 충동을 애써 억눌렀다. 남자가 어설픈 손놀림으로 잠시 어깨를 주물렀다. 내가 입은 면 셔츠 위로, 땀에 젖어 축축한 그의 손이 느껴졌다. 애덤이 다시 원을 그리며 모여 서라고 알렸을 때, 나는 손아귀에서 빠져나와 최악의 안마사에게 미소를 지어 보였다.

또다시 느릿느릿 둥글게 모여 선 참여자들은, 마치 굶주렸던 살갗으로 온기를 흠뻑 들이마시기라도 한 것처럼 긴장이 풀리고 뺨은 달아올라 있었다. 다들 서로에게 몸을 기댔고, 모두가 옆 사람과 손을 잡을 때까지도 서로의 몸에 엉겨 붙는 이들도 있었다. 애덤의 안내로 모두 짧은 명상을 한 뒤 간단한 소감을 나누었다.

"끝내줬어요!" 누군가가 외치자 사람들이 작게 웃었다.

모든 순서가 끝난 뒤 방 건너편에 있던 도니카가 돌아오자 나는 여자친구의 허리를 끌어안고 마치 그녀의 손길이 내게 간절히 필요한 중화제라도 되는 것처럼, 어린아이처럼 그녀의 품에 파묻혔다.

"안녕, 친구." 도니카가 그렇게 말하고는 내 이마에 입을 맞췄다.

우리 셋은 다른 사람들이 쏟아져 나오기 전 한발 앞서 문을 나온 뒤, 계단참에 쌓인 신발들 속에서 각자의 신발을 찾았다.

좁은 계단을 내려가기 시작하자 안도감이 온몸에 파도처럼 몰아치는 바람에 아찔할 지경이었다.

바깥은 깜깜해져 있었다. 차를 몰고 브루클린으로 돌아가는 동안 서드애비뉴의 레스토랑과 델리 불빛이 우리의 얼굴에 드리워졌고, 나는 오늘의 경험이 정말 즐거웠다고 떠드는 두 사람의 목소리에 귀를 기울였다. 마이로가 서슴없이 다른 사람과 포옹한 자신에게 놀랐다며 수줍고도 행복하게 웃는 바람에, 우리는 그녀를 조금 놀렸다. 도니카 역시 커들 파티를 편안한 마음으로 즐긴 것 같았다. 파티 내내 주로 한 여성과 포옹했다고 했다. 도니카에게서도, 마이로에게서도, 아직까지도 나를 사로잡고 있는 감정의 끈끈한 그물은 기미조차 없었다. 두 사람의 이야기를 들으며 우리의 경험들이 가진 극적인 차이를 생각하면 할수록 나는 말이 없어졌다. 내면에서 약간의 수치스러움이랄지, 부끄러움 같은 감정이 일었다.

"내가 바랐던 바로 그대로였어." 도니카가 말했다. "자기는 어땠어?"

"잘 모르겠어." 나는 느릿느릿 대답했다. 그 방에서 내가 느낀 감정을 설명해보려 애썼다. 홀리스틱 로프트에 있을 때는 반쯤만 인식했던 감정은, 아주 잠깐의 시간이 흘렀을 뿐인데도 이제는 선명히 보였다. 커들 파티에 참여한 일부 남성들이 뿜어내던 절박감, 고독, 특권 의식의 특정한 조합이 마치 지나가는 사람의 목덜미에서 풍기는 옛 연인의 향수 냄새처럼 배를 주먹으로 후려치는 것만 같았다. 그 남성들은 취약하기 짝이 없는 동시에 냉담하기도 했다. 절박함은 근원적으로 자기중심적인 상태일 수 있다. 절박한 사람은 만족한 사람들과는 달리 거리를 두고 세상과 타인을 바라볼 수 있다. 그들은 잠재 자원을 예리하게 감각한다. 나는 나의 과거를 통해, 애정결핍에 시달리는 이들의 헌신은—나는 헌신하는 쪽, 헌신의 대상이 되는 쪽 둘 다를 경험했다—완전한 것일지는 모르나, 그것이 늘 사랑인 것은 아니라는 사실을 배웠다. 이들의 헌신에는 실리적 욕망이 깃들어 있다.

"마치 도미나트릭스 시절의 고객들이 여기저기 있는 방 안에 들어간 기분이었어." 나는 말했다.

"돈을 안 받는 것만 달랐다는 거지?" 그러면서 마이로는 유감스럽다는 듯 큭큭 웃었다.

그러나, 실제로 느낀 감정은 내가 말로 표현한 것보다 더 깊었다. 커플 파티에서 만난 남성들은 내 생부를 떠올리게 했다. 술꾼이 직업이나 마찬가지였으며, 내가 30대가 되어서 처음 만났고 그 뒤 오래지 않아 죽은 사람. 우리가 서로를 만난 뒤 생부는 몇 달 동안 나로서는 조금도 흥미가 없는 정서적 유대를 맺고 싶은 것처럼 행동했다. 그러나 그가 정말 원했던 것은 돈이었으리라.

내 친구들도 그 남성들이 측은한 존재라는 사실을 알아차렸지만 이는 친구들의 경험에 큰 흔적을 남기지 않았다. 친구들은 참여자 중 적은 수에 불과했던 그런 남성들을 그냥 지나쳐서, 자신들이 포용하고 싶은 사람들과 함께했다. 왜 나만 그 남성들이 그토록 신경 쓰였던 걸까? 커플 파티에서 나는 불안감을 느꼈고, 그건 꼭 그 남성들 때문만은 아니었다. 마치 나에게 선택권이 없기라도 한 듯이, 그들이 원하는 걸 줘야 한다는 내면화된 본능이 너무나 강력했기 때문이었다.

꿈속에는 늘 한 남자가 등장한다. 그 남자는 집 안으로 들어오려 한다. 그가 나를 해칠 것을 알면서도, 내가 그 사실을 안다는 걸 그에게 알릴 수 없다. 내가 하는 생각을 상대가 알면 내가 스스로를 방어하지 못할 방식으로 행동하게 그를 자극하는 셈일 것이기 때문이다. 그는 문간에 선 채, 배달부나 수리공처럼 내 집 문간에 서 있을 이유가 있는 사람 행세를 한다. 때로는 이미 5년 전에 죽은 내 반려견이 성이 나서 창밖을 향해 짖고 집 안을 서성거리기도 한다. 이곳은 통나무집처럼 깜깜한 어머니의 집, 리모델링하지 않아 내 어린 시절과 똑같은 모습인 채다. 나는 친근하게 군다. 미소를 짓는다. 아무것도 모르는 척한다. 그 남자를 안으로 들여서는 안 된다. 안 된다고 말해서는 안 된다.

어린 시절부터 꾼 꿈이었다. 커플 파티에 다녀온 날 밤에도 이 꿈을 꿨다. 이상야릇한 일이지만, 스물일곱 살 때는 1년 동안 거의 매일 밤 그 꿈을 꿨다. 지난주에도 꿨다. 배경이 어머니 집이 아닐 때도 있다. 집이 아예 안 나올 때도 있다. 그러나 언제나, 나는 나를 해칠 게 분명한 남자를 피해야 한다. 내 공포를 드러내서는 안 된다. 그를 자극해서도 안 된다.

나는 가택 침입의 피해자가 된 적이 없다. 강간당한 적도 없다. 그렇기에 이 꿈은 과거의 트라우마가 재생되는 것이 아니라 그 위협, 그 문제 그리고 '싫다'는 말을 하지 않고 거절해야 한다는 생각이 뇌리를 사로잡은 탓이다.

커들 파티가 끝나갈 무렵 한 남자가 도니카에게 다가가 안아도 되느냐고 물었다. 그는 커들 파티 참여자들 대부분에게서 퇴짜 맞았다고 했다. 그때마다 상대에게 당신 자신을 아껴줘서 고맙다고 인사했다고 했다. 그는 게걸스럽기 짝이 없는 스킨 헝거를 해결하지 못한 채 돌아가야 할 것 같아 슬퍼하고 있었다. 내 여자친구는 그 남자에게 그 어떤 의무도 지지 않았지만, 연민을 느꼈다. 그는 절박했지만, 그렇다고 특권을 가진 건 아니었다. 그는 포옹하고 싶어 이곳에 왔지만, 그 누구도 그를 포옹해주지 않았다. 도니카는 그와 포옹하고 싶지 않았지만 혹시 편안한 마음으로 그와 나눌 수 있는 신체 접촉이 있는지 생각해보았다.

"저쪽 벤치에 앉아서 잠시 손을 잡는 건 어때요?" 그녀가 물었다. 그 남자가 동의했기에, 두 사람은 그렇게 했다. "좋았어." 나중에 그녀가 해준 말이었다.

도니카는 포르노 비디오를 볼 때조차 자신이 오르가슴을 느낀 뒤에도 영상을 빨리감기 해 끝까지 보면서 모두가 절정을 느꼈는지 확인하는 그런 사람이다. 공감 능력이 뛰어나고 타인의 감정에 민감한 사람이다. 그러나 도니카가 원치 않는 포옹에 동의하는 모습은 상상할 수 없다. 즉, 공감과 협조는 동의어가 아니다. 사실, 나는 자신의 욕망이나 위안을 타인의 욕망이나 위안 안에 포섭하고자 하는 본능은 궁극적으로 공감을 방해한다고 여긴다. 도니카가 커플 파티에서 받은 인상에 타인의 절박감이 큰 흔적을 남기지 않았던 건, 그녀가 타인의 욕구로 인해 위협감을 느끼지 않았기 때문이다. 도니카는 거절을 잘했다. 또, 타인과 포옹하는 데 관심이 있었다. 그러니까, 커플 파티가 아니라 내가 문제였던 거다.

그 뒤로 며칠간 대화를 계속 나누면서 내가 원치 않는 포옹에 동의했던 것은 공감 때문이 아니라 다른 그 무엇 때문임을 이해하게 되었다. 청록색 잠옷을 입은 남자가 안아도 되느냐고 했을 때 내가 했던 "좋아요"라는 대답은 전차가 선로를 따라 나아가듯 익숙한 길을 따라간 것이었다. 내 몸은 이 상황에서 현재에 안주하는 것만이 유일한 선택지라 인식한 듯했다. 그 즉시, 몸이 원하는 바는 이러한 본능에 비해 부수적인 것으로 전락했다. 시간이 지나면서 나는 협조의 메커니즘이 얼마나 교묘하게 작동했는지를 깨닫고 충격을 받았다. 나의 빛은 삽시간에 흐려졌다. 남자가 내 팔을 쓰다듬는 동안 내가 낡은 담요만 쳐다봤던 것도, 여자가 내 동의 없이 몸을 만졌을 때 침묵했던 것도, 원치 않는 어깨 안마로 젊은 남자와 타협했던 것도 기억났다.

"싫어요"라고 말하라고 **지시받던** 역할극을 하는 동안 내 얼굴은 겁에 질린 개처럼 구겨져 있었다고 도니카에게 말했다. 마치 내 몸을 교환 대상으로 삼는 거래를 해야 할 의무라도 있다는 듯이, 그 젊은 남자와 타협하도록 나를 잠식한 감정은 무엇이었을까? 그저 동정심은 아니었을 것이다. 세상은 내가 아무런 빚도 지지 않은 외로운 이들로 가득하므로. 왜 그 남자의 목소리에 묻어 있던 짜증의 기색에도 마음을 바꾸지 않은 걸까? 더 중요한 건, 그와 신체를 접촉하는 데 아무런 흥미가 없었는데도, 왜 그의 말에 응한 걸까? 혼란스러웠고, 내가 보인 반응에 대한 불안감이 더욱더 커졌다.

"우리 거기 다시 가보자." 도니카가 말했다.

그 말에 나는 경악한 표정을 지어 보였다.

"가서, 모두에게 싫다고 말하는 거야. 모두를 확실히 거절하겠다는 목적을 가지고 말이야."

"무례한 일 아닐까?" 나는 말했다. "고급 식당에 가서 물 한 잔만 주문하는 것 같은 일 아니야?"

"커들 파티에서 반드시 누군가와 포옹해야 하는 것은 아닙니다." 도니카가 2번 규칙을 다시 한번 상기하게 해주었다. "거절하는 법을 배우는 것 역시, 커들 파티의 의의 중 하나인 것 같아."

좋은 아이디어라는 점에서는 나도 생각이 같았다. 하지만 다음번에는 지난번처럼 모호한 수동적 태도를 보이지 않을 방법이 있을까? 도미나트릭스 일을 그만둔 뒤 나는 그곳에서 보낸 어두운 시간에 느끼지 못하던 감정들을 되찾으려 애썼다. 닫힌 문 뒤에서건, 깜깜한 곳에서건, 몸에는 진실이 새겨지고 지울 수 없다는 것을 그곳에서 배웠다. 어둠 속에서 일어나는 일이 눈에 보이지 않는다고 해서 일어나지 않는 것은 아니다.

정신과 전문의 베셀 반 데어 콜크는『몸은 기억한다』에서 "회복은 원체험으로 인해 끊어져버린 뇌 구조가 완전히 재연결되어야 가능하다"고 설명한다. 성공적인 심리 치료를 수행한 사람은 현재에 단단히 발을 디딘 채 과거의 경험을 다시금 떠올리는 것이 회복을 위해 꼭 필요한 일이며 "끔찍한 사건이 과거의 일임을 깊이 알아갈 가능성을 여는" 일임을 안다. 커플 파티는 트라우마가 아니라, 오래된 각본이 작동했던 장소였다. 그곳을 다시 찾아가는 일은 일종의 치료적 경험을 찾아 나서는 일이고, 이를 위해서는 처음 방문했을 때보다 내가 조금 더 현재에 충실한 상태일 필요가 있었다. 그러려면 알아야 할 것이 더 있었다. 오래된 각본을 폐기하려면, 이런 각본이 언제, 왜 쓰였는지 이해해야 했다.

"가부장제 귀신이 들렸던 거네!" 커플 파티에서의 경험을 설명하자 친구 에이다는 이렇게 말했다. "내가 가부장제 귀신이 들렸던 그때 기억나?" 기억났다. 어느 날 오후, 에이다는 정기적인 섹스 파트너인 팀이라는 기업 변호사와 섹스했는데, 그날 팀은 오르가슴을 느끼지 못했다. "자극이 너무 강했던 것 같아." 팀은 그 어떤 불안한 기색도 없이 그렇게 말했고, 곧 그가 일터로 돌아갈 시간이 되었다. 두 사람이 섹스할 때 팀은 매번 절정에 도달한 반면, 에이다가 절정에 오르는 횟수는 그 절반 정도에 불과했다. 에이다는 별로 상관없다고 느꼈다. 그럼에도, 팀이 오르가슴을 느끼지 못한 걸 알게 되자 별안간 불안감과 공황감에 휩싸였다. 회사가 있는 맨해튼 미드타운에서부터 지하철로 집까지 찾아와준 그의 시간을 내가 낭비해버린거야! 에이다는 일터로 돌아가려 옷을 입는 팀에게 자신도 모르게 큰소리로 질문을 쏟아부었고, 스스로도 몹시 실망스럽게도, 울기까지 했다.

"멈출 수가 없었어. 머릿속으론 팀이 오르가슴을 느끼지 못한 게 내 탓이 아니라는 걸, 그가 나를 매력적이라 생각한다는 걸, 애초에 별일도 아니라는 걸 알면서도, 멈춰지지 않더라. 정말이지 귀신 들린 것 같았다니까."

우리 둘이 유사한 경험을 했음을 이제야 깨달은 나는 고개를 끄덕였다. 그건 우리의 정신이 우리가 실제로 믿는 것 **그리고** 우리가 처한 실제 상황과는 정반대로, 남성의 욕구를 우리 욕구보다 우선했기 때문에 일어난 일이었다.

에이다로부터 이 이야기를 전해 들은 다른 친구는 이렇게 외쳤다고 한다. "그거 가부장제 발작이야! 공황 발작이나 심장 발작 같은, 가부장제 발작이라고!"

그때 일을 떠올리던 에이다가 고개를 설레설레 저으며 말했다. "가부장제가 바이러스처럼 우리의 뇌를 점령한 거야."

딱 맞는 비유였다. 가부장제는 바이러스처럼 인체에 해를 끼치고, 인체를 감염시키고, 자가 복제를 통해 살아남는다. 이 바이러스의 존재를 모르는 사람은 물론 심지어 바이러스를 퇴치하려 적극적인 노력을 기울이는 사람의 내면에서도 가부장제라는 바이러스는 쑥쑥 자라난다.

가부장제란 우리 모두가 살아가는 집이다. 가부장제는 서양 문화와 산업 전반을 사로잡고 있고, 몇백 년간 끄떡없다. 하지만 나는 에이다의 말뜻을 알아들었다. 가부장적 가치를 지워내려 애쓰는 사람의 마음에도 한순간 퇴행할 수 있는 작은 공간이 있다는 것. 내가 아는, 자아실현에 가장 성공한 여성들 역시도, 지성으로는 규탄한 지 오래인 권력 구조에 여전히 충성하는 내면의 목소리를 지니고 있다. 뜻밖의 순간에 **그 음식 먹으면 안 돼!** 라고 소리치는 목소리다.

넓은 의미로 말하자면, 맞다. 나는 가부장제 귀신에 들렸다. 그럼에도 나는 가부장제 메커니즘 대다수를 내게서 이미 끄집어낸 뒤였다. 더 이상 내 몸이 혐오스럽지 않았다. 큰 손과 적극적인 성격이 좋았다. 20대 초반이던 시절만큼 스토커에게 시달리지도, 지하철에서 남성이 보내는 소름 끼치는 눈길에 시달리지도 않았다. 심지어 더 이상 남자와 섹스하지 않은 지도 수년이 지났다.

나는 여전히 내 평판을 걱정했던 걸까? 모든 남자가 『환락의 집』속, "저녁값을 지불하는 남자는 일반적으로 식탁에서 한 자리 차지할 자격이 있"다고 믿는 거스 트레너의 여러 버전 중 하나라고, 그들을 거절하면 인생을 망치리라 여기는 걸까? 이렇게 생각하게 만드는 메커니즘이 무엇인지는 모르지만, 티끌 하나 없이 그대로인 것만 같았다. 나는 이 메커니즘을 이해하기 위해 가까운 곳부터 시작하기로 했다. 나의 여러 버전 중, 그 메커니즘을 전면적으로 채택했던 나 자신을 꼼꼼히 살펴보기도 했다. 어쩌면 가부장제의 귀신보다는, 젊은 시절의 스스로에게 사로잡혀 있었다는 게 더 정확한 표현인지도 몰랐다. 그 시절의 나를 먼저 찾아내지 않는다면, 커플 파티에 다시 가더라도 전과는 다른 경험을 할 수 없으리란 걸 알 수 있었다.

우선 성노동을 살펴보는 것이 논리적인 전개였다. 커플 파티가 가장 대놓고 자극한 것이 바로 내 성노동 경험이었다. 나는 과거에 도미나트릭스로서 3년 넘게 내 욕망이나 욕망의 부재보다 남성의 에로틱한 판타지에 순응하는 일을 직업으로 삼았다. 그때의 남성들을 떠올리게 만드는 남성들이 잔뜩 자리한 방에서 강한 거부감을 느낀 거라고, 그 시절 저장된 신경 통로가 순식간에 되살아나 과거와 같은 반응을 일으켰다고 생각해도 역시 앞뒤가 맞았다.

　하지만 나는 과거로 돌아가 그 시절 잃어버린 감정들을 정서적으로 되찾는 작업을 **이미** 수행했다. 그 작업을 담은 책까지 한 권 썼다. 성노동하던 시절은 내가 행위의 한계와 성적 동의에 대해 처음으로 직접적인 발화를 한 때이기도 했다. 문서

화된 행동 수칙이 있었던 건 아니나, 우리는 모든 세션 시작 전에 무엇을 할 것이며 무엇을 하지 않을 것인지 고객과 터놓고 대화했다. 세이프워드safeword*도 존재했다. 성노동은 자신의 안위를 덜 생각하도록 나를 길들이는 한편으로, 내가 긋는 선에 이름을 붙일 어휘를 알려주기도 했다.

과거에 성노동자였던 다른 이들과 대화해야겠다는 마음이 간절해진 나는 몇몇 친구에게 연락했다.

나처럼 작가인 라라는 이렇게 말했다. "뭐, 물론 엄밀히 따지자면 원할 때 언제든 중단할 수 있죠. 하지만 당연히 그러는 건 아니잖아요? 그러니까, 멀리사는 실제로 세션 도중에 중단한 적이 있어요?"

숨 막힐 정도로 아름답고, 너무나 재치 있는 금발 미인인 라라는 20대 내내 스트리퍼 일을 간간이 했다. 한번은 골프 토너먼트 경기에서 "비키니 걸"로 일했다는데, 골프 선수들과 함께 금빛 카트에 타고 돌아다니다가 그들이 원할 때면 타는 듯이 뜨거운 태양 아래서 "테이블 댄스"를 춰주는 일이었다. "선수들이 동의를 구한 적은 없었어요." 라라는 말했다. "한번은 어떤 남자가 내 가슴을 움켜쥐고는 입에 넣으려 했어요. 간신히 그의 손아귀에서 빠져나와 버스 타는 곳까지 줄곧 달렸죠. 다른 스트리퍼들은 나를 보며 눈을 굴려대기만 했어요. 다들 내가 바보 명청이라고 생각한 거죠. 그날 돈을 못 받았으니까."

---

* BDSM 관계에서 상호동의를 유지/확인하는 수단 중 하나. 더 이상의 진행을 원치 않는 상황에서 사전에 협의한 단어 또는 신호를 사용하면 즉시 플레이/세션은 중단된다.

인터뷰 대상자들에게, 일을 하면서 원치 않거나 즐겁지 않은 신체 접촉에 동의한 적 있느냐고 묻자 그들은 만장일치로 똑같은 대답을 했다.

던전에서 동료로 처음 만나 오랫동안 친구 사이로 지내고 있는 몰리는 말했다. "일하는 동안 거의 매일."

과거 내 동료였고, 두 아이의 어머니이기도 한 브린은 이렇게 말했다. "사실 돈을 받고 하는 섹스가 즐거웠던 적은 한 번도 없었어요. 하지만 돈이 필요해서 섹스하고 싶었던 적은 종종 있었죠. 또, 다른 일들과 마찬가지로, 평소보다 견딜 만하게 느껴지는 날도 있었고요."

러시아 이민자이며, 10대에 스트리퍼로 일하기 시작했던 예술가인 소피는 말했다. "당연히 있죠. 하지만 그런 사실에 대해 치를 떨고 혐오감을 느끼기엔, 제 정신은 몸과 분리되어 있었어요."

성노동을 통해 갖추게 된 기술에 대해서도 그들은 엇비슷하게 만장일치의 대답을 했다.

브린은 말했다. "에스코트 일을 한 경험이 동의를 둘러싼 협상에 대해 많은 것을 알려줬어요. 또, 에스코트로 일하는 동안 내가 돈을 받고 어떤 일을 할 것이며, 또 어떤 일은 하지 않을 것인지 분명히 말하는 데 익숙해졌고, 덕분에 개인적인 섹스에서도 무엇을 하고, 무엇을 하지 않을 것인지 말할 줄 알게 됐어요."

몰리도 비슷한 답변을 했다. "성노동은 적어도 노골적인 방식으로는 동의를 둘러싼 협상을 하는 법을 알려주었던 것 같아요. 그보다 한 단계 더 내려가, 그러니까 좋다고 대답하지만 그 동의에 암묵적인 각주가 달린 경우는 분석하기 어렵고요."

이들의 답변만으로는 내가 커플 파티에서 궁지에 몰린 순간 내보인 강력한 반응을 새롭게 통찰할 수 없었다. 서서히 감을 잡기 시작한 건, 그들에게 성노동에 종사하기 **전에는** 원치 않거나 양가적인 감정이 드는 신체 접촉에 동의한 적 있느냐고 물어보았을 때였다.

브린이 말했다. "매번 동의했어요. 존재 이유가 그것이라고 생각했으니까요. 남자들한테 줄 수 있는 쾌락 말고, 나한테 대체 어떤 가치가 있는지 몰랐거든요…. 오랫동안, 내 몸이 누구 것인지 혼란스러웠어요. 그렇기에 열다섯 살부터 스무 살쯤까지는 누가 내 몸을 원한다면 내주는 편이었어요. 열다섯 살이 되기 전까지는 섹스를 원하지도, 즐기지도 않았는데 그땐 이미 섹스를 시작한 지 3년이나 흐른 나이였어요. 여자들이 섹스를 즐겨도 되는지, 심지어는 즐길 수 있는지도 몰랐다니까요!"

몰리는 이렇게 덧붙였다. "저는 늘 신체 접촉에 대한 욕망 그리고 그 접촉이 가진 의미에 대한 협상 사이에서 단절감을 느꼈던 것 같아요. 여러 이유로 섹스했지만, 그 이유가 제 육체적 욕망인 경우는 거의 없었죠."

소피는 설명했다. "무척 근본적인 차원에서, 저는 제가 쾌락을 주지 못하는 게 두려웠어요."

라라는 어깨를 으쓱 추어올리며 말했다. "솔직히 말하면,

스물세 살 무렵까지는 섹스에 대해 느끼는 건 잘해 봐야 애매함 정도였어요. 그런데도 섹스를 많이 했죠. 열여섯 살 때부터 했으니까요."

과거 성노동자였던 이들의 이야기에서 얻은 바가 있다면, 성노동이 원치 않는 접촉에 동의할 가능성을 높인다는 가설의 **반증**이 다였다. 그들이 일명 '공허한empty' 동의를 하게 되는 밑바탕을 만든 또 다른 요소이자 공통 분모로는 어떤 것들이 있을지 궁금했다. 그래서 나는 성 산업에 종사한 경험이 없는 여성들도 조사해보기로 했다. 나는 내 경험을 염두에 둔 채 조사를 설계했다. 그리고 친구, 친구의 친구들을 대상으로 설문에 응답해 달라고 부탁했다. 그렇게 30건의 답변지가 모였다. 조사 대상은 대부분 30~40대 여성으로 교육을 받았으며, 중산층이었고, 그중 절반은 백인이었다. 당연히, 그들은 자기선택적 집단*이었다.

답변지를 받았을 때, 나는 이 글들을 읽는 경험을 할 준비가 되어 있지 않았음을 깨달았다. 원치 않았던 신체 접촉이 중간중간 끼어들었던 한 평생의 이야기가 길고 자세히 담긴 글들이었다. 여성 중 대부분은 답변지 마지막에, 이 글 속 사건들을 여태 아무에게도, 때로는 자신에게도 자세히 이야기한 적 없다고 썼다. **당신이 만약 이 글을 읽지 않더라도, 전 이 글을 쓸 수 있**

---

* 자발적으로 참여한 이들만으로 구성되는 연구 대상 집단.

어 다행이라 생각했어요. 그들은 누군가가 물어보기 전까지, 자신에게 할 말이 얼마나 많은지 몰랐다. 답변을 읽는 경험은 쓰라리고 아팠지만 곧 이 글들을 읽을 수 있어 감사한 마음이 들었다.

설문은 동의한 적 없는 신체 접촉을 경험한 적이 있느냐는 질문으로 시작했다. 답변자 모두가 있다고 대답했고, 그 범위는 강간, 공공장소에서 낯선 사람이 몸을 더듬는 일, 상사의 기분 나쁜 포옹, 어느 응답자의 동료 신도가 이 퀘이커 교회의 전통이라며 "퀘이커 럽Quakr rub"이라 표현한 행위에 이르기까지 다양했다.

한 응답자는 이렇게 설명했다. "20대부터 (제가 결혼한 시점인) 30대 초반까지, 동의 없는 신체 접촉이란 솔직히 말해 '여성으로 살아가기'의 일부에 불과했어요. 늘 있는 일이었으니까요. 여성인 저는 그때마다 눈을 굴리거나 웃음을 터뜨린 뒤 아무 일도 없었던 척할 수밖에 없었어요. 제가 그렇게 묻어버린 사건들은 분명 정말 많을 거예요. 소셜미디어에서 #MeToo 운동이 퍼졌을 때 처음 든 생각은 '내가 아는 여성 중 이토록 많은 사람들이 성폭력을 당했다고?'였어요. 하지만 기억을 되짚어보고, 그제야 깨달았지요. 저 역시 20년간, 해마다 신체적 폭력 / 신체 접촉 / 심리적 조종을 몇 번씩이나 당해왔다는 사실을 말이에요."

자신을 아껴줘서 고마워요   277

우리도 다 알고 있는 사실 아닌가? 최소한 성폭력이 얼마나 흔한지—여성 4명 중 1명이 경험했다—는 알지만, 우리가 어린 시절부터 남성에게서 원치 않은 신체 접촉을 얼마나 자주 당했는지에 대한 연구는 존재하지 않는다. 배나 뺨 꼬집기, 어깨를 꽉 쥐기, 허벅지에 손 올리기, 반갑지 않은 포옹, 바에서 스쳐 지나가다 내 등을 훑는 낯선 사람의 손. 그렇기에, 여성이 어째서 "내 몸이 누구 것인지 혼란스러운"가를 이해하는 단서는 멀리 있지 않다. 이런 사례들은 어째서 여성이 낯선 이의 포옹을 받아들이는지를 이해하는 단서이기도 하다. 우리는 태어났을 때부터 타인의 손길을 거부하지 못하도록 사회화되어왔다. 물론, 수상하게 생긴 밴에서 막대사탕을 든 손이 불쑥 나타나는 드문 경우를 제외한다면 말이다. 우리는 평생 원치 않는 신체 접촉에 동의할 수 있도록 완벽히 훈련되어왔다. 한밤중 창밖에서 음란한 말을 속삭이는 남자에게 고함을 지르는 건, 갓난아기 때부터 견뎌내왔던 형태의 신체 접촉을 거부하는 것과는 다른 문제다. 우리가 이 두 가지를 구분하는 법을 배울 수 있기는 할까?

공허한 동의를 한 적 있느냐는 질문에 엘라는 이렇게 대답했다. "내가 애매한 감정으로 성적 접촉에 처음 동의한 순간은 첫 경험을 했던 순간이라고 할 수 있겠네요."

홀리는 대답했다. "흐으으음, 섹스할 때마다 매번? 말 그대로예요. 성적 접촉을 할 때마다 애매한 감정을 느껴요."

앨리슨은 대답했다. "참 나, 당연히 있죠."

답변자 모두에게 그런 경험이 있었다. 종종 수십 년간, 어떤 이들의 경우는 평생.

데릭과 내가 열두 살이었을 때, 우리의 몸은 새로이 생긴 호르몬으로 부글부글 끓었다. 우리는 초등학생 때부터 아는 사이였다. 때로 주말이면 그가 사는 집, 창틀을 빨간색으로 칠한 작은 케이프코드 양식 주택까지 걸어가서, 그의 방바닥에 놓인 라크로스 국부보호대와 게임 컨트롤러 사이에서 키스했다. 우리 집에서는 절대 있을 수 없는 일이었지만 데릭의 어머니는 우리 어머니만큼 빈틈없는 사람이 아니었다. 고등학교 졸업반이던 데릭의 누나는 얼마 전 아기를 낳았다. 고등학교 3학년인 데릭의 형 팻은 동생보다 조금 더 잔혹한 방식으로 잘생긴 남자였다. 그는 나더러 알은체하지 않았지만, 나는 그를 짝사랑했다.

어느 날 오후, 데릭의 집 부엌에서 과자를 먹고 있는데 팻이 집에 친구들을 몇 명 데려왔다. 그중 하나는 내 이웃집 아이의 남자친구였다. 그들은 시끄럽고 경솔했는데, 나는 그들이 자아내는 매혹과 위협을 구분할 수 없었다. 팻과 처음 눈이 마주친 순간, 나는 조바심을 느꼈다. 그가 친구들 앞에서 허세를 부리는 거라는, 그들 모두가 허세를 부리는 것은 충분히 알 나이였고, 그들의 본능이 바퀴가 헐거워진 자전거처럼 마구 질주하는 것이 느껴졌다. 팻이 나더러 자기들과 함께 욕실로 들어가자고 했을 때 나는 데릭의 표정을 보았으면서도—**그러지 마**, 라고 말하는 표정이었다—멈출 수 없었다. 내가 멀어지는 배의 갑판 위에 서 있고, 데릭은 기슭에 서 있는 것 같았다.

자신을 아껴줘서 고마워요　　　　　　　279

열두 살이던 나는 남자들 무리 속에 혼자 있는 상황이 얼마나 위험한지 이미 알았다. 그들이 나를 둘러싸자 심장 박동이 빨라지고 몸이 떨렸다. 그들이 무슨 계획이라든지 나를 해칠 특별한 의도를 품었던 것 같지는 않다. 아마 내가 거절할 줄 알았을 것이다. 그런데, 이제 그들 사이에서 내 존재로 인해 불이 댕겨진 파란 에너지가 타닥타닥 튀고 있었다. 별안간 우리 모두 그 열기를, 급작스레 생겨난 가능성의 존재를 느꼈던 것 같다. 팻이 자기들 중 누가 가장 마음에 드느냐고 물었고 나는 그를 짝사랑했음에도 그의 이름을 대지 않았다. 팻으로부터 다른 남자들보다 더욱더 뚜렷이 감지되는 무자비함이, 자신이 지닌 힘을 향한 호기심과 그 힘을 시험해보고자 하는 열의를 느껴서였다. 이제야 나의 존재를 알아차린 그의 눈은 마치 짐승의 눈처럼, 어쩌면 짐승을 사냥한 소년의 눈처럼 무표정했다.

나는 이웃집 아이의 남자친구 이름을 댔다. 아마 여자친구에게 의리를 지키려고 나를 보호해줄지도 모른다는 본능적인 선택이었으리라. 우리 둘을 남겨두고 불 꺼진 욕실을 나갈 때 나머지 남자들은 안심했을까, 실망했을까? 둘 다인 것 같았다.

나보다 덩치가 훨씬 큰 데다 잘 알지도 못하는 사람과 키스하는 건 달랐다. 그는 내 청바지 허리춤에, 그다음에는 내 몸속에 손가락을 쑤셔 넣었다. 자기가 원하는 게 무엇인지를 확실히 알릴 만큼만의 힘을 실어 내 어깨를 눌러 주저앉혔다. 나는 모두가 문밖에 있다는 말로 최대한 부드럽게 이의를 표했다. **싫어요**, 라고 하지 않는 선에서 최대한 거부에 가까운 행동을 했다. 정말 다행하게도, 그는 손으로 해주는 것으로 타협했다. 내가 했던 행동도, 그의 고추도 기억나지 않지만 그의 등 뒤에 걸려 있던 핸드타월 무늬는 기억난다. 파란 꽃무늬였다.

욕실에서 나올 때 느낀 부끄러움은 기억나지 않는다. 그날의 나머지도 전혀 기억나지 않는다. 기억나는 건, 그 이후로 학교가 끝난 뒤 사랑하던 친구 데릭의 집에 간 적이 단 한 번도 없었다는 사실뿐이다. 우리 둘의 공통 친구이자, 내가 참 좋아하던 덩치 크고 다정한 남학생이 "토요일에 무슨 일이 있었는지 데릭한테서 들었어"라고 말했던 게 기억난다. 그때 그가 지었던 표정은 영영 잊을 수 없을 것이다. 역겨움과 상처가 뒤섞인 표정. 그 뒤로 그 친구 역시 나를 예전 같은 눈으로 보지 않았다.

도니카와 사귀기 시작한 초기, 내가 어린 시절 남자들과 했던 성적 경험을 몇 가지 털어놓았을 때 그녀는 그 경험들이 트라우마인 것 같다고 했다.

"아니야." 나는 곧바로 반박했다. "전적으로 서로 동의한 관계였어."

그러자 도니카는 의심스럽다는 듯 흠, 했다. "서로 동의했다고 해도 서로 간의 권력 격차가 크다면…."

고개를 저었다. 나는 성적 트라우마를 경험한 여성들을 알았고, 내 경험은 그들이 겪어낸 것에 비할 바가 아니었다. 그런 생각조차 들지 않았다.

이제 와서 그날 오후를 떠올려보면, 두뇌 스캔 속 빈 공간을 생각하게 된다. 파란 꽃무늬의 기억, 티파니의 옷장 꼭대기로 솟아오른 풍선처럼, 내 몸을 떠나버린 생각들, 내게 침을 뱉은 남자애가 결국 내게 키스했을 때, 머리 위에서 초록 별처럼 빛나던 잎사귀들. 다시 말하지만, 그런 것들은 **사건**일 뿐 폭행도, 피해도 아니다. 그러나 건강한 성적 실험이라 할 만한 것 역시 아니다. 그러니까, 그것들은 통합되기보다는 분리된 경험들이었다. 이런 경험들이 "평범한" 게 아니라고 말하고 싶지만, 안타깝게도, 이런 경험들은 사뭇 평범한 것이다. 그것이 우리에게 이런 경험들을 구별할 언어가 없는 이유 중 하나이리라.

내 조사에 참여한 여성들이 평생 동의 없는 신체 접촉을 얼마나 많이 경험했는지를 생각하면, 그들이 더 나쁜 일이 일어날까 봐 두려운 마음에 공허한 동의를 했다고 답변한 경우가 잦은 것도 놀랄 일이 아니다. 종종 이 여성들은 남성이 원하는 것보다 덜한 행위를 하는 선에서 타협했다. 한 여성은 데이트가 끝난 뒤 남성으로부터 동의 없는 손가락 삽입을 두 번 당한 뒤 이렇게 행동했다고 했다. "진도를 천천히 나가자고 말했고, 그 뒤에는 **어떻게든 집 밖으로 나가야 해**, 라고 생각했어요. 그 남자는 덩치가 컸어요. 저는 겁이 났고요. 저는 물을 마시자고 했고, 그와 함께 물을 마셨어요. 그 뒤에 그대로 문을 나서서 거리로 나왔어요." 거듭되는 악몽 속에서 나 또한 그 전술을 쓴 적 있을 것이다.

서른네 살 작가 새라는 대학 시절 교환학생으로 파리에 머무를 때 일어난 일을 알려주었다. 기숙사로 돌아가는 택시 안에서 같은 미국인 교환학생이 자기 몸을 강압적으로 더듬었다. 새라는 거부하면 상대에게 강간당할 것이 분명하다고 생각했기에 그의 방에 가는 데 동의했다. "직접적으로 거절했다가 폭행을 당하는 위험을 무릅쓰는 것보다는 그를 따라가는 게 낫다고 생각했어요…. 만에 하나라도 (그러나 만에 하나라기에는 그럴 가능성이 크다는 생각이 들었어요) 그가 제 '싫다'는 말을 받아들이지 않을지도 모른다는 생각이 들어서, 거절할 수 없었어요. 그를 따라가는 건 제게 조금의 힘이라도 남길 수 있는, 무슨 일이 일어날지, 그 일이 무슨 의미일지를 결정할 수 있는 마지막 기회였어요." 그 뒤 새라는 미국에 있는 남자친구에게 "다른 사람과 잤다"고 고백했다. "남자친구는 괴로워했고, 우리 관계는 망가졌죠. 어쩌다 그런 일이 일어난 건지, 제가 어떤 계산 끝에 그렇게 한 건지는 말하지 않았어요. 그 당시에는 저조차 이해하지 못했던 거예요."

리타는 말했다. "원치 않는 신체 접촉에 동의하는 이유는 대부분 그래서일 거예요. 싸움에서 질지도 모른다는 위험을 감수하기보다는 그냥 상대가 원하는 대로 해주는 게 더 쉽게 느껴지니까요."

라라는 말했다. "섹스할 때마다 제 목을 조르는, 엄청나게 난폭한 깡패와 사귄 적이 있어요. 감히 그에게 저항할 수 없었던 건, 그런다고 상황이 나아지지 않을 거라는 생각 때문이었어요. 분명 그가 날 만신창이로 만들 테니까."

샬럿은 말했다. "섹스하고 싶지 않다고 말하거나 상대방을 화나게 하는 것보다는 섹스하는 게 더 쉬웠으니까요."

그 일이 있고도 몇 년간, 가끔 이웃집 아이의 남자친구와 마주쳤다. 시간이 흐른 뒤에는 조금씩 겹치는 친구들도 생겼기에 같은 파티에 가거나, 같은 차에 타기도 했다. 그때마다 나는 그도 그때 일을 기억하는지 궁금했다. (당연히 그도 기억하고 있었다.) 그를 볼 때마다 무척이나 수치스러웠다. 내가 그리고 내가 동의한 행위가 수치스러운 것을 넘어, 어쩐지 그로 인해 부끄럽기도 했는데, 그건 그가 잘못을 저질렀음을 알기 때문이었다. 그가 저지른 잘못—내게 그런 행동을 강요한 것 그리고 자기 여자친구를 배신한 것—을 내가 알고 있다는 것 자체가 무례한 일이기라도 한 듯이, 그 일이 **나를** 부끄럽게 했다. 그 누구에게도 말한 적 없는 이야기다. 지금 하는 이야기는 그 경험에 대한 최초의 고백이다.

어떤 주제를 입에 올리지 않으면 그것은 비밀이 된다. 비밀은 비록 처음에는 비밀을 지키는 이들에게 힘의 원천이 될지라도, 시간이 흐르면 수치심의 원천으로 변한다. 어떤 사건이 차마 입에 올릴 수조차 없는 것인 양 굴면, 그 사건을 정말 입에 올려서는 안 되는 일이라 생각하게 된다. 예를 들어, 1년간 협박 전화와 외설스러운 몸짓에 시달렸던 때가 그렇다. 나와 내 여자친구를 엿보던 남학생. 창밖에서 음란한 말을 속삭이던 낯선 남자. 내 몸을 향한 나의 혐오. 끔찍한 것보다도 더 입에 올려선 안 되는 것이란 무엇일까? 그로테스크한 것? 수치스러운 것? '**입에 올릴 수 없는***unspeakable*'의 사전적 정의 중 하나는 "언어로 표현하기에는 너무 나쁘거나 무시무시한"이다.

여기서 나는 공허한 동의를 부추기는 데 협조하는 두 가지 강력한 명령을 본다. 하나는 남성의 폭력적인 앙갚음으로부터 우리 몸을 보호하려는 욕구이고, 다른 하나는 대개 자신을 탓함으로써, 그가 본인이 저지른 행동의 대가를 치르지 않도록 바로 그 남성을 보호하려는 욕구다. 수치는 우리의 것이고, 부끄러움도 우리의 것이며, 이를 견뎌내는 것 역시 오로지 우리만의 의무다.

새라는 파리 교환학생 시절의 사건에 덧붙여 이렇게 설명했다. "잘못을 저지른 남자가 자신을 나쁘게 생각하게 하는 게 정말 수치스러웠어요. 말도 안 되는 소리긴 하지만, 어쩐지 이 일에 연관된 모든 사람이 부끄러움을 느낄 일처럼 느껴진 거죠." 내가 그랬듯이, 새라도 더 심각한 트라우마를 피하고자 원치 않는 행위에 동의했다. 그 뒤에는 그 남자가 저지른 행동의 대가를 자신의 사회생활로도, 자신의 정신으로도 고스란히 흡수했다.

20대 초반, 제시카 발렌티가 잠에서 깼을 때 남자친구는 그녀의 몸을 짓누르고 있었다. 술에 취해 정신을 잃은 사람과 섹스하는 건 잘못이라는 사실을 그녀는 알고 있었다. 발렌티는 회고록 『성적 대상』에 이렇게 썼다. "그때 내가 **하지 마**, 라고 했는지, **좋아**, 라고 했는지, 아무 말도 안 했는지 모르겠지만, 내 상태를 감안하면 아무 말도 안 했을 가능성이 높다." 다음 날 아침, 숙취에 시달리며 잠에서 깬 그녀는 "의식이 없는 사람과는 섹스하면 안 돼"라고 말했지만, 어디까지나 농담처럼 했다. 그러자 "그는 웃더니 다음부터는 입으로 먼저 해주겠다고 약속했다."

"나는 이 일을 폭행이라 부른 적이 한 번도 없었다. 이유는 잘 모르겠다. 페미니스트 작가인 나는 자신에게 일어난 일에 이름을 붙이라고, 회피할 수 없으며 다툼의 여지조차 없도록 우리의 이야기를 낱낱이 드러내라고 북돋는다. 또, 나는 아무리 예전에 섹스한 적 있는 사이라 해도, 의식이 없는 사람에게 성기를 삽입하는 건 분명 강간임을 알고 있었다. 나는 그저 그 일을 강간이라 부르고 싶지 않았던 것이다."

발렌티의 글을 읽고 있자니 도니카가 내 어린 시절 성적 경험을 트라우마라고 정의했을 때 내가 반발했던 게 떠올랐다. 나와는 달리, 발렌티는 강간이 "내게 지속적인 영향을 남기지 않았고, 그 점이… 이상하게 느껴진다"고 썼다. 내 경험은 **실제로** 지속적인 영향을 남겼음에도 내가 생각하는 폭력의 조건을 충족하지 않았던 반면, 발렌티의 경험은 폭력의 기준을 충족했으나 지속적인 트라우마 증상을 자아내지 않았다. 우리 둘 다 그런 단어들을 사용하고 싶지 않았던 건, 어느 정도는 **성폭행**(또는 강간)과 **트라우마**라는 단어는 서로 긴밀하게 엮여 있기 때문이었으리라.

"나는 선이 존재한다고 믿었고, 심지어 선을 그을 줄도 알았다." 회고록 작가 지니 바나스코는 두 번째 책『내가 소녀일 때 아무도 말하지 않았던 것들』에 이렇게 쓴다. "문제는, 중요한 순간 내가 그 선을 명확하게 말로 표현하기가 어려웠다는 점이다. 그렇게 하면 상대 남자가 부끄러움을 느낄 테니까." 바나스코는 사실상의 성폭행도, 장기간 지속되는 트라우마 증상도 경험했지만, 가해자에게 책임을 물을 수 없었다. 그녀가『내가 소녀일 때 아무도 말하지 않았던 것들』을 쓴 이유 중 하나는 "괜찮아 보이는 남자들이 어떤 일을 할 수 있는지를 보여주기" 위해서기도 했다. 30대 초반이 된 바나스코는 과거에 가장 친한 친구였다가 열아홉 살 때 자신을 성폭행한 남자에게 연락하기로 마음먹었다. 두 사람은 긴 전화 통화를 여러 번 나누었다. 바나스코는 통화를 녹음했고, 녹취록 일부는 회고록에 토씨 하나 바꾸지 않고 그대로 실려 있다.

"나는 스스로에게 말했다. 절대 그를 달래주지 말아야겠다고. 그리고 다음 순간, 나는 그를 달래주었다." 바나스코의 말이다. 첫 번째 전화 통화에서, 그녀는 상대에게 말한다. "나는 그 일을 글로 쓰고 싶어. 하지만 네게 상처 주는 방식으로 쓰고 싶지는 않아. 연락한 건 그래서야. 너에게 설명하려고. 네게 내 의도를 이해시키려고." 그렇게 말한 뒤, 그녀는 말도 안 되고, 진실하지조차 않은 자신의 말에 도리어 충격을 받는다. 마치 그의 존재—고작 **그의 목소리**의 존재—만으로도, 성폭행 도중 "마크를 저지하지 않았던 건 그를 부끄러워하게 만들기 싫어서이기도 했다"라고 느끼게 했던 그녀 내면의 똑같은 요소에 다시 사로잡히기라도 한 것만 같다.

바나스코의 글을 읽으면서 나는 커플 파티에서 내가 남성들과 타협한 것, 구겨지는 얼굴을 통제하지 못했던 것, 차마 거절할 수 없었던 것을 떠올리지 않을 도리가 없었다.

바나스코는 거의 모든 통화에서 자신을 성폭행한 남자를 안심시키고, 그에게 고맙다고, 미안하다고 말하면서, 아직도 지속되는 트라우마의 영향을 최소한으로 축소한다. 그녀는 "성폭행당한 경험을 밝히는 것보다… 독자들이 (그 남자에 대해) 갖게 될 인상이 더 걱정된다"고 고백한다. 그녀는 한번은 그가 사는 지역의 소득 차등제 sliding scale* 심리치료사를 알아보면 어떨지 생각하다가, 성폭행 가해자도 면담할 수 있느냐고 전화로 문의하기까지 한다. 이렇게 자기 안에서 지속되는 정신적 상호작용으로 인해 저자의 계속되는 좌절은 이 책의 긴장감을 자아내는 주된 요소이며, 독자인 나는 그 점이 매혹적이기도 하고 그만큼 답답하기도 했다. 제발 좀 그만두면 안 돼? 점점 답답해지던 나는 생각했다. 결국 바나스코는 직접 연구를 수행하고, 친구들과 심리치료사의 도움을 받아 두 사람 사이의 상

---

* 환자의 소득에 따라 가격을 조정하는 지불 구조.

호작용을 철저히 해부한 뒤에야 그 일을 그만둔다.

그렇다면, 내가 반복해서 꾸는 꿈은 내 안에서 일어나는 정신적 상호작용의 완벽한 재현이리라. 스스로를 보호하려면 그들을 보호해야 하며, 그들을 거절하지도, 그들이 자신이 저지른 잘못을 마주 보도록 강요하지도 않을 방법을 고안해야 한다. 이 노력을 하는 과정에서 우리가 가진 수단은 오로지 우리 몸뿐인 경우가 종종 있다. 타협을 어떻게 피할 것인지가 문제가 아니라, 타협을 어느 선에서 절충하는지가 문제가 된다. 우리는 차이니즈 핑거 트랩Chinese finger trap*(이 장난감의 독일어 이름인 메첸팽어mädchenfänger를 번역하면 '소녀 포획자'다)처럼 이중 구속에 시달리는 것이 아니다. 이는 이중이 아니라 10중, 어쩌면 헤아릴 수 없이 많은 n중에 가까운 구속이다. 온 사방으로 반사되며, 서로 상충하는 지시와 지시를 위반하면 따라오는 처벌들로 이루어진 복잡한 거미줄을 형성한다.

우리는 잡년이어서는 안 되고, 내숭을 떨어서도 안 되며, 거절해서도 안 된다. 상대에게 강간당할 수도 있기 때문에. 또는 싫다고 말하거나 상대의 행동에 책임을 묻거나 단지 상대가 우리에게 저지른 잘못을 떠올리게 만든 결과로서 상대에게 수치심을 줄 수도 있기 때문에. 어쩌면 공허한 동의를 가장 부추기

---

* 대나무로 엮은 좁은 원통의 양쪽에 손가락을 넣었다가 빼는 장난감. 손가락을 빼기 위해 힘을 주면 원통은 더 꽉 조여든다.

는 사실은, 거절이 그다지 기분 좋은 행위가 아니라는 점인지도 모른다. 자신을 페미니스트로 정체화하는 내 여성 친구들 역시 친구의 초대를 거절할 때는 사과의 말을 쏟아낸다. 그러니 섹스에 있어서 "상대가 원하는 것과 완전히 상충하는 선을 그을 땐 극도로 불안해져요. 상대가 원하는 대로 해주면 스트레스를 덜 수 있죠"라는 제니의 말이 놀랍지는 않으리라.

여기서, 신체적으로 안전해지기 위해 공허한 동의를 할 때 그리고 정서적으로 안심하기 위해 공허한 동의를 할 때는 서로 구분된다. 제니가 말하는 건 후자의 이야기다. 즉, 남성의 불쾌감을 참아내는 것보다 원치 않는 섹스를 참아내는 쪽이 낫다는 것이다. 조사에 응답한 어느 40대 여성은 오페라 옆 좌석에 앉은 남성 노인이 몸을 더듬었던 경험을 이야기했다. 그녀는 "소란을 피우거나 공연을 방해하고 싶지 않아서" 아무 말도 하지 않았다.

케이트는 이렇게 말했다. "그렇게 '해야 마땅하다'는 기분이 들었어요. 제가 남성들을 실망하게 해서는 안 되고… 나아가 사회에 그만한 빚을 지고 있는 것 같은?"

자신의 동기를 이야기하는 케이트의 말에 당황스러운 기색이 묻어 있는 건, 케이트와 나, 둘 다 성장하는 과정에서 배워온 일련의 가치들이 있기 때문이다. 즉, 섹스와 로맨스는 자아실현에 중요한 요소일 뿐 사회적 의무가 아니라는, 후기 자본주의의 그리고 비교적 최근 사회운동들의 결과로 생겨난 가치다. 그러나 우리의 만족을 위해 자발적으로 하는 일이 되기 오래전, 무척이나 오래전부터, 섹스 그리고 '사랑'은 여성이 사회에 빚진 의무였다.

고대 로마에서는 결혼식에서 신랑과 신부 아버지가 결혼 서약을 했다. 여성은 여성의 만족감이 아니라 번식이라는 목적과 두 가문의 동맹을 위한 재산으로서 거래되었다. 교황이 결혼 서약에서 신부가 "예I do"라고 말해야 한다는 칙령을 내린 것은 예수가 탄생하고도 1000년이 지난 뒤의 일이었다. 그럼에도 18세기 후반에 와서야 젊은이들이 자신의 배우자를 직접 선택할 수 있게 되었다.

서양의 백인들은 강간을 뜻하는 단어가 없는 언어를 가졌거나, 강간과 불륜을 법으로 구별하지 않거나, 어린 딸을 성인 남성과 결혼시키는 문화권을 접하며 경악하는 일을 즐긴다. 그들은 편리하게도 미합중국 형성기에 "거의 모든 주에서 남편이 아내를, 때로는 여자친구를 강간하더라도 범죄로 규정하지도, 처벌받지도 않는 법을 제정했다"는 사실을 잊어버린 것이다. 또, 백인 남성이 비백인 여성을 강간하는 건 애초에 범죄조차 아니었다는 사실도 기억할 것.

1993년, 노스캐롤라이나는 미국의 50개 주 중 맨 마지막으로 "개념적으로도, 법적으로도, 아내의 성과 성적 자립은 남편에게 주어진 재산권의 범위에 포함된다"는, 부부 간 강간에 대한 처벌 면제 조항을 폐지했다. 이런 수칙은 영국법에서 유래한 것으로, 매슈 헤일 경이 1736년 발표한 논문에 명확히 설명되어 있다. 헤일은 이 논문에서 "아내가 결혼을 통해 법적 구속

자신을 아껴줘서 고마워요   291

력을 가지는 계약에 묶이고, 자신을 남편에게 온전히 내어주며, 이를 취하할 수 없고, 따라서 이는 무조건적인 동의를 시사하기에, '남편에게는 강간죄를 물을 수 없다'"고 주장했다.

이런 역사에 비추어보면, 적극적 동의라는 개념 자체가 급진적이며 새로운 발상이다. 우리 모두가 그러하듯, 내가 조사한 여성들은 법적으로도 부당한 이 역사가 남긴 유산으로 인한 크나큰 짐을 지고 있었다. 엘라는 말했다. "저는 동의에 대해 한 번도 배운 적이 없어요. 성교육 시간에 선을 긋는 법에 관해 토론한 적도 없었고요. 남자가 제 바지를 벗기도록 허락하는 것은, 바지가 벗겨져 있는 동안 상대가 원하는 일은 무엇이든지 해도 된다고 동의하는 것과 마찬가지라고 생각했어요."

해리 상태, 또는 내가 원하지 않지만 해야 한다고 느끼는 신체 접촉을 참아낼 때 내가 즐겨 쓰는 메커니즘인 "경직"에 대한 묘사도 여럿 등장했다는 사실 역시 놀랍지 않다.

다이애나는 다음과 같은 말로 정리한다. "얼어붙은 듯 경직해 있을 때도 동의는 할 수 있지만, 그게 진정한 동의인 건 아니에요. 제가 감각이 없는 상태에서 어떻게 합의할 수 있겠어요? 그저 동의가 거절보다 쉬울 뿐이에요." 아니면 홀리가 설명한 것과 같은 일이 일어날 수도 있다. "꼭 제가 존재한다는 사실을, 원치 않는 일은 안 해도 된다는 사실을 잊어버리는 것 같은 기분이에요. 그러다가 어느 순간 떠오르기도 하죠. 어쩌면 언젠가는 그 사실을 잊어버리기 전에 기억해낼 수 있을지도 모르죠." 만약 뇌과학자와 심리학자가 공허한 동의를 한 여성들을 연구한다면, 통상적으로 트라우마와 연관되는 얼마나 많은 증상들을 찾아낼 수 있을까?

여성들의 글을 읽던 나는 케이트의 말에 공감했다. "중학생 시절 겪었던 것과 비슷한 일이 또 일어난다면, 그때는 얼어붙어버리는 대신 상대에게 '그만해, 이 개자식아!' 하고 외친 다음, 책으로 그의 손이든 어디든 때리고 싶어요. 절대로 그때처럼 얼어붙어버리고 싶지는 않거든요." 그렇게 할 수 있을 거라고 케이트에게 말해주고 싶지만 커플 파티에서의 경험을 하고 나니 나 역시 잘 모르겠다는 생각이 든다.

페기 오렌스타인은 2016년 출간한 『아무도 대답해주지 않은 질문들』을 쓰기 위해 열다섯 살부터 스무 살에 이르는 젊은 여성 70명을 인터뷰했다. 그들의 인구 통계적 특성은 내가 조사한 여성들과 비슷했다. 대부분 대학 진학 예정자이거나 대학생이었고, 인종적으로 다양했지만 대부분 백인이었다. 오렌스타인은 "특히 자신에게 모든 선택지가 주어졌다고 느끼는 이들, 여성의 경제적·정치적 진보에서 가장 혜택받은 이들과 대화하고 싶었다." 즉, 그녀가 연구한 대상들은 내가 연구한 여성들과 세대만 달랐고 조사 당시의 나이는 비슷했다.

서부 해안에 위치한 소규모 대학의 한 신입생은 오렌스타인에게 말했다. "때로 밤늦게까지 함께 있다 헤어지기 전에 여자가 남자에게 오럴 섹스를 해주는 건, 그와 섹스하고 싶지 않은데도 남자는 성욕을 채우고 싶어 하기 때문이에요. 그러니까, 만약 제가 그 남자와 이대로 헤어지기를 바라지만, 한편으로 저한테 아무런 나쁜 일도 생기지 않기를 바란다면…." 젊은 남성이 성적 만족을 원한다는 가정에서부터, 그것을 충족해주는 게 자신의 의무라고 생각하는 것, 또, 오럴 섹스는 '별일 아닌' 것이며, 나아가 여기서 말하는 '별일'에는 폭행이 포함된다는 암시에 이르기까지, 내게는 속속들이 익숙한 말이었다.

2007년 수행된 9~10학년 학생들 사이의 오럴 섹스에 대한 연구에서, 남성 청소년의 압도적 다수는 자신의 육체적 쾌락을 위해 오럴 섹스를 했고, 오럴 섹스 후 기분이 좋아진다고 응답한 수는 여성 청소년의 두 배에 달했다. 반면, 여성 청소년은 오럴 섹스 후에 이용당한 기분이 들었다고 말한 수가 남성 청소년보다 세 배 높았다.

소녀들의 섹슈얼리티 연구의 선도자 중 하나인 헌터대학교의 데버라 톨먼Deborah L. Tolman은 최근 들어 소녀들이 "자신의 몸에 대해 어떻게 느끼느냐는 질문―성 또는 흥분감에 관한 질문―에 자신이 생각하는 자신의 외모에 대해" 응답하기 시작했다고 언급했다.

친밀한 정의intimate justice라는 용어의 창시자인 새라 맥클러런드Sarah McClelland는 자신이 연구한 대학생 중 "여성은 **파트너의** 육체적 쾌락을 **자신들의** 만족을 측정하는 기준으로 삼는 경향이 있었으며… 남성의 경우 반대로 자신의 오르가슴이 기준이었다."

이런 측정 기준에 비추어보면 남성들이 섹스할 때 4분의 3 빈도로 오르가슴을 느끼는 것과 달리, 모든 연령대 여성이 남성과 섹스할 때 오르가슴을 느끼는 빈도가 29퍼센트라는 사실은 오히려 후한 숫자 같다. 마찬가지로, 2002년 수행된 청소년의 성을 다룬 한 종적 연구에 따르면 여성이 "원치 않는 성적 활동에 반복적으로" 참여할 확률이 고작 네 배 높다는 것도 믿기지 않는다.

어린 여성들이 여성의 사회적·정치적 진보에 의해 수많은 방식으로 혜택을 입었을 것임은 부정할 수 없다. 그 증거는 이들의 학업과 직업에서의 성공, 자원과 보호에 대한 접근권에서 분명히 나타난다. 그러나 어린 여성들이 섹스와 맺는 관계는 과거와 마찬가지로 불편한 것 같다. 그들은 성해방을 체화했다고 주장하지만, 남성의 인식과 욕망으로부터 독립적으로 존재하는 자신의 신체, 자신의 욕망, 자신의 섹슈얼리티의 진실과는 아직 가까워지지 못한 것으로 보인다.

파트너의 쾌락에 비추어 자신의 만족을 측정하는 이런 여성들에 대한 글을 읽다 보니, 내가 통제 성향이 강하던 여자친구로 인해 고생하던 2년이 떠올랐다. 그녀와 사귀기 시작한 지 고작 몇 달 만에 친구, 가족이나 심리치료사가 건네는 잘 지내느냐는 인사말에 대한 대답이 그날 여자친구가 보인 태도를 내가 어떻게 인식했는지, 내가 의외의 이유로 여자친구의 기분을 거슬렀을 가능성이 얼마나 높은지에 따라 달라졌다. 권력을 박탈당한 이들이 자신보다 타인의 욕망을 더 강력하다고 여기게 설득하는 것은, 가학적인 파트너, 기업, 사이비 종교 지도자, 독재정권 등 불평등한 권력 구조에서 이익을 얻으며 앞으로도 계속해서 얻고자 하는 이들이 공유하는 기술이다.

이때 등장하는 것이 경험과 한계, 자아와 문화적 강요 사이 명확한 선을 그을 수 있는 용어 선택의 문제이다. 가학적 역학 관계가 모든 이성애적 관행의 바탕을 이룬다면, 상호 동의한 접촉 역시 트라우마가 내는 것과 비슷한 효과를 낸다. 파트너와의 관계에서 피해자가 아닐지라도, 트라우마에 값하는 경험을 하지 않았을지라도, 여성은 성적 경험의 결과로 해로운 증상을 경험하거나 이를 강화할 수 있다. 이런 가학적 역학 관계를 무효화하는 과업은 더 많은 이들이 이 결과를 이해하고, 표현할 수 있는 어휘를 만드는 데 달려 있으리라. 새로운 어휘 없이는 **학대**나 **트라우마** 같은 용어가 과용 또는 오용되는 한편, 이와는 다른 형태를 띤 심각한 정신적 영향은 완전히 간과되고 만다.

내가 10대 초반이던 어느 날 밤, 나는 딱히 원하지 않았는데도 맷이라는 이름의 연상 남성과의 성적인 행위에 동의했다. 키스하던 중, 그가 나더러 머리를 쓰다듬어 달라고 했다. 원하는 대로 해주자 그는 울기 시작하더니 내가 꼭 자기 엄마인 동시에 여동생 같으면서 연인 같다고 속삭였다. 나는 위로의 말을 중얼거리기는 했지만, 속으로는 공황에 사로잡혀 얼른 그에게서 떨어지고 싶은 마음만 간절했다. 그가 나에게 기괴한 친밀성을 강요한다는 사실은 내가 애매한 감정으로 동의하는 그 어떤 행위보다 나를 더욱 침해하는 것처럼 느껴졌다. 일방적인 친밀성 속에 홀로 존재하는 건 때로는 엄청나게 외로운 일이다. 남성이 여성을 정서적으로 이용할 때 먼저 동의를 구하는 일은 절대 없다.

캐서린 레이시가 2017년 발표한 소설 『대답들』에서, 한 인기 배우는 GX라고 불리는, 여자친구 실험Girlfriend Experiment을 소재로 한 유사 과학적 리얼리티 쇼를 구상한다. GX는 "인생의 파트너가 충족해주는 역할들 각각에 특화된 멤버들로 팀을 구성해 연애 실험을 벌인다." '화 내는 여자친구', '엄마 같은 여자친구', '일상적 여자친구', '정서적 여자친구'가 각자 고도로 특화된 역할을 맡아 친밀성 팀을 이룬다. GX의 목적은 "인간의 짝짓기 행위를 더욱 완벽하고 만족스럽게 만들 수 있는 과학적으로 입증된 시스템을 고안하는 것"이다.

책은 대체로 '정서적 여자친구' 역할을 맡은 메리의 시점을 따라간다. 그녀는 카메라에 대고 "오늘 어땠어?", "사랑해" 같은 말을 되풀이하는 것을 포함한 철저한 면접 끝에 채용된다. 메리는 병명을 알 수 없는 극심한 질병을 앓고 있고, 고통에서 해방되기 위해 치유 상담을 받고 있다. GX에 참여하는 대가로 받는 후한 보수 없이는 치유 비용을 마련할 수 없다.

'정서적 여자친구'가 해야 할 임무 중에는 "그의 말을 듣는 동시에 열성적인 질문을 던지고, 눈을 맞추고, 그의 의견에 확신을 불어넣어주고, 유쾌할 수도 있고 아닐 수도 있는, 제한적인 조언 또는 도움말 주기"도 있다. 배우에게 문자 메시지를 보내는 빈도에서부터, 나아가 그가 잠들 때까지 옆에 누워 그를 끌어안는 시간에 이르기까지, 메리가 하는 모든 행동은 GX 지침서가 정한 대로다.

　메리의 치유자는 그녀에게 사귀는 상대가 있는지 재차 묻고, 일명 '정신적 끈'에 대한 우려를 표한다.

　"그건 집착입니다. 한 사람이 다른 사람을 향해, 종종 동의 없이 내보내는 정신적 에너지입니다." 그러면서 치유자는 이 끈이 치유 효과를 저해할 수도 있다고 한다. 메리는 사귀는 사람이 없다며 부인하지만 GX에 참여하고 있다는 사실은 말하지 않는다. 결국 치유자는 더 이상의 치유를 거부한다.

　『대답들』은 어떤 면에서는 디스토피아 소설이지만, 그럼에도 이 책을 읽는 동안 이성애 연애 관계에서 여성에게 빈번히 요구되는 감정 노동이 최소한 GX에서만큼은 인정받는다는 냉소적인 생각이 들었다. GX에서는 남성을 응대하는 일에 보수가 매겨질 뿐 아니라, 한 여성이 공짜로 모든 노동을 하는 것보다 공정하고 그럴듯해 보이는 노동 분과들로 범주화되어 있다. 여성들은 스쳐가는 성적 만남에서조차 남성의 육체적·정서적 흥미를 자신의 것보다 우선하라는 기대를 받으며, 그것을 충족할 책임을 부과받는다. 하지만 헌신적 연애 관계에서는 인생의 모든 순간에 이런 일들을 하라는 기대를 받고는 한다.

오늘날, 내가 조사한 여성들이 맺는 낭만적 연애 관계에서는 이러한 노동도, 그 보상도 상호적인 것이며 공통의 것이라 가정한다. 성인이 된 뒤 나는 여성과 남성 모두와 장기 연애를 여러 번 했는데, 남성과의 관계에서 이런 노동이 상호적이었던 적은 단 한 번도 없었다. 어림도 없었다. 솔직히 말해 남성과의 연애란 서서히, 그러나 가차 없이 가사 노동과 감정 노동—빨래, 요리, 청소, 어려운 대화의 물꼬를 트는 것—에 끌려 들어가는 과정처럼 느껴졌다. 어떤 연애에서는 이 관계에서 가사 노동과 감정 노동이 모조리 내 책임이라 느껴지기도 했다.

퀴어 여성인 나는 아마도 내 또래 어지간한 이성애자 여성보다 남성과 보낸 시간이 적을 것이고, 이들의 비위를 맞추며 지낸 시간 역시 적을 것이다. 그럼에도 내가 남성들의 "말을 듣는 동시에 열성적인 질문을 던지고, 눈을 맞추고, 그들의 의견에 확신을 불어넣어주고, 유쾌할 수도 있고 아닐 수도 있는, 제한적인 조언 또는 도움말"을 주면서 보낸 시간이 없었더라면 책을 더 많이 쓸 수 있었을 것이다. 이런 노동의 대가로 돈을 받았더라면 은퇴 이후를 걱정하지도 않았을 것이다.

비록 전제부터가 변태적인 것이기는 하나, GX는 한 여성이 모든 형태의 노동을 한꺼번에 충족할 수 없다는 굳건한 논리를 바탕으로 한다. 혼자 그 모든 노동을 하면 소진되고 말 테니까.

내가 조사한 여성들 중 파트너에게 규칙적으로 공허한 동의를 하는 이들이 많았다는 점은 전혀 놀라운 사실이 아니었다. 장기적인 관계에서 이런 측면은 이미 잘 알려져 있다. 이는 단순히 배우자와 섹스하는 것이 법적 의무였던 시절의 흔적만은 아니며, 여성이 파트너와 파트너의 욕구를 진심으로 돌보고 있음을 나타내는 징후인 동시에, 정신적으로 친밀한 관계로 나아가는 길이기도 하다.

응답자 중 한 여성은 임상에 종사하는 심리치료사로, 온종일 지칠 정도로 환자들을 돌보는 것이 파트너와의 친밀한 관계에 영향을 끼친다고 설명한다. "현실적으로, 월요일부터 금요일까지는 상대와 육체적으로 가까워지고 싶은 생각이라고는 전혀 들지 않아요. 제 파트너를 사랑하고, 엄청나게 매력을 느끼고, 그와의 섹스도 정말 좋지만⋯ 온종일 환자들과 밀접하게 연결되는 동시에 저를 지킬 수 있는 선을 긋느라 정서적으로 기진맥진해져서, 퇴근할 때면 이제는 그만하고 싶다고, 시간과 공간이 필요하다고 생각하게 돼요." 그럼에도 그녀는 이런 기분을 느끼면서도 규칙적으로 섹스에 동의하고, 섹스하면서 종종 "더욱 연결된" 느낌이 든다고 했다. 비록 공허한 동의일지라도, 섹스하고 나면 "다시 나 자신과 내 몸으로 돌아와요. 사랑과 돌봄을 받은 것 같고, 제 몸에 더 생기가 돌아요. 역설적으로, 정신에도 생기가 돌아서 일에 더 집중할 수 있는 것 같기도 하고요."

"정서적 여자친구" 역할을 수행하던 메리가 이 때문에 자기 몸에 간절히 필요한 치료를 더 이상 받을 수 없어진 게 떠올랐다. 그건 정신이 소진되어서일까? 아니면 내가 고객의 다리를 주물러주었던 때처럼, 사랑하지 않는 상대에게 정서적 노동을 수행할 때 느끼는 해리감 때문일까? 아마 둘 다일 것이다. 그럼에도, 이 소설의 교훈은 분명하다. 우리 몸의 진실을 무시하면, 몸이 지닌 상처를 치유할 수 없다. 자신을 우선하는 데, 자신에게 **귀를 기울이는** 데 투자하지 않은 채로 몸을 돌보는 것은, 마치 한 손으로 상처를 소독하면서 다른 손으로는 그 상처에 흙을 묻히는 것과 같다.

해리 할로의 실험에 대해 읽었을 때, 할로가 고통을 주었던 붉은 털 원숭이 그리고 커들 파티의 원동력인, 상처받았으며 신체 접촉에 굶주린 사람들 사이에 성립하는 명백한 유비 관계를 생각했다. 지금은 해리 할로를, 타인의 몸이 가진 주권과 타인의 몸이 얻는 안락보다 자신의 욕망을, 어쩌면 자신의 호기심까지도 우선시하는 사람들과 비교하는 것이 더욱 적절한 비교가 아닌가 하는 생각이 든다. 이때의 공통 분모는 아마 종속된 이들이 비인간화된다는 점이리라. 만약 인간 아기를 실험 대상으로 삼았다면, 이 실험이 남긴 고통이 반복 연구되지는 않았을 것이다―적어도, 미국 정부가 수감하고 고립했으며, 그중에는 앞으로 부모를 영영 다시 만나지 못할 수도 있는 아이들이 포함된 이민자 자녀들이 여전히 존재한다는 사실을 떠올리기 전까지는 그렇게 생각했다. 당연한 말이지만, 고립과 신체 접촉 박탈은 오래전부터 온갖 종류의 식민 지배자와 가해자가 해온 일이었다. 영아기부터 자신에게는 그 어떤 주권도 없음을 배워 온 몸은 훨씬 쉽게 피지배 대상이 될 수 있다.

18세기 후반, 영국의 철학자이자 사회이론가 제러미 벤담은 독방으로 이루어진 원형 구조물 한가운데 창문 달린 탑이 솟아 있는 형태의 감옥 모형인 파놉티콘을 고안했다. 탑의 감시자가 모든 수감자를 매 순간 감시할 수는 없지만, 수감자는 끊임없이 감시받을 가능성에 길든다. 감시자의 시선을 내면화한 수감자는 자신들의 몸을 통제하기 시작한다. 널리 읽힌 책 『감시와 처벌』에서 푸코는 근대 정치체계의 발전이 어떠한 종류의 자유를 확대하는 한편으로, 국가가 국가를 이루는 신체들에 대한 새로운 감시체계를 도입했다 주장한다. 파놉티콘이 근대 감옥의 설계에만 영향을 미친 것이 아니라는 주장이다. 푸코는 근대의 학교, 군대, 병원, 공장은 물론 국가 산하의 모든 기관에서 이루는 훈육의 수행이 그 당연한 귀결이라 본다.

푸코에 따르면, "중앙 탑에 감시자를 배치하고, 독방마다 광인, 환자, 죄수, 노동자, 학생 등을 가두기만 하면 된다." 순응하지 않는 신체는 곧바로 처벌당하며, 오래지 않아 감시자의 존재는 감시받는 이들의 정신과 신체에 깃든다. "이때 형성되는 것은 신체의 요소, 몸짓, 행동… 에 대한 계획된 조종이라는 강압의 정책이다. 이는 타인이 신체에 권력을 가하는 방법을 결정하며, 그것은 신체가 타인이 바라는 일을 하는 것을 넘어 타인의 바람에 따라 작동하게 만들기 위해서다… 그렇기에, 감시는 종속된 신체이자 숙련된 신체, 즉 '유순한' 신체를 생산한다."

푸코가 말하는 감시당한 몸은 라캉의 거울 단계 속 아기처럼 남성이며 따라서 보편적이라 가정한다. 그러나 유순한 신체가 상상적인 감시자를 위한 끊임없는 수행에 의해 만들어지는 것이라면, 주디스 버틀러가 『젠더 트러블』에서 말한 "젠더 현실은 끊임없는 사회적 수행으로 이루어진다"에 대해서도 생각해보자. 국가가 우리에게 강요하는 수행은 보편적인 것이 아니다. 여성의 몸보다 더 유순한 신체, 더 즉각적으로 규제되는 신체가 존재할까? 어린이의 몸조차도 그렇지는 않으리라.

샌드라 리 바트키는 1988년 발표한 글 「푸코, 페미니즘 그리고 가부장 권력의 근대화」에서 이렇게 쓴다. "오늘날 가부장제 문화에서는 거의 모든 여성의 의식 속에 파놉티콘적 남성 감정가가 깃들어 있다. 여성은 끊임없이 그의 시선과 그의 판단의 대상이 된다. 여성은 타인, 익명의 가부장적 타자가 바라보는 방식대로 자기 몸에 깃들어 살아간다." 이는 영화비평가 로라 멀비Laura Mulvey가 만든 용어 "남성적 응시the male gaze" 그리고 존 버거의 『다른 방식으로 보기』에 등장하는 "**보는**surveyor 이와 **보이는**surveyed 이"라는 이중 의식의 참조 대상에 관한 또 다른 설명이다. 또한, 내가 열한 살, 열네 살, 스물세 살에 느낀, 둘로 나뉘어진 자아상을 만들어낸 메커니즘에서 불가결한 한 부분이기도 하다.

가부장적 타자는 『감시와 처벌』에 등장하는 "미시권력"을 통해 태어날 때부터 우리 몸을 규제한다. 이때 전제는 여성의 몸은 죄수의 몸과 마찬가지로 규율의 위반에 따라 정의된다는 것이다. 죄수의 몸과 달리, 여성의 몸은 태생적 결함, **미학적** 결함을 가진 몸이다. 오로지 미적 기준으로만 가치가 판가름 나는 몸에게는 사형 선고나 다름없는 일이다. 우리는 키가 너무 작거나, 키가 너무 크고, 너무 뚱뚱하거나, 너무 말랐고, 너무 까맣거나, 너무 뻣뻣하거나, 너무 자유분방하거나, 너무 전전긍긍하고, 너무 고분고분하고, 너무 자신만만하고, 너무 유약하고, 너무 강하다. 우리의 얼굴은 화장과 코르셋, 옷가지로 위장하고 수정해 마땅하다. 체모는 모두 제거해야 한다. 노화의 흔적인 주름과 흰머리를 가진 남성은 더욱더 권위적으로 보이지만, 우리에게 노화란 얼굴에 주름 제거 화장품을 둥글게 문질러 바르고 천문학적인 가격을 지불해 불필요한 수술을 받으며, "되돌리고", "맞서 싸워야" 하는 그 무엇이다. 우리는 얼굴의 "예쁜 쪽"을 내보이고, 입술을 쭉 내밀고, 눈썹을 치켜올리고, "눈웃음"치고, 볼이 움푹 파이도록 빨아들이고, 턱을 아래로 당겨야 한다. 내가 강의하는 대학교 여자 화장실에 들어갔을 때, 거울 앞에 선 채 거울에 비친 자기 얼굴을 바라보는 준비된 얼굴 속 하나가 되었을 때, 나는 생각한다. 파놉티콘적 기술의 어마어마한 성취라 해도 좋을, 소셜미디어의 크나큰 영향력을 푸코가 보았더라면? 이제 우리는 매 순간 포즈를 취하고, 매 순간 잘 감시된 몸의 증거를 사진으로 남겨 포스팅한다.

나는 이 모든 것을 안다. 소녀 시절부터 알았다. 열한 살에 다리털 제모를 시작했을 때, 책가방에 몰래 숨겨온 화장품을 중학교 화장실에서 얼굴에 바르던 그 나이부터 알았다. 내 삶의 대부분이 둘로 나뉘어진 자아를 화해시키는 데 쓰였다. 엄청난 노력 끝에, 몇 가지 영역에서는 화해가 이루어졌다. 내 몸, 성적 상호작용, 친밀한 관계라는 영역에서다. 그러나 평생에 걸친 훈육이 내가 남성과 맺는 모든 상호작용 역시도 길들였다는 사실은 그만큼 꼼꼼하게 탐구하지 않았다.

우리가 아름다움 또는 여성성의 실천이라 배운 것은 실은 굴복의 실천이다. 우리는 비판적 감정이 담긴 찌푸린 얼굴을 내보여서는 안 된다. 우리가 비판적 감정을 표현해서는 안 되기 때문이다. 잊지 말 것, 한때 여성은 이 때문에 화형당해 죽기도 했다. 우리는 자꾸만 겁에 질린 개처럼 얼굴을 구기고, 자신을 더 작게 보이게, 더 어린아이처럼 보이게 만들고, 사과의 말을 끝도 없이 뚝뚝 흘리며 살아간다. 여성적 아름다움이 정점에 이른 모습이 신체적으로 무력한 모습과 거의 구분하기 어려운 건 우연이 아니다.

바트키는 말한다. "여성의 전형적 몸짓 언어는, 남성적 지위 위계에 속한 남성이 수행할 때는 복종의 언어로 이해된다." 실제로 "여성적"이라 해석되는 태도와 몸짓 언어를 가진 남성들은 그런 모습이 다른 남성들로부터의 통제와 지배를 불러들인다는 사실을 그 누구보다 잘 안다.

감옥, 학교, 또는 군대에서 국가의 통제력은—적어도 개념적으로는—분명하며, 지정된 간수, 장군, 교사가 이를 수행하는 것과는 달리, 여성의 몸을 억압하는 파놉티콘적 행위자는 대체로 익명이다. "제도적 명령을 수행할 힘을 가진 공식적인 제도적 구조와 권리 주체의 부재는 여성성의 생산이 전적으로 자발적이거나 자연스러운 것이라는 인상을 자아낸다." 바트키의 말이다. 우리는 화장으로 **자기를 표현한다**. 우리가 다리 면도를 하는 이유는 여성다운 **기분**을 느낄 수 있어서다. 우리는 **스스로를 위해** 그리고 **다른 여성들을 위해** 옷을 차려입는다. 명령은 우리의 집 안에서 나온다. 즉, 가부장적 강압은 유령이다. 소녀 시절의 나를 사로잡았으며 아직도 사로잡고 있는, 내 몸이 "싫어"라고 말할 때 내 입에서 "좋아"라는 말을 쥐어짜내는 도깨비다.

2014년 캘리포니아는 미국에서 최초로 대학 내 성폭행 사건에 적극적 동의affirmative consent 기준을 적용하는 법안을 통과시킨 주가 되었다. 일리노이, 뉴욕, 코네티컷도 가세했고, 20개 이상의 다른 주도 적극적 동의 법제화를 검토했다. 이들이 공유하는 적극적 동의 지침의 정의는 커플 파티의 행동 수칙과 놀라울 정도로 흡사하다. 동의는 성관계가 진행되는 동안 행위자의 발화를 통해 지속되어야 하고, 각각의 행위에 적용되어야 하며, 언제든지 없던 일로 되돌릴 수 있고, 당사자가 항거 불능 상태이거나 강압, 위협, 강제를 받는 경우 해당되지 않는다. 내가 강의하는 학교 역시 성적 위법행위 사건에서 이러한 적극적 동의 규정을 시행한다.

성폭행에 대해 "예스 민즈 예스Yes means Yes" 규정에 반기를 드는 사람들은 공통적으로 "섹스는 그런 식으로 이루어지는 게 아니"라고 주장한다. 처음 "예스 민즈 예스"에 대해 알게 되었을 때, 나 역시 내심 그런 생각을 했다. 우리 모두 그렇듯, 나 역시 자본주의와 가부장제가 가르치는 방식대로 섹스를 배웠고, 적극적 동의라는 조건은 내가 받은 교육에는 포함되지 않았다. 게다가, 특히 젊은이들 사이의 섹스는 **그런 식으로** 이루어지지 않았다. "예스 민즈 예스"란 섹스가 이루어지던 방식에서의 급진적 이탈이다. 섹스가 욕망, 즉 남성들의 즉흥적 욕망으로 추동된다는 개념에서의 탈피다.

적극적 동의에 대한 논의가 등장하기 전 성폭행을 정의하던 기준인 "노 민즈 노No means No"는 과거 결혼에 대한 여성의 동의를 지배하던 규칙과 놀랄 만큼 흡사하다. 로마법의 『학설휘찬』에 따르면 "아버지의 소망에 공개적으로 저항하지 않는 딸은 동의한 것으로 간주한다." 물론, 그 시대의 여성들은 가족, 미래의 신랑, 즉 사회 전반에 대해 공개적으로 반항할 수 없었을 것이다. 내가 설문한 여성들에 따르면 성적 동의 역시 마찬가지였다.

생각하면 할수록, 젊은 여성들이 남성의 성적 욕망은 차치하고 그 무엇에건 쉽사리 싫다고 대답할 수 있으리라 기대하는 이들이 실제로 있다는 게 놀라울 뿐이었다. 나 역시도 개인적으로 부담스러운 이유가 있을 때 점심을 같이 먹자는 제안, 업무적 요청은 물론 그보다 덜 공포스러운 요구들을 거절하기 쉽지 않은데, 10대 여성이 옷 안으로 들어오는 남성의 손을 거부할 수 있으리라고 기대한다고? 물론, 거부할 수 있는 소녀들도 있을 테지만, 그건 그 자체로 기적적인 일이다.

"예스 민즈 예스" 법제화에 반대하는 이들은 적극적 동의가 거북하다고 목소리를 높인다. 원치 않는 섹스를 하는 건 거북하지 않다는 소리다. 평생 화를 내거나 타인을 실망하게 해서는 안 된다며 사회화된 여성들에게, 즉흥적 욕망에 이끌려 타인의 옷을 벗기고 몸을 침해하려는 남성을 저지하는 일이 거북하지 않다는 소리다. 이 모든 행위들보다 적극적 동의가 거북한 유일한 이유는, 적극적 동의는 모든 책임을 여성에게 지우지 않는다는 점뿐이다.

불쾌한 신체 접촉과 강제로 이루어지는 신체 접촉은 크게 다르다. 그럼에도, 우리가 공허한 동의로 허락한 행동을 참아낼 때 사용하는 정신적 메커니즘은 성폭력을 당할 때 사용하는 것과 동일할 때가 많다.

얼마 전, 20대 초반에 40대 남성과 관계를 맺었던 한 여성이 쓴 에세이를 읽었다. 이 남성은 고용주도, 교수도 아니었고,

그녀에게 직접적인 권력을 행사하는 지위에 있는 것도 아니었지만, 둘 사이에는 엄청난 권력 격차가 존재했던 것 같다. 두 사람의 관계에서 그녀는 이용당한 기분을 느꼈고, 실제로도 그랬겠지만, 그럼에도 나는 이 관계가 에세이에서 주장한 것처럼 학대와 대등하다고 보지 않았다.

가부장제는 많은 여성에게 우리보다 큰 권력을 가진 남성과 만나기를 바라도록 훈련했다. 나는 대부분의 학대에 권력 격차가 개입하는 것은 맞지만, 권력 격차가 곧 학대라고 생각하지는 않는다. 에세이 속 연상 남성의 행동에는 갖가지 방식으로 의문스러운 구석이 많지만, 학대로 보이지는 않는다. 두 사람의 관계에 강압은 존재하지 않았을 테지만, 이 여성을 길들인 파놉티콘적 가부장제 문화에는 강압이 존재했을 것이다. 가부장제 사회가 가진 가학적 속성과 개인이 하는 가학적 행위가 구분되는 선이 언제나 분명한 건 아니다. 내 친구 에이다 말대로, "가부장제는 바이러스처럼 우리 뇌를 식민화한다." 나는 이런 개념들을 명확하게 만들기 위해서는 우선 학대와 트라우마라는 개념을 낱낱이 분석해 신중하게 범주화하고, 학대와 트라우마 사이에 존재하는 사건들을 묘사할 단어들을 찾는 것이 중요하다고 본다. 이런 작업을 통해 나는 내가 과거에 한 성적 경험의 속성을 인정할 수 있었다. 또, 제시카 발렌티와 같은 경험을 가진 여성들이 자신이 당한 폭력에 이름을 붙이는 것도 더 쉬워질 것이다. 이는 우리의 가장 내밀한 육체적 상호작용의 기저에 도사린 해로운 역동을 제거하기 위해 꼭 필요한 단계다.

나는 문화를 바꾸고 싶다. 사람들이 어떤 상대에게 끌리는지를 놓고 처벌하고 싶지 않다. 단, 그 끌림 때문에 위험에 처하거나, 상대를 거부할 힘이 없는 경우를 빼고. 또, 나는 공허한 동의가 해로운 것이며, 수백 년간 이어진 학대와 억압의 유산이라고 생각한다. 이러한 동의를 받는 상대도 부분적으로 책임이 있는 경우가 많다고 생각한다. 나는 모든 당사자가 진심으로, 열정적으로, 지속적으로 동의하는 섹스야말로 할 가치가 있는 섹스라는 사실에 모두가 합의하면 좋겠다. 우리 모두가 안전하고, 섹시하며, 상대를 착취하지 않는 (물론 이런 것에 끌리는 경우를 제외하고) 섹스를 나눌 수 있는 상대에게 끌리기를 바란다.

나는 무엇이 학대의 구성 요건이며 무엇이 그렇지 않은지를 명확하게 제시할 수는 없다. 그것은 전문가들이 이미 해온 작업이다. 내가 말할 수 있는 바는, 내 몸을 부당하게 대우하는 일에 내가 어떤 식으로 협조해 왔는지를 더더욱 분명하게 확신하게 되었다는 것이다. 나에게는 여태까지 나를 길들인 미세한 방식으로 내 몸을 해치는 일을 그만둘 의지, 자유 그리고 자원이 있다. 공허한 동의에 관해 조사하는 동안 배운 게 있다면, 내 안에 불을 환히 밝히고 나를 이루는 모든 부분을 한 공간에 맞이해야 한다는 사실이다. 진심 어린 동의를 할 수 있는 사람이 되려면 나라는 집 안에 잠긴 문은 없어야 한다.

두 번째 커플 파티에 참여하려고 도니카와 함께 맨해튼 업타운
으로 차를 몰고 가는 동안 내 마음속에 나긋나긋 내리는 눈송
이처럼 조용한 두려움이 쌓여갔다. 처음 홀리스틱 로프트에 간
지 18개월 뒤의 일이었다.

"원한다면 언제든 나와도 돼." 도니카는 내게 일깨워주었
다. 나는 커플 파티에 가는 이유가 바로 이 두려움 때문임을 알
았다. 내 안의 두려움에게, 내가 원하지 않는 일은 그 무엇도 하
지 않아도 된다는 사실을 가르쳐주려고.

우리는 또 한 번 좁은 계단을 올라 로프트 바깥 신발 더미
에 신발을 벗어두었다. 안으로 들어가 부드러운 바닥 위 유일
한 빈자리를 향해 가면서, 나는 도니카 옆에만 딱 붙어 있고 싶
다는, 평소에는 거의 느끼지 않는 충동을 이기려 애썼다. 로프
트 전체를 보면 다양한 사람들이 있었지만, 우리가 앉은 자리
근처에는 남성만 득실득실했다. 내 한쪽 옆에는 젊은 남자가
앉아 있었는데, 그가 뿜어내는 불안감의 물결이 공기 중에 모
락모락 열기를 뿜어내는 것만 같았다.

"안녕하세요, 전 잭이라고 합니다." 그 남자의 목에는 면도
하다 실수로 남긴 상처가 선연했고, 얼굴은 땀범벅이었다. 손
을 내밀려던 나는 내가 그와 악수하고 싶지 않다는 사실을 깨
달았고, 그래서 악수하는 대신 손을 흔들었다. 그가 말했다.
"이런 데는 처음 와 봤어요. 원래 친구와 같이 오기로 했는데,
친구는 안 왔더라고요."

나는 그에게 미소를 지어보였지만, 서먹서먹한 미소였다.

잭은 말을 이었다. "양말이 짝짝이라서 미안해요."

그의 발을 슬쩍 본 내가 말했다. "아무도 신경 안 쓸 것 같은데요. 사과할 필요도 없고요."

"맞아요." 그는 큭큭 웃었다. "그냥, 여기 섹시한 사람들이 너무 많길래 좀 눈에 띄고 싶었나 봐요."

그에게서 당장 벗어나 방 건너편으로 가버리고 싶은 갑작스러운 충동을 억누르려던 순간, 도니카가 내 귓가에 속삭였다. "혹시 불필요한 감정 노동 하는 중이야?"

나는 여자친구를 향해 구겨진 표정을 지어 보였다. 평생, 한 시간에 한 번 그런 말을 속삭여주는 사람이 있다면 얼마나 좋을까? 잠시 후, 애덤이 곧 커플 파티 워크숍이 시작된다고 알려주었다. 한 젊은 여성이 우리 쪽으로 와서는 유일하게 비어 있는 자리를 조심스레 찾아 앉았다. 그녀가 자기 이름이 에마라고 소개하자마자, 나는 에마의 둥글고 친절한 얼굴이 금세 마음에 들었다.

"정말 어색하네요." 잭이 말했다. "전 이렇게 사람이 많은 곳은 익숙하지 않거든요. 보통 집에서 혼자 비디오게임을 하니까요."

에마와 나는 고개를 끄덕였다. 이것도 감정 노동일까? 연민과 노동을 구분하는 선은 어디쯤일까? 나는 연민과 노동이 상호 배제적인 것이 아님을 알았지만, 타인에게 신경 쓰는 것과, 신경 쓰는 척하는 건 달랐다. 어떻게 하면 진심이 담긴 표현이 감정 노동이 되는 순간을 정확하게 구분할 수 있을까?

내가 잭에게 연민을 느끼기는 하는 걸까? 아닐 것이다. 동감을 뜻하는 라틴어 'sympathia'가 어원인 연민sympathy이라는 단어는 연민하는 자와 그 대상 사이의 유사성에 바탕을 둔 정서적 연결을 뜻한다. 우리 사이에 그런 연결이 존재하지 않는다는 건 거의 확실했다. 그럼 내가 그저 잭을 동정하는 걸까? 동정이라는 단어는 연민보다도 거리가 느껴지는 단어이며, 『옥스퍼드영어사전』조차 동정받는 이를 열등한 존재로 보며 약간의 경멸을 띠는 것이라고 정의하고 있었다. 그러나 놀랍게도, 『옥스퍼드영어사전』은 동정하는 이가 슬픔을 느낀다는 점 역시 시사하고 있었는데, 지금의 나에겐 없는 감정이었다. 아마도 나는 그저 잭을 불쌍한 사람이라 생각하는 건지도 몰랐다. 내가 그를 향해 느끼는 감정 중 지배적인 것은 혐오감이었다. 나는 그를 애처로운 사람으로 보았으며, 그가 애처로운 상태임을 확인했으나, 그저 추상적인 차원에서였다. 나는 그를 향한 그 어떤 부드러운 감정도 느끼지 않았고, 실은 그가 지닌 극도의 비루함이 약간 위협적으로 느껴졌다. 또, 위협적이라 느끼는 와중에도 내가 느끼는 이 감정이 투사임을 알았다. 나는 나 자신이 걱정됐고, 내 거절 능력을 믿지 못했다. 그게 또다시 커플 파티를 찾은 이유였다.

내가 잭을 보며 느낀 반응을 샅샅이 탐구하다 보니 나 자신이 인색하다 느껴졌다. 그러나 이 남성의 기분을 살피는 게 어째서 내가 할 일이 되어야 하는가? 그는 나와 아무 관계 없는 사람일뿐더러, 언급할 필요조차 없는 사실이겠지만 그는 이미 나보다 그와 접촉할 의지가 더 충만한 이들로 가득한 커플 파티에 와 있었다. '남성이건 여성이건, 남성의 안락과 안녕을 여성의 안전, 안위는 물론 몸으로 한 경험의 진실보다도 우선한다는 점', 그게 바로 핵심인 것 같았다. 그것이야말로 내가 내 안에서 없애려 했던 것이며, 내 평생의 작업이었다.

워크숍이 시작되자 애덤은 익숙한 커플 파티 규칙을 안내했다. 6번 규칙인 "얼마든지 마음을 바꾸어도 좋습니다." 차례가 되자, 애덤은 무언가 시도했더라도 언제든지 별로 내키지 않는다면 마음을 바꾸어도 된다고 명확히 짚어주었다.

"그럴 때면 그냥 '여기까지 할게요'라거나 '그건 별로네요'라고 하면 됩니다." 애덤이 말했다. 그의 말을 듣는데 나도 모르게 눈물이 고였다. 정말 간단하고도 근사한 아이디어 아닌가? 내가 접촉하고 싶지 않았던 온갖 남성, 심지어 여성들에게 둘러싸였던 어린 시절과 젊은 시절의 나를 떠올렸다. 이제는 내가 마음에 품게 된 이야기들의 주인공인 여성들 모두를 떠올렸다. 우리 모두, 원한다면 언제든지 자리를 떠나도 된다는 사실을 배웠더라면 어땠을까? 자신을 아껴주기 위해서는 거절이 꼭 필요하다는 사실을 배웠더라면 어땠을까? 커플 파티와 마찬가지로 그 사실을 인정하는 사회에서 살아가는 것은 어떤 기분일까?

규칙 설명이 거의 끝나갈 무렵, 조만간 역할극을 시작한다는 게 떠올랐다. 잭과 짝이 될지도 모른다는 생각이 뇌리를 떠나지 않았던 나는, 자리를 바꿀 핑계를 생각하며 불안한 눈으로 주변을 두리번거렸다.

나는 내 몸이 무엇을 진정으로 원하고, 또 원치 않는지를 느낄 기회와 공간을 일부러 찾아왔다. 알고 보니, 내 몸은 무척 강한 감정을 느끼고 있었다. 내가 몸에 담긴 진실을 수년간 억눌렀던 시기들을 떠올렸다. 또, 내 그 감정들을 받아들일 의지가 생겼을 때, 다시금 돌아오던 감정들은 매번 얼마나 강력했는지 생각했다. 술을 끊은 뒤 그리고 그 뒤 담배를 끊은 뒤, 나는 1년 내내 울었다. 통제적인 연애를 끝낸 뒤에는 격렬한 분노를 느꼈다. 놀랄 만한 일은 아니지 않나? 과거의 나는 평생 한 그 어떤 일보다 오랫동안 내 몸을 애써 침묵하게 했다. 그 침묵을 지키기 위해, 나는 내 몸이 도구라고, 내 정신과 연결되어 있기는 해도 통합되지는 않은 사물이라고 생각하며 거의 평생을 보냈다. 나는 내 몸이 나를 담고 있는 상자가 아니라, **그 자체로 나**라는 사실을 서서히 깨달아가고 있었다.

그런 깨달음은 동이 틀 때처럼 서서히 찾아왔다. 그 새벽의 시작은 아주 오래전, 내가 소녀였을 때, 그전까지 학습한 자기혐오의 안개가 걷히고, 내 몸을 향한 사랑이 차오르며, 내 몸에 잔혹하게 굴었던 것에 후회가 밀려왔던 그때부터였으리라. 해리 할로의 붉은 털 원숭이 실험이 다시 떠올랐다. 우리는 동물을 사물인 양, 그들의 몸은 빈 그릇이고 그들의 생존 본능은 그릇 바닥을 데굴데굴 구르는 구슬인 양 취급한다. 우리는 누군가의 몸을 착취하고 싶어 할수록 상대에게 더 적은 인간성만을 허락한다. 나는 지금까지 내 몸이 타인에게 아무 탈 없이 내줄 수 있는 사물이라 믿으며 살아왔다.

혼자 있을 때, 또는 파트너와의 관계에서 내 몸을 "사랑하는" 것만으로는 충분하지 않다. 모든 사랑이 그렇듯, 자기사랑 역시 적극적 돌봄의 실천이라는 형태로 발현되어야 한다. 나는 연인들과의 관계에서 "사랑은 행할 때 존재한다"는 사실을 학습했음에도, 그것을 내면화하지 못했다. 몸이 낯선 이들의 욕망을 거부하고 싶어 할 때 그 몸을 저버린다면 몸을 잘 사랑하는 것이 아니다.

결국 역할극에서 내 짝이 된 사람은 바트라는 남자였다. 그는 잠옷 대신 다 늘어난 블랙진을 입고 있었다. 커플 파티 공간에서 핸드폰을 사용해서는 안 된다는 안내가 거듭해서 나왔는데도 바트는 애덤이 규칙을 설명하는 내내 핸드폰만 쳐다보고 있었다. 자기소개를 나눈 뒤, 그는 초조한 듯 더듬더듬 입을 열었다.

"당신에게 키스해도 될까요?" 바트는 물었다. 거절하는 연습을 위한 것임을 명시한 채 애덤이 지시한 대사였다.

"싫어요." 그렇게 말하면서, 나는 내가 마치 소리를 내지 않고 크래커를 씹을 때처럼 그 말을 부드럽게 내뱉고 있는 걸 알아차렸다.

놀랍게도, 그는 다시 한번 물었다. "당신에게 키스해도 될까요?"

"어, 싫어요." 이번에는 아까보다 덜 부드러운 말투로 대답했다.

"제발 부탁이에요." 그가 말했다. 내가 그토록 겁에 질리지만 않았더라면 웃음을 터뜨리고 말았을 것이다. 그가 한 반응은 거절 연습이라는 목적과는 정반대였기에, 내가 새로 만든 거절이라는 근육을 활용하기에는 최선의 기회가 온 셈이었다.

그제야 바트는 정해진 대사를 했다. "자신을 아껴줘서 고마워요."

마지막 연습은 모두 일어서서 최대한 많은 사람을 안아주는 것이었다. 자리에서 일어나 사람들의 몸통을 마주하자, 꼭 남자들의 숲에 들어온 기분이었다.

"당신을 안아도 될까요?" 잭이 물었다.

"고맙지만 싫어요." 내가 대답했다. 속으로는 부엌 개수대의 음식물 찌꺼기통을 비울 때라든지 벌레를 맨손으로 때려잡을 때처럼 치가 떨렸다. 잭에게 치가 떨린 것이 아니라, 단순히 그를 거절하는 행위에 대한 반응이었다. 다음부터는 대답할 때 "고맙지만"이라는 표현은 빼야겠다고 머릿속에 새겨 넣었다.

"자신을 아껴줘서 고마워요." 잭의 대답은 꼭 질문처럼 들렸다. 그렇게, 우리 둘은 서로에게서 비스듬한 방향으로 몸을 돌렸다.

"당신을 안아도 될까요?" 두 번째 남자가, 그다음에는 세 번째, 네 번째 남자가 물었다.

"싫어요." 나는 모두에게 그렇게 대답했고, 그때마다 속으로 이를 악물었다. 작은 체구에 체크무늬 잠옷을 입은, 내 눈에는 게이로 보이는 남자가 내게 안아도 되느냐고 묻자, 나는 내 마음을 확인했다. 그와 포옹하는 건 괜찮을 것 같았다. 좋다고 대답하려는데, 주변에 내가 거절한 남자들이 여럿 있다는 사실이 문득 예리하게 의식됐다. 자기들에게 퇴짜를 놓은 뒤 이 남자에게는 좋다고 말하면, 다른 사람들 역시 그 사실을 신경 쓰겠지. 나는 눈앞의 남자에게 진심을 담은 미소를 지은 뒤 대답했다. "지금은 싫어요, 고마워요."

그 남자도 미소를 지었다. 이토록 의도와 의지가 굳건할 때조차 남성들의 감정을 보살피지 않기란 그리 쉽지 않았다. 심지어 나는 주변에 있는 남성들의 감정을 상하게 하지 않고자 **불필요한** 선까지 그은 셈이었다. 나는 자신을 강간한 범죄자 남성과 통화를 나누던 지니 바나스코의 경험을 떠올렸다. "문제는, 중요한 순간 내가 그 선을 명확하게 말로 표현하기가 어려웠다는 점이다. 그렇게 하면 상대 남자가 부끄러움을 느낄 테니까."

바나스코는 이 경험을 택했다. 명확성에 대한 자신의 욕구를 우선시하겠다는 의도를 충실하게 설정했다. 앞서 말한 그의 책 전체는 그가 자신의 흥미를 중심에 두겠다는 것을 전제했다. 그럼에도 사과를 하지 않는 것이, 자신보다 남성의 안위를 우선시하지 않는 것이 불가능했다. "나는 스스로에게 말했다. 절대 그를 달래주지 말아야겠다고. 그리고 다음 순간, 나는 그를 달래주었다."

커플 파티에 모인 남자들 중 가장 끈질긴 이들을 거절했을 때, 그들의 몸이 내 거절을 소화하는 과정이 찰나였지만 투명하게 눈에 보였다. 잠깐의 놀라움, 상처, 실망, 분노, 그러다 마침내 내가 "자신을 아껴줘서 고마워요"라는 대사를 내뱉는 순간 내비치는 굴복까지도. 내가 바라보고, 수행하는 재사회화는 나만의 것이 아니었다. 나중에 나는 도니카에게 커플 파티는 일종의 인셀incel* 남성들을 방지하는 대책이 아니겠느냐고 말했다.

인셀을 다룬 글을 처음 읽었을 때가 기억난다. 인셀이란 특권의식, 성적 좌절감, 여성 혐오가 뒤섞인 금방이라도 활활 탈 것 같은 감정이 극단주의로 치달은 남성들로, 여성들이 자신과 당연히 섹스해주어야 한다고 믿는다. 인셀들이 가진 불만, 그들이 했던 선언은 쉽게 찾아볼 수 있지만, 지나치게 역겨운 나머지 곱씹기는 어렵다. 인셀에 대해 잠시 검색해보는 것만으로도, 섹스해주지 않는 여성들을 향한 분노와 증오를 폭력으로 발산한 사람이 2014년 캘리포니아주 아일라비스타에서 6명을 살해하고 그 밖의 여러 명에게 부상을 입힌 총격 사건의 범인 엘리엇 로저스가 전부일까 하는 물음에 충분히 답을 얻을 수 있다. 인셀의 믿음은 경악스럽지만, 그렇다고 뜬금없지는 않다. 수백 년 동안 전 세계 여성들은 남성과 섹스해줄 의무가 있었다. 여성이 자기 몸에 대한 주권을 지닌다는 믿음은 보편적인 것이 아니며, 그렇게 믿는 문화에서도 여전히 새로운 것이기에 사람들의 정신이 이를 따라잡으려면 멀었다. 우리의 문

---

* 비자발적 금욕자involuntary celibate의 약자로, 자신이 연애 관계를 맺을 수 없다고 정의하는 남성들의 집단과 그들이 형성한 하위문화이다. 분노, 여성 혐오, 폭력, 극단주의와 종종 연관된다.

화, 나아가 우리의 정신은 모순투성이다.

소년들도 커들 파티에서처럼 사회화된다면 어떨까? 어린 시절 이웃에 살던 알렉스가, 욕망이 두려움, 증오, 공격성으로 나아가는 경로를 수정하는 법을 배웠더라면 어땠을까? **자신을 아껴줘서 고마워요.** 어떤 관점에서 보면, 모든 것은 쉽게 바꿀 수 있을 것만 같다. 우리가 그토록 오랫동안 잘못된 습관에 시달리지 않았더라면 말이다. 우리 모두 변하고 싶어 한다면 말이다.

"끌어안고 싶은 상대는 있어?" 도니카가 물었다. 나는 어깨만 으쓱했다. 도니카의 두 번째 커들 파티 경험은 첫 번째와는 상당히 달랐던 모양인지, 나중에 나에게 이렇게 털어놓기도 했다. "처음 파티에 갔을 때 타인의 손길이 정말 간절했어. 안아줄 사람이 아무도 없는 곳에 살다 왔으니, 우울하고 고립된 기분이었어. 스킨 헝거에 시달리고 있었던 거지." 스킨 헝거를 해결하는 것이야말로 커들 파티의 목적이었을 터다. 내가 내 선을 파악하고 분명히 말하는 연습을 할 장소로 커들 파티를 이용했던 게 부적절하지는 않았지만, 파티의 주목적은 그런 게 아니었다. 일부 참여자들이 내뿜고 있던, 나를 불안하게 만들던 절박한 기색이야말로, 그들이 장소를 제대로 찾아왔다는 증거였다.

대화를 나누던 우리에게 한 남자가 다가왔다. 조금 전 내가 포옹을 거절했던 남자였다. 우리 셋은 잠시 간단한 대화를 나누었다.

"당신을 안아도 될까요?" 그의 눈길이 내게서 도니카로 옮겨갔다.

"그럼요." 도니카가 어깨를 으쓱했다. 그러자 남자는 곧장 팔을 뻗어 우리 둘을 한꺼번에 끌어안았다.

"이런, 잠깐만요." 도니카가 두 손을 들었다. "멀리사는 동의하지 않았어요."

"아, 그러네요." 그는 사근사근하게 말했지만, 나는 그의 목소리에서 희미한 짜증의 기색을 읽어냈다. "당신을 안아도 될까요?"

"좋아요." 나는 대답했다. 그는 다시 팔을 뻗어왔는데, 그가 우리 둘을 한꺼번에 안고 있던 잠깐 동안, 나는 사실 그와의 포옹을 원하지 않았다는 걸 깨달았다. 친구나 동료에게 선을 그을 때마다 느끼던 불안감이 떠올랐다. 상대가 내 거절을 잘 받아들이거나 내 의사를 존중하는 표현을 했을 때, 나는 선을 없애 버림으로써 '고마움'을 표현하고자 하는 충동을 애써 참곤 했다. 그 순간에는 이 남자의 포옹을 받아들이는 것만이 유일한 선택지로 느껴졌었다. 그는 순응한 대가로 포옹을 얻어냈다. 이것이야말로 너무나 깊이 내재한 메커니즘으로, 내가 내 몸의 주권을 주장하는 것이 무례한 행동 또는 불문율을 위반하는 일이라는 믿음은 여기서 나온다.

내가 미니 당근을 먹으려고 부엌으로 들어갔을 때, 갈색 머리를 가진 키 큰 여자가 다가왔다. 그녀의 이름은 브렌다였고, 얼굴에는 주근깨가 있었고, 눈빛이 차분했다.

"당신을 안아도 될까요, 멀리사?" 브렌다가 물었다.

"좋아요, 어떤 종류의 포옹이 좋을까요?" 내가 말했다.

"저런 건 어때요?" 그러면서 그녀는 바닥에 한 방향으로 나란히 누운 채 꽉 끌어안고 있는 두 사람을 가리켰다.

"흐으음. 그냥 앉은 채로 안는 건 어때요?" 내가 말하자 브렌다도 동의했고, 우리는 바닥의 빈자리로 가서 앉았다. 잠깐 동안 조정을 거친 끝에 우리는 팔과 상체가 편안한 자세를 찾아냈다. 포옹하는 동안에도, 내가 여전히 편안한지 나는 스스로 자꾸 확인했다. **괜찮아? 지금도 괜찮아?** 자신에게 이렇게 물어야 한다는 사실을 기억하고 있었기에, 그 물음도 어렵지 않았다.

브렌다와의 상호 작용에는 내가 나 자신과의 내적 대화를 나눌 만한 공간이 있었다. 한편, 이곳에서 만난 남성 대부분과의 사이에서는 이런 공간이 존재하지 않았다. 남성들은 나에게 공격적으로 욕구를 표현했다. 내 감정이 발생하는 공간에 침투해서 새로운 반응 신호를 자아냄으로써 내 내면의 신호를 교란해버렸다.

선이란 불분명한 개념일 수 있다. 선은 수많은 방식으로 적용될 수 있으나, 선이 존재하는 곳과 존재하지 않는 곳의 차이는 꽤 분명하다. 공간적으로 여유롭던 브렌다와의 상호작용에서, 나는 상대가 우리 사이에 그어진 형이상학적 선을 인식하고 있음을 알 수 있었다. 그녀는 자신의 행위주체성을 나의 것보다 우선시하지 않았고, 나를 조종하거나 내게 무언가를 지시하려 들지 않았다. 브렌다는 상호 합의를 거쳐서 상호작용하고자 했다. 그녀와의 소통을 통해, 나는 남성들이 내 공간을 비집고 들어와 자신이 원하는 것을 찾아 함부로 들쑤시려 했다는 것을, 내 관심사보다는 자신들이 원하는 신체 접촉을 우선시했다는 것을 깨달을 수 있었다.

여성 혐오는 행동 속에 입자의 형태로 스며든다. 배고픈 사람이 냉장고를 증오하지 않는 것처럼, 그 남성들 역시 나를 증오하지 않는다. 그저 자신들의 욕구가 내 욕구보다 더 가치 있다고 여겼을 뿐이다. 그리고, 배고픈 사람이 냉장고 문이 열리지 않을 때 답답해하는 것처럼, 나는 거절당하는 순간 그들의 눈에 언뜻 스친 눈빛을 확인했다. 존 치버의 「치유」 화자처럼, 그들 역시도 예의 바르되 내 안위를 완전히 무시하는 방식으로 내게 물은 것이나 다름없었다. "아가씨, 부디 제가 손으로 발목을 감싸 쥐도록 허락해주시겠습니까? 제가 원하는 건 오로지 그것뿐입니다."

홀리스틱 로프트에서 나온 내 뺨에 차가운 공기가 끼얹어지는 순간, 고함을 지르고 싶었다. 어떤 특정한 감정 때문이 아니라, 나 자신을 향해 바짝 신경을 기울이느라 생긴 긴장감을 털어내고 싶어서였다.

그 뒤로 몇 주 동안, 커플 파티가 끝날 무렵에 나와 도니카를 끌어안았던 남자에 대한 분노는 점점 더 커졌다. 내가 그 일을 이토록 민감하게 받아들인다는 것이 나 자신도 놀라웠다. 지금까지 허락받지 않고 나를 안은 사람이 얼마나 많았던가? 내가 그들에게 안기고 싶지 않았던 적은 얼마나 많았던가? 적어도 수천 번은 된다. 이런 일이 너무 자주 일어난 나머지, 커플 파티에서 그 남자가 나를 향해 팔을 뻗었을 때 내가 내 몸이 원하는 바를 무시했던 그 순간을 알아차리지조차 못했다. 그렇다고 해서, 그 일의 여파가 남지 않았다는 건 아니다. 나는 이제야 그 여파를 느끼고 있었다. 수십 년간 몸이 원하는 바를 무시하면 어떤 일이 일어날까? 아마 그것이 이 글의 전제이자, 이 글을 쓰게 만든 의문에 대한 답이 되리라. 나는 왜 커플 파티의 경험이 그토록 부담스러웠을까? 내가 너무 오랫동안 몸의 바람을 무시해온 나머지, 그 바람을 읽어내지 못하게 되었기 때문이었다.

시간이 지날수록 커플 파티의 존재가 점점 더 고맙게 느껴졌다. 이런 파티들이 하는 작업, 내어주는 공간은 혁명적이다. 사회의 가장 파괴적인 측면을 완전히 다른 것으로 변화하게 만들 힘을 가졌으니까. 이런 작업 없이 사회는 바뀔 수 없을 것이다. 내 안위에 관해, 내가 어떤 종류의 신체 접촉을 받아들일 수 있고, 또 어떤 종류는 받아들일 수 없는지를 놓고 세세한 정보들을 수집할 다른 계기는 없었을 것 같다. 수십 년간 내 몸의 목소리를 무시해온 끝에, 끝내는 몸에게 알려달라고 부탁해야 했다. 다른 여성들에게 알려달라고 부탁해야 했다. 아직은 표현할 언어를 찾지 못한, 반복되는 경험들을 인지해야 했다. 명시적인 지지를 받으며 싫다고 말할 수 있는 공간이 필요했다. 커플 파티에 참여하지 않았더라면, 이 모든 일은 일어나지 않았을 것이다. 이 일은 평생 타인에게 기울여 온 것과 똑같이 섬세한 주의를 기울여 내 몸을 보살피는 여정에 있어서 큰 계기가 된 것 같다. 한때는 나를 보살피는 일의 중요성을 인식하고, 또 **믿는** 것만으로도 충분할 줄 알았다. 하지만 전혀 충분하지 않았다.

예전에, 내 심리치료사가 팔을 다친 어느 지인 이야기를 해주었다. 그녀는 다친 팔 때문에 오랜 통증에 시달렸다. 움직임에도 제약받았다. 걸어갈 때 멀쩡한 팔은 자연스레 움직였지만 다친 팔은 움직이지 않았다. 결국 그녀는 다친 팔을 수술받았다. 수술 후 회복하자 통증은 사라졌지만, 그 팔은 걸어갈 때 여전히 움직이지 않고 뻣뻣하게 옆구리를 따라 늘어져서 꼼짝도 하지 않았다. 의사의 소견에 따르면 아무 문제가 없었는데도 그랬다. 어느 날, 길을 걷던 그녀는 다쳤던 팔을 꼭 붙든 채 이 팔이 여태 겪은 온갖 고통을 떠올렸다. 그 뒤에는 눈을 감고 팔에게 말을 걸었다. "넌 움직일 수 있어"라고 나직하게 속삭였다. 다시 걷기 시작하자, 팔은 마치 여태까지 허락이 떨어지기만을 기다리고 있었던 것처럼 한 걸음 한 걸음 걸을 때마다 아무렇지 않게 움직였다.

이 글을 쓰면서 배운 것이 있다면, 동의란 우선 자기 안에서 일어나는 소통의 한 종류라는 사실이다. 무엇보다도 이 글은 귀를 기울이는 일에 대한 글이다. 내가 나에게 귀를 더 잘 기울일 수 있게 된 것은 다른 여성들의 진실에 귀를 기울인 덕분이었다. 우리가 우리 몸에게 해주어야 하는 말들이 무엇인지, 그 말이 얼마나 진심이어야 하는지를 깨닫게 된 것도 이 글을 쓰면서였다.

이런 깨달음이 내 일상에 어떻게 스며들지는 아직 모르지만, 분명 스며들게 될 것이다. 내 상상 속 추상적인 치유란 아물거나 위로 올라가는 형태였다. 나는 치유가 물에 빠진 나를 건져주는 비행기처럼 다가올 줄 알았다. 진정한 치유는 그와는 정반대다. 그건 열어젖히는 일이다. 내가 잃어버린 나의 일부 속으로 뚝 떨어져 그것을 되찾아오는 일이다. 치유는 느리게 일어나는 일, 지름길이 존재하지 않는 일이다. 때로 나는 **치유**healing라는 말에 **변화**changing라는 뜻을 담는다. 자기 안의 지속적이고 의식적인 변화는 사회적인 변화와 닮았다. 꾸준히 관심을 기울여야 가능하다는 점에서 그렇다. 변화는 때로 고통스럽고, 대체로 지루하다. 우리는 거듭해서 변화하기를 택해야 한다.

며칠 전 우연히 친구의 친구를 만났다. 호감은 있지만 그렇게 친하지는 않은 사람이었다. "안녕하세요!" 그 남자는 그렇게 말하더니 양팔을 벌리고 내게 다가왔다. 포옹은 아니었지만, 포옹에 선행하는 미세한 몸짓이자, 내가 다음 단계를 받아들이기를 기대하는 몸짓이었다. 나는 미소를 지었지만, 그 남자의 품에 기대지는 않았다. "반가워요." 나는 그렇게 말하면서, 나 자신을 아껴준 내게 속으로 고맙다고 말했다.

레 칼랑크

I reach
my hand
through the water
and touch their
familiar shapes.

나는 물속으로 손을 뻗어
그 익숙한 형체들을 어루만진다.

카시스 풍경을 사진으로 본 적이 있었기에 놀라지는 않았지만, 그 아름다움에 홀리는 건 매한가지였다. 내리막을 따라 구불구불 이어진 좁다란 길과 치장 벽토로 마감한 건물들, 눈에 충격을 주는 청록빛 바다, 아늑하게 자리한 항구 마을을 둘러싸고 우뚝 서 있는 절벽과 그 꼭대기 성벽. 그러나 매미 이야기는 아무도 해주지 않았다. 마르세유에서 택시를 타고 목적지에 도착해 차 문을 여는 순간 매미의 노래에 화들짝 놀란다. 나무들에서 쏟아진 매미 울음의 윙 진동하는 소리가 담요처럼 모든 것을 뒤덮는다. 꼭 기계음을 닮았지만, 그 소리가 수천 마리 거대한 곤충들의 욕망으로 들먹거리는 몸속에서 나오는 것임을 나는 안다.

나는 다른 예술가 10명과 한 달 일정으로 프랑스 남부 카시스에 왔다. 건물 맨 꼭대기 층, 높은 창이 있는 아파트에서 혼자 지내게 되었다. 초록 눈을 가진 등대가 있는 해안(F. 스콧 피츠제럴드는 여기서 멀지 않은 장소에서 『위대한 개츠비』를 탈고했고, 작품에 등장하는 초록빛 등대에 영감을 준 것이 바로 이 등대라는 설이 있다), 태양의 위치에 따라 색을 바꾸는 카나유봉Cap Canaille, 육체들로 넘쳐나는 타운 비치 그리고 가차 없이 푸른 하늘에 맞닿는 수평선까지 뻗어 있는 가차 없는 푸른 지중해가 내려다보이는 창이다.

아침마다 나는 창문을 밀어 열고 이른 아침의 바닷바람에 몸을 적신다. 얼마 전까지 나는 무슨 약을 먹어도 누그러뜨릴 수 없는 고통을 온몸에 퍼뜨리는 등 통증에 시달렸다. 더는 아프지 않지만, 내 육체가 얼마나 취약한지 알게 됐다. 서른일곱 살인 지금 육체를 과거로 되돌릴 길은 없으리라.

모든 창문을 다 열어둔 뒤, 조그만 부엌에 딸린 도기 개수대 앞에서 무르익은 복숭아 하나를 먹으면 과즙이 팔을 타고 흘러내린다. 그다음에는 8주 전만 해도 할 수 없었던 가벼운 스트레칭을 한다. 스트레칭이 끝날 무렵엔 태양과 함께 매미 울음소리도 함께 고조된다. 복막이 울음을 토해낼 수 있을 만큼 충분히 열기로 달궈진 것이다. 나는 20분 동안 명상한다. 눈을 감고 매미 울음소리가 건물을 에워싼 빛의 고리라고, 매미 하나하나의 몸이 번득이는 잉걸불이라고 상상한다.

수컷 매미의 울음은 1마일[약 1.6킬로미터] 떨어진 곳의 암컷에게도 들리며, 인간의 귓가에서 울면 청력 손실을 일으킬 정도로 큰 울음소리를 내는 매미도 있다. 나무 위 알에서 깨어난 유충은 바닥으로 뚝 떨어져 흙 속에 구멍을 파고 들어가는데, 그 구멍이 8피트 깊이나 되는 경우도 왕왕 있다. 남프랑스의 매미는 땅속에서 4년을 보내지만, 매년 여름이면 때를 맞은 매미들이 땅 위로 나와 노래하고 짝짓기를 하다 몇 달 뒤 죽는다. 카시스의 기념품점마다 도자기 매미, 나무 매미, 매미가 인쇄된 티 타월 따위를 판다. 북미의 매미, 내가 어린 시절 알던 매미들의 수명은 더 길어서 땅속에서 17년을 보내다 마침내 흙을 뚫고 햇빛 속으로 나와 옛 몸의 허물을 벗어 던지기도 한다.

프랑스에 온 것은 17년 만이었다. 그때의 여행을 떠올리지 않은 지 오래였지만, 마치 언어처럼 그 여행의 세부 사항들이 내게 서서히 돌아오기 시작했다. 시장에 가면 내 안 어딘가 20년 가까이 잠들어 있던, 내 안에 있는지도 몰랐던 단어들—쏠멍seulement(오직), 레 프네트르les fenêtres(창문들), 데졸레désolée(미안해요)—이 나를 에워싼 목소리들에 흔들려 헐거워지기라도 한 것처럼 내 입에서 쏟아져 나왔다.

2001년 여름, 대학교 마지막 학기를 시작하기 전에 나는 놈 촘스키, 킴벌리 크렌쇼, 시몬 드 보부아르 등의 책을 출간한 좌파 독립 출판사인 뉴프레스에 취업했다. 내 업무는 에어컨이 나오는 맨해튼의 로프트에 앉아 행정 잡무를 처리하고, 장편소설 원고 전문을 우편으로 투고한 소설가들에게 답장을 쓰는 것이었다. "저자 선생님께. 뉴프레스는 소설을 거의 출판하지 않으며, 특히 미국인 작가의 소설은 출판하지 않습니다." 출판사 카탈로그만 훑어보았더라도 뻔히 알 만한 사실이었다. 그럼에도 나 역시 소설가를 꿈꿨기에, 장례식을 연상시키는 **턱** 소리를 내며 원고를 재활용 쓰레기통에 던지는 순간이면 그들이 안타까웠다.

오전에 출근하면, 12피트[약 3.6m]짜리 인더스트리얼 디자인의 철제 책꽂이가 있는 커다란 창고를 돌아다니다가 그날 자리에 앉아 읽을 책을 한두 권 골랐다. 읽다가 마음에 들면 핸드백에 넣어 집으로 가져갔다. 그때 훔쳐온 스터즈 터클의 책 『일』은 아직도 집에 있다. 뉴프레스는 정말 좋은 일자리였으리라, 내가 헤로인에 중독되지만 않았더라면 말이다.

나는 고작 스무 살이었지만, 벌써 내가 헤로인 중독을 의지만으로 이겨낼 수 있을 거라 믿는 저주받은 단계를 넘어선 뒤였다. 끊으려고도 해 봤고, 여전히 남의 도움 없이도 끊을 수 있을 거라 생각했다. 확실한 건 나보다 오랫동안 중독자였던 남자친구는 도움이 안 된다는 점이었다. 보스턴 그리고 남자친구가 문제라고 착각한 나는 2년 전 뉴욕으로 떠나왔다. 그러나 약물 사용 습관은 나를 따라왔고, 결국은 남자친구도 나를 따라왔다.

뉴프레스에서 첫 주급을 받은 날, 나는 수표를 현금화하려고 남자친구와 함께 맨해튼 피프스애비뉴에 있는 은행으로 가서 추울 정도로 냉방이 나오는 로비에서 대기했다. 등에 맺힌 땀이 차가워졌을 무렵, 남자친구는 공짜 막대사탕을 빨면서 그

돈으로 약을 사라고, 스피드볼*을 만들 코카인을 사라고 나를 꼬여냈다. 그가 내 귀에 대고 그 말을 속삭이는 사이 단단한 사탕이 그의 이에 부딪쳐 달그락거리는 소리가 났다. 사탕의 붉은 색소 냄새가 지긋지긋했던 나는 지폐를 지갑 안에 쑤셔 넣으며 창구를 떠났다.

"그만 좀 해!" 내가 목소리를 낮춰 제지했다. 지난번 주사 때문에 팔 안쪽에 남은 멍은 화장품을 덧발랐는데도 눈에 띄었다. 벌써 피부 위로 무언가 기어가는 느낌이 들었고, 그것이 금단현상의 첫 조짐임을 이제는 알았지만, 더는 약물 사용이 싫었다. 보통 대학생들이 쓰는 곳에 내 주급을 쓰고 싶었다. 여행을 가거나, 책을 사거나, 신용카드 대금을 내는 데 말이다. 묵직한 쌍여닫이문을 열고 나와 푹푹 찌는 인도로 나가자마자 나는 그에게 고함을 쳤다. "우린 빌어먹을 마약 중독자야! 이건 아니야!"

그러자 그는 눈을 굴리더니 두꺼운 종이로 된 사탕 막대를 콘크리트 보도 위에 뱉었다. "오버 좀 하지 마."

일주일 뒤 나는 직장을 그만두고 두 번째 주급과 부모님이 준 돈까지 탈탈 털어 파리로 가는 편도 티켓을 샀다.

흰 요트 한 대가 재단 가위처럼 푸른 바다 위로 선을 긋는다. 해변에 선 트럭에서 두 남자가 오렌지색 카약을 끌어낸다. 나

---

* 코카인에 헤로인 등을 혼합한 마약 주사.

는 창가에 나무 의자를 놓고 앉은 채 느릿느릿 왼쪽 다리를 들어 올리며 고개를 뒤로 젖힌다. 신경치실운동nerve-flossing*이라는 교정 운동이었다. 나는 낚싯줄처럼 축 늘어진 분홍색 좌골신경이 주변을 감싸고 있는 부드러운 조직에서 분리되는 상상을 한다.

운동을 반복 수행하면서 나를 잠에서 깨운 그 꿈을 떠올려본다. 20년째 꾸고 있는 익숙한 꿈의 한 버전이었다. 꿈속에서 나는 약물 중독자인, 내게 처음 헤로인을 주었던 옛 남자친구를 떨쳐버리려 애쓰고 있다. 어디를 가든 그는 들개처럼 어깨를 축 늘어뜨린 채 공허하고 굶주린 눈을 하고 따라온다. **저리가!** 나는 그에게 고함친다. 꿈속 나는 지금의 나이기에, 그가 등장해 나와 함께 마약에 취하고 싶어 하는 게 얼마나 부조리한지 잘 안다. 지난 18년 동안 그를 본 것이라고는 그가 고주망태가 되어 내 첫 책 출간 기념 파티에 나타났을 때가 유일했다. 꿈에 그가 나올 때마다 분노와 공황에 사로잡힌다. 왜 사라지지 않는 거야? 자기가 이미 사라졌다는 걸 왜 모르는 거지?

서른 번의 반복 동작 끝에 나는 비명을 지르고 싶어진다. 고통의 비명이 아니라, 지루함의 비명이다. 물리치료에 대해 사람들이 말하지 않는 진실은, 그것이 고문처럼 지겹다는 것이다. 부상에서 회복되기까지 이렇게 오랜 시간이 걸린 건 처음이었다. 살면서 다친 적이 많지는 않았다. 어린 시절부터 나는

---

* 약물로 해소되지 않는 신경통에 대한 대안적 치료로, 압박된 신경을 진정시키고 유연성과 가동성을 향상시키기 위한 동작들로 이루어진 운동.

스프링이 달린 새총처럼 삶을 누볐다. 무릎은 상처투성이로, 아직도 해마다 두어 번씩은 살갗이 벗겨진다. 10대 시절부터 하이힐을 신었는데도, 여전히 발목을 삐끗할 때가 많고, 자전거를 타면 땅이 자성이라도 띠고 있는 것처럼 넘어진다. 그럼에도 내 몸은 탄탄한 고무줄처럼 곧장 제자리로 돌아갔다.

등 통증이 이틀쯤 지나고 누그러졌을 때 나는 안도감에 부르르 떨었다. 며칠 지나면 완벽히 회복될 거라 생각하며 친구들과 약속도 잡았다. 그러다 통증이 다리로 옮겨오기 시작했다. 어느 날엔 내 왼쪽 허벅지를 짓눌렀고, 다음 날에는 종아리, 그다음 날에는 발까지 내려왔다. 달아오른 전선이 내 척추 맨 아래부터 엉덩이를 지나 엄지발가락까지 꿰뚫은 것만 같았다. 내 몸속에서 꼬이다가 닳아 끊어진 전선이 발목과 발에 뜨거운 불꽃을 흩뿌리는 기분이었다. 7~8분 서 있으면 더는 견딜 수 없어져 헐떡이며 바닥에 누워야 했다. 한동안, 여러 번의 치료를 받고 나서야 고통을 느끼면서도 걸을 수 있게 되었다.

지난 20년간 나는 거의 매일 달렸고, 달리기가 내 불안의 치료제라고 생각했다. 스트레칭은 지루하기 때문에 거의 하지 않았고, 하지 않는다고 해서 딱히 눈에 띄는 대가가 따르지는 않았다. 나는 늘 그런 식이었다. 기분 좋은 일을, 빠르게, 자주 하는 걸 좋아했다. 의사들은 이 전략 때문에 내가 부상에 취약해졌다고 했다. 통증이 시작된 뒤의 9주는 열여덟 살 이후 달리기를 가장 오래 쉰 기간이었다. 게다가 회복 모임에 참석할 수도, 친목 활동을 자주 즐길 수도 없었다. 부상이 매일 일기 쓰기나 글쓰기 연습을 방해한 건 아니었지만, 한동안 공황 때문에 그 두 가지 모두 할 수 없었다.

내가 사랑하는 사람은 이 활동들을 "모듈"이라 부르곤 한다. 사귄 지 몇 달이 지난 뒤, 그녀는 내가 이 활동들 중 매일 두세 가지, 기분이 좋은 날에는 여섯 가지 모두 한다는 사실을 눈치챘다. 아침에 일기 쓰기, 모임, 운동, 명상, 글쓰기 그리고 친구들과의 의미 있는 접촉이다. 이 활동 중 대부분은 내 삶에서 각자 다른 역할을 하고, 그 동기에 달린 의도 역시 여러 가지지만, 내 정서적 균형은 이 모든 활동에 달려 있다. 각 활동을 정기적으로 수행하는 것이 내 자기관리 루틴이고, 이 루틴이 없다면 내 성격은 극적으로 변해버릴 테니, 내가 완전히 다른 사람이 될 것이라 해도 과언이 아니다.

"다른 사람?" 만난 지 얼마 되지 않았을 때 그녀가 내게 물었다.

"다른 사람." 나는 대답했다.

파리에 가져간 짐이라고는 배낭 하나가 전부였다. 정오에 샤를드골 공항에 착륙한 나는 졸음에 몸을 가누지 못한 채 배낭을 끌고 비행기에서 내렸다. 공항에 가득한 인파의 머리 위로 담배 연기가 구름처럼 떠다니고 있었다. (프랑스의 공항, 병원, 학교에서 흡연이 금지된 것은 2008년의 일이다.) 나는 주머니에서 팔리아멘트 담뱃갑을 꺼내 한 대를 피워 문 다음 표지판을 찾아 출구를 향했다.

고등학교를 자퇴하기 전까지 프랑스어를 공부했고, 대학에 들어간 뒤 4년 더 공부했다. 나는 프랑스어를 썩 잘했고, 문법과 어휘에 대한 지식도 상당히 갖추고 있었지만, 모국어 화자들 사이에서 실제로 써본 적은 없었다. 남들의 대화 속에서 알아들을 수 있는 단어들이 등장하고는 했지만, 프랑스어가 거의 이해되지 않는다는 사실이 놀라울 정도였다. 억양이 좋았기에 길을 물으면 상대는 내 프랑스어 실력이 유창하다고 여기고 내가 알아들을 수 없는 속도로 말을 쏟아냈다. 나는 메르시 보꾸 *merci beaucoup*(고마워요) 하면서 고개를 주억거렸지만, 여전히 아무것도 이해하지 못한 상태였다.

나는 론리플래닛 가이드북과 파리 지하철에서 무료로 배포되는 노선도를 보며 내 일정표 속 첫 번째 호스텔로 가는 길을 찾았다. 주거 지역에 있는 따분하게 생긴 건물이 내 숙소였고, 안내 데스크의 젊은 여자는 내가 입을 열 때까지 내 존재를 무시했다. 내가 간신히 한 마디를 뱉자마자, 여자는 내 말을 막으며 영어로 말을 시작했다. 돈을 낸 뒤 안내받은 방은 군대의 막사처럼 벽에 2층 침대들이 쭉 늘어선 곳이었다. 창살이 쳐진 작은 창문으로 들어온 오후의 미약한 햇살이 바닥에 새어들고 있었다. 나는 여자에게 고맙다고 말한 뒤 그녀가 가리킨 침대를 향해 철제 사다리를 올라갔다. 비행기 안에서 눈을 거의 못 붙인 탓에 피곤해 감각이 없었다. 가이드북에는 짐을 도둑맞지 않도록 로비에 있는 유료 사물함을 사용하라는 조언이 실려 있었다. 프랑*을 낭비하고 싶지 않았던 나는 다리 사이에 배낭을 놓고 보풀투성이 담요를 덮은 다음 편안한 자세로 누우려고 무진 애를 썼다. 방 안에 다른 숙박객은 없었다.

방이 어두워지자, 사람들이 돌아와 로비에 있는 소파에 앉는 소리가 들렸고, 그들의 웃는 소리, 내가 이해하지 못하는 언어로 하는 잡담 소리가 들렸다. 피곤해서 몸이 아팠지만, 낯선 나라에 온 스무 살이 느끼는 그 자체로도 예리한 외로움보다 더 큰 고독감이 더 아팠다. 나는 수년간 나를 괴롭히던 온갖 문제들—약물 중독, 힘든 연애, 무엇보다도 내가 믿는 것들, 내가 믿는 나와는 모순되는 선택을 할 수밖에 없게 만든 충동—으로부터 도망쳐 온 것이었다. 이런 행동들의 기저에는 내 몸이 겪는 그 어떤 악몽보다도 깊은 절망과 두려움의 구멍이 도사리고 있었다. 멈추려 했지만, 그럴 수 없었다. 비밀을 감추기 위해 나를 사랑하는 사람들로부터 나 자신을 고립시켰다. 그때의 내 삶이란 충동의 루틴으로 굴곡진 협소하고 외로운 곳이었다. 내 삶의 연속성을 아는 유일한 사람이야말로 내가 간절히 탈출하고 싶은 상대였다.

이제 나는 내 삶에서 5000마일[약 8000킬로미터] 떨어진 곳에, 약물의 고통 없이 혼자 있었다. 자유롭다 느껴야 마땅했다. 하지만 내 문제가 나 자신이라는 사실을 깨닫는 것이야말로 그 무엇보다 가슴이 미어지는 실망감을 주었다. 깜깜한 구멍을 바다 건너까지 지고 온 셈이었다. 그 구멍은 내 안에 있었으니까.

---

* 프랑스에서 유로화가 쓰이기 전인 2002년 2월 초까지 통용된 화폐 단위.

어쩌면, **정말** 내가 문제인 건지도 몰라, 하고 생각했다. 그것이 모든 중독자, 자신을 미워하는 모든 사람이 공유하는 두려움이다. 나를 고통받게 하는 것, 내가 나에게서 혐오하는 부분이야말로 나의 가장 진정한 모습, 영영 긁어낼 수 없는, 그을리고 독을 품은 핵심인 건지도 모른다는 끔찍한 가능성 말이다.

내 아픔이 겉으로 드러나지 않는다는 사실은 만족스러웠다. 오랫동안 그 사실 덕분에 내 문제를 부인할 수 있었다. 대학에서는 좋은 학점을 받았다. 일자리를 지켰다. 건강해 보였다. 아무리 많은 약물을 사용해도, 내 몸에게 아무리 많은 잠과 자양분을 박탈해도, 내 신체는 버텼다. 때로는 그게 시험처럼 느껴지기도 했다. 내 몸이 어디까지 견딜 수 있을까? 내게 도움이 필요하다는 증거는 무엇이 될까? 그 시험을 통과하는 건 매번 승리인 동시에 재난이었다. 시간이 흐르며 이 시험에서 탈락하고 스스로를 자유롭게 해주는 방법은 오로지 죽는 것뿐일지도 모른다는 생각이 점점 들었다. 때로는 내가 죽으려 하는 건지도 모르겠다는 느낌이 들었다.

스무 살에 나는 벌써 깊은 참호에 도달해 그 안에 대고 속삭이고 있었다. **제발, 뭘 해야 할지 알려줘. 뭐든지 할게.** 대답은 들려오지 않았다. 그래서 나는 도망쳤다. 다른 계획은 없었다. 도망치는 것이 또 한 번의 실패가 아니기를 빌었지만, 그 좁은 침대에 누워 있자니, 이번에도 실패인 게 분명해졌다. 어쩌면 영영 실패하리라는 것도. 눈가에서 소리 없이 눈물이 비어져 나와 관자놀이를 타고 머리카락 속으로 흘렀다. 이제 어떤 기도를 해야 할지, 그 기도는 누구에게 해야 할지 더는 알 수 없었다. 그러면서 익숙한 해결책, 내가 도망치고자 했던 바로 그것을 갈망했다. 릴리 바트를 죽였던, "마치 마법을 지닌 보이지 않는 손이 어둠 속에서 그녀를 쓸어내리는 것처럼, 내면의 욱신거림이 서서히 멎고, 수동성이 부드럽게 다가오는" 그것을 위해 나는 무엇까지 내놓을 수 있었을까.

자살 사고에 오래 시달려오지는 않았지만 브루클린의 내 침실 매트리스와 매트리스를 받치는 박스 스프링 사이에는 면도날 한 팩이 쑤셔 박혀 있었다. 그것을 사용할 계획은 없었지만, 탈출할 방법이 하나 더 있다는 사실을 촉각할 수 있는 방식으로 상기할 수 있다는 것이 위로가 되었다. 호스텔의 침대에서 나는 그 조그만 칼날들, 매끈한 금속 표면과 완벽한 날을 생각했다. 깜깜한 극장 안에서 빨갛게 빛나는 비상구 표지를 찾을 때처럼 위안이 되었다.

카시스행 비행기에 오르는 날은 등 통증이 시작된 지 6주 뒤였다. 날짜가 다가오면서 점점 신경이 예민해졌다. 비행기 안에서 하루 내내 앉은 자세로 보내야 할 테니까. 비행기 안에서 나는 통로를 왔다 갔다 하며 화장실 앞에서 스트레칭하는 별난 사람이 되었지만, 그래도 무사히 도착했다.

괴로움을 느낄 때 내가 보이는 첫 반응은 여전히 어린아이가 보이는 최상급의 공황이다. 슬픔이나 고통, 또는 치유의 놀랄 만큼 지지부진한 과정에서 가장 힘든 점은 언제나 그것이 영영 끝나지 않을 것이라는 나의 두려움이다. 두려움은 내가 영영 완전히 회복될 수 없다고, 이 특정한 불편감이 앞으로의 내 삶이 될 것이라고 말한다. 두려움을 진정시킬 수 있는 유일한 방법은 참인 진술을 부드럽게 되뇌는 것이 전부다. **이 또한 지나가리라. 느낌은 사실이 아니다. 감정을 온전히 느끼면 더 쉽게 지나갈 것이다.** 나는 약물을 끊은 뒤 15년을 보내며 자기 진정에 상당히 능숙해졌다. 그 시간은 아픔이란 결국 치유되며, 모든 것은 지나가고, 내가 내 고통을 이기고 살아남을 자원들을 그러모았다는 증거들로 이루어진 보고를 형성했다.

무사히 카시스에 도착했다는 사실이, 이곳에 왔다는 사실 자체가 너무 감사한 나머지, 나는 여태 하지 못했던 모듈에 전념하며 몇 시간을 보낸다. 첫 일주일에는 일기 쓰기, 명상, 스트레칭 그리고 물리치료 운동을 수행한 게 전부고, 운동을 하는 내내 12단계 회복 팟캐스트를 들으며 알지도 못하는 사람의 회복 이야기마다 눈물을 글썽인다.

푹푹 찌는 한 주가 끝날 무렵, 바깥에서 활동하려면 해가 뜨기 전 일어나야 한다는 사실을 깨닫는다. 그칠 줄 모르는 매미 울음소리에 익숙해진 나머지 오전 6시의 고요함은 당혹스럽고 으스스하기까지 하다. 러닝화를 신고 내가 지내는 건물에서 반 마일 떨어진 레 칼랑크Les Calanques까지 이어진 구불구불한 길을 걷는다.

카나유봉에서 마르세유까지 이어진 칼랑크는 수평선을 향

레 칼랑크

해 깔쭉깔쭉한 손가락처럼 뻗어 있는 가파른 석회 절벽들 사이로 형성된 작은 만들이다. 어떤 만에는 바위 해안이 있고, 동굴이 있는 곳도, 그저 충격적으로 아름다운 암벽만 있는 곳도 있다. 이 미니어처 피요르드의 기반이 톱니 모양인 곳들이 여럿 있는데, 20세기까지 수출용 석회암을 채석한 흔적이다. 칼랑크가 형성된 시기는 지브롤터 해협이 막히며 지중해가 대서양으로부터 분리된 6백만 년 전이라고 한다. 이때 이곳의 바닷물은 증발하는 속도가 보충되는 속도보다 빨라서 말라붙다시피 했다. 수심이 1500미터까지 줄어들고, 바다로 향해 강이 흐르며 협곡이 육지와 만났다. 해협이 다시 열리면서 대서양이 지중해 해역 분지로 유입되었다. 협곡에 물이 차자 약해진 육지가 무너지고 갈라진 틈이 깊어지며 칼랑크가 형성되었다. 지중해의 물에 염분이 더 많은 것 역시 '메시나절 염분 위기'라고 알려진 이 기간이 남긴 흔적이다.

레 칼랑크 국립공원을 향해 언덕을 오르고 있자니 짭짤한 공기가 느껴진다. 콘크리트 길은 옅은 색 석회암 조각을 다져 만든 길로 변하고, 드문드문 자갈과 뾰족뾰족한 더 큰 돌조각이 섞여 있다. 나무가 우거진, 이 시간에는 텅 비어 있는 주차장을 가로지른 뒤 "르 상티에르 뒤 프티 프랭스Le Sentier du Petit-Prince(어린 왕자의 오솔길)"이라고 쓰인 표지판을 따라간다. 널리 사랑받는 어린이책 『어린 왕자』의 저자인 앙투안 드 생텍쥐페리는 1944년 7월 31일 이 해안선에서 비행기 추락으로 사망했다. 어떤 이들은 어린 왕자가 자신이 사는 소행성을 가리켜 말한 "세상에서 가장 아름답고 슬픈 시골"이 이곳을 묘사하는 표현이라고 여기기도 한다.

맨 처음 나타난 가장 작은 칼랑크 모서리에서 아래를 내려다보면 티 없이 하얀 돛단배들이, 먼 곳을 내다보면 햇빛에 데워지며 녹슨 빛을 띤 카나유봉이 보인다. 이 시간의 바닷물은 종일 보던 찬란한 청록색이 아닌 짙은 남색으로, 알제리 해안을 향해 뻗어나가는 부분은 파도가 더 거칠게 인다. 소금기 가득한 바람을 들이마시며 눈을 감은 뒤 절벽 끝에 선 내 몸의 힘을 느껴 본다. 돌아선 뒤 나는 가볍게 달리기 시작한다. 굴러다니는 돌에 주의하면서, 이완된 근육에 집중하고, 근육을 쓸 때 나오는 익숙한 열기를 느낀다. 그렇게 주차장 가까운 내리막길까지 달려 돌아간다. 다시 걷기 시작했을 때는 땀으로 등이 축축하고 나무 위 매미들의 노래가 승전가처럼 울려 퍼진다. 온몸에 피가 돈다. 넘쳐흐르는 기쁨 때문에 고함을 지르고 싶다.

호스텔 침대에서 눈을 떴을 때 바깥은 아직 어두웠다. 근처 침대에서 자는 사람이 나직하게 코를 골고 있었다. 벽 쪽에 밀쳐져 있는 가방의 위치를 확인하자, 미친 듯이 갈증이 난다. 나는 그것이 여전히 그 자리에 있는지 확인하려 내 악몽을 이리저리 뒤져본다. 그것은 그 자리에서, 자는 내내 켜놓은 텔레비전처럼 절망적인 소식을 알리고 있었다. 나는 조심조심 담요를 걷은 뒤 양팔을 배낭의 어깨끈에 꿰었다. 도둑을 걱정한 나머지 나는 신발을 신은 채 잤다. 철제 사다리를 내려와, 침대 1층에서 자는 모르는 사람의 형체를 지나쳤다. 화장실에 가서 수도꼭지에 입을 대고 물을 마시는 내내 거울을 외면했다. 아무도 없는 로비를 나와 밖으로 나가자, 출입문이 등 뒤에서 잠겨버렸다.

여기가 어디인지 몰랐지만, 상관없었다. 한 시간 동안 걷자, 가로등이 꺼지고 자갈 깔린 좁다란 골목에 햇살이 쏟아지기 시작했다. 이렇게 생긴 건물들은 처음 보았다─모든 모서리가 손으로 직접 새기기라도 한 것처럼 우아하게 장식되어 있었는데, 아마 손으로 새긴 것이 맞을 터였다. 아직 열지 않은 가게들에서 빵을 굽는 이스트 냄새가 피어올랐다. 경탄의 눈으로 주변을 둘러보는 사이 입안에 침이 고였지만, 몸이 부상을 잊지 않는 것처럼 내 정신도 고통을 잊지 않았다. 이 그림 같은 풍경은 고독에 푹 젖어 있는 것 같았다. 향수병을 느끼는 사람에게 외국의 아름다움은 그 어떤 위안도 주지 않았다. 어쩌면 모든 절망의 핵심에는 자기 안의 고향을 찾고자 하는 갈망이 깃들어 있는지도 모른다.

나는 공중전화 앞에 멈춰 서서 고향의 시차를 계산한다. 자정이 조금 지난 시각일 터였다. 어머니는 잠들었겠지만, 그래도 전화가 울리면 받겠지. 남자친구는 당연히 깨어 있을 것이다, 만약 집에 있다면. 추운 사람이 온기를, 배고픈 사람이 음식을 갈망하는 것처럼 나는 위안을 갈망했다. 내 욕구는 감히 거부할 수 없는 명령이었다. 이런 기분이 들 때면 어머니에게 전화하고 싶은 마음이 종종 들었지만, 그런다고 도움이 된 적은 거의 없었다. 아무리 맹렬한 사랑이라도 그 사랑으로부터 숨기고 있는 것을 치료할 수는 없다.

배낭 앞주머니를 뒤져 동전 한 줌을 꺼냈다. 미국에 거는 전화 요금이 얼마인지 몰랐던 나는 투입구에 동전을 모조리 집어넣었다. 숫자판을 보았다. 전화 교환원의 녹음된 안내 음성이 전화번호를 누르라 명령했다. 어머니에게 전화하면 걱정만 끼칠 터였다. 남자친구에게 전화할 수도 있다. 그러면 그는 돌아오라고 할 텐데, 내심 내가 원한 말이었다. 간절히 집으로 돌아가고 싶었다. 그러나 악몽을 프랑스까지 지고 왔다는 강렬한 실망감으로도 모자라, 이곳에 악몽을 두고 갈 수 있을지도 모른다는 조금의 희망을 짓밟아 버릴 수는 없었다. 전화를 걸 상대가 없었다. 나는 엄지로 동전 반환 버튼을 누르고 전화기가 쩔렁쩔렁 동전을 뱉어내는 소리를 들었다.

보행교로 센강을 건너가던 나는 다리 가운데 발길을 멈춘 뒤 반짝이는 강물을 바라보았다. 하늘과 마찬가지로 회색이었지만 공기는 이미 따뜻해지고 있었다. 강에 가라앉는 상상, 차고 고요한 강물이 내 입을, 눈을 삼키는 상상을 했다. 그건 그저 환상에 불과했다. 다리의 높이는 강으로부터 고작 100피트[약 30미터]도 되지 않았을 테니까.

오전 9시, 개선문에 도착했다. 에투알 개선문Arc de triomphe de l'Étoile은 별étoile 모양으로 뻗어나가는 열두 개의 대로가 교차하는 중심에 서 있었다. 나는 석회암으로 만들어진 이 짐승을, 1806년 이 작품의 제작을 명한 나폴레옹의 승리를 기념하는 부조가 새겨진 기둥들을 올려다보았다. 어린 시절, 내가 느끼는 감정에 나 스스로 기가 질릴 때면 바닷가로 가서 대서양을 바라보곤 했다. 바닷가에 있으면 내가 너무나 작게 느껴졌다. 나는 사소하고, 그렇기에 자유로웠다. 바다는 내 기분 따위에는 신경 쓰지 않았고, 그 기분이 지나간 뒤에도, 내 평생이 지나간 뒤에도 그 자리에 있을 테니까. 100피트 높이의 아치 아래 서서 나는 그때의 기분을 찾아 헤맸지만 아무것도 느낄 수가 없었다. 내 문제는 관점의 문제가 아니거나, 적어도 그게 다가 아니었고, 장소가 변한다고 해서 나아지는 것도 아니었다. 나는 여행 가이드북을 내려다보았다. 여기서 몇 블록 떨어지지 않은 곳에 호스텔이 있다고 쓰여 있었고, 나는 지난밤 지낸 곳보다 그곳이 낫기를 바랐다.

호스텔을 향해 가는 길 작은 슈퍼마켓에 들러 물을 한 병 샀다. 카운터를 향하는데, 앞에 서 있던 남자가 자리를 떠나려 돌아섰다. 잠깐이지만 우리의 눈이 마주쳤다. 그는 키가 크고 늘씬했고, 하얀 티셔츠 겨드랑이 부분이 땀자국으로 짙은 색으로 변해 있었다. 가게 안이 바깥보다 시원했는데도 목의 움푹 들어간 부분에 송골송골 땀방울이 맺혀 있었다. 잘생겼지만 무언가에 홀린 듯한 얼굴을 하고 눈가에는 다크 서클을 매단 그의 표정을 보자마자 나는 알 수 있었다. 그 순간이 지나가자 그는 내 옆을 스쳐가게 밖으로 서둘러 걸음을 옮겼다. 몇 초 만에 결정을 내려야 했다. 나는 물병을 계산대에 내버려두고 그 남자를 따라 바깥으로 나갔다.

"아땅데Attendez(기다려요)!" 나는 그를 향해 소리쳤다. "므슈, 아땅데 실부플레Monsieur, attendez, s'il vous plaît(선생님, 기다려주세요)!"

그 남자가 어깨 너머로 나를 돌아보자 나는 손을 흔들며 그에게 달려갔다. 그다음에는 내가 묻고 싶은 질문에 맞는 어휘를 찾아 머릿속을 뒤졌다. "아, 푸베부 엉 옵트니르 푸르 무아 오씨pouvez-vous en obtenir pour moi aussi?" 나는 최대한 '나한테도 좀 줄 수 있어요?'라는 뜻을 전달할 수 있기를 바라며 그렇게 물었다.

남자는 못 알아듣겠다는 듯, 아니면 못 알아듣는 척 고개를 젓더니 나를 떨구어내려는 듯 발걸음을 재촉해 멀어졌다.

"아땅데!" 나는 간절히 부탁했다. "저 돈 있어요!" 그러면서 주머니를 뒤져 지폐 뭉치를 꺼냈다.

그러자 그가 걸음을 멈추더니 반쯤 이쪽을 돌아보았다.

"푸르 부, 오씨Pour vous, aussi(당신한테도 줄게요)." 나는 돈을 내밀며 그렇게 약속했다.

그가 내 얼굴을 자세히 살폈다. 나는 고개를 주억거린 뒤, 내가 그에게서 본 것을 그가 내 표정에서 볼 수 있도록 한참이나 그의 시선에 내 얼굴을 내맡겼다. 한참 뒤에야 그는 어깨를 축 늘어뜨리더니 손짓했다. "알롱지Allons-y(갑시다)."

다시금 약물 중독에 빠지는 꿈은 늘 똑같다. 헤로인 주사를 놓거나, 코카인을 흡입하거나, 마리화나 조인트를 피우는 식으로 약물을 사용한 다음, 나는 내가 약물을 끊었다는 사실을 깨닫는다. 꿈속에서 나는 공황에 사로잡힌다. 그래서 그 사실을 숨기기로, 거짓말하기로 한다. 약물을 끊는다면 절대로 하지 않을 일. 하지만 꿈의 주인공은 내가 아니라 이 삶에 도사린 덫으로 온몸을 치장한 예전의 나다. 때로 내가 다시 빠져드는 대상은 약물이 아니라 과거 연인이거나 성노동처럼, 떨쳐버리고자 온 힘을 다했던 다른 일들이다.

다리에 뻣뻣한 흰 시트가 감긴 채로 헐떡이며 잠에서 깼을 때 매미들은 이미 일어나 울고 있다. 해가 중천에 뜰 때까지 늦잠을 잔 덕에 침실은 열기에 데워져 텁텁하고 가슴은 땀 범벅으로 젖어 있다. 여기가 어디인지 기억해낸 나는 안도의 한숨을 내쉰다.

카시스에서 보낸 둘째 주에 있었던 포틀럭 파티에서, 나는 다른 입주 예술가―화가였다―에게 매미가 탈피하는 영상을 본 이야기를 들려준다.

"역겨웠어요." 나는 말한다. "꼭 보세요." 매미의 몸이 숨이 깔딱깔딱 넘어가는 것처럼 진동하며, 낡은 몸에서 부드러운 초록색 새 몸이 빠져나온다. 몇 분 만에 마치 바람 넣는 장난감처럼 날개에 액체가 차오르더니 새 몸이 굳어진다. 낡은 몸은 흠 하나 없는 껍데기가 되어 그대로 가지에 매달려 있다. 그 모습이 폐허가 된 저택처럼 슬프고도 장엄했다. 저런 고된 일을 수행하다니! 매미 유충은 알에서 깨어났을 때 언뜻 보았던 세상을 모조리 잊을 만큼 오랫동안 캄캄한 흙에 파묻혀 잠을 잔다. 그러다 마침내 죽은 자가 살아나는 것처럼 어둠 속에서 흙을 파내며 땅 위로 나온 뒤, 충격적인 빛 속에서 또 한 번 태어나는 것이다. 그다음에는 버려진다.

화가와 나는 국립공원에서 찾아본 하이킹 경로를 의논하다가 도보로 갈 수 있는 가장 먼 칼랑크인 앙보En Vau까지 하이킹하기로 결론 내린다. 앙보의 절벽에서 바라보는 풍경은 인터넷에서 찾은 작은 섬네일 사진만으로도 절경이라는 걸 알 수 있었다. 절벽 아래의 해변도 절묘하게 아름답다고 했다. 카시스에서 그곳까지 걸어가다가는 녹초가 된다고도. 우리는 그다음 주의 어느 아침에 하이킹을 떠나기로 약속한다.

이곳에서 나의 일상은 루틴을 찾았다. 첫 조깅을 한 날 이후로 나는 하이킹하는 날을 제외하고는 하루도 빠짐없이 해 뜨기 전에 일어나 비탈을 오른 다음 국립공원에 있는 가장 가까운 길들을 조심조심 달렸다. 우리 동네 브루클린의 프로스펙트 공원에서처럼, 이곳에서도 자주 나타나는 사람들을 알아보게 되었다. 늙은 골든 리트리버를 데리고 다니는, 일자 앞머리를 한 여자, 웃통을 벗고 카약 창고에서 해상용 카약을 꺼내는 젊은 남자 그리고 머리가 희끗희끗하고 지팡이를 짚은 채 화가 난 듯 쓰레기를 줍다가도 내가 지나갈 때마다 고개를 주억거리며 알은체하는 나이 든 남자.

아침 산책을 마친 뒤에는 스트레칭, 명상, 일기 쓰기를 하고, 그다음에는 유리창을 마주 보고 앉아 글을 쓰다가 한 시간에 한 번꼴로 잠시 멈추고 물을 한 잔 마신 뒤 물리치료 운동을 한다. 오후 두세 시가 되면 시장에서 사 온 싱싱한 채소와 짭짤하고 향이 강한 치즈로 만든 샐러드를 점심으로 먹는다. 그다음에는 또 한 시간쯤 일한다. 하루 중 가장 더울 때는 기온이 화씨 95도[섭씨 약 35도]에 달한다. 대여섯 시쯤 되면 서서히 기온이 떨어진다. 이 시간쯤이면 나는 매일 같이 수영복을 입고 가까운 해변으로 걸어간다.

내 몸을 혐오하느라 엄청난 에너지를 쏟으며, 섭취하는 음식물을 강박적으로 감시하고 지칠 때까지 운동을 수행하던 시절을 종종 떠올린다. 내 목표는 미국 문화가 처방한 바 그대로였다. 내 자연스러운 체형을 거스르는 미의 관념을 체현하는 것. 그러면서 이 목표에 얼마나 다가가는지에 따라 내 가치를 측정했다. 얼마나 고된 일이었나. 내가 내 몸을 통제하고 조종하는 법을 끊임없이 생각하지 않았더라면 어떤 생각을 했을까 때로 궁금하다. 어디를 가건, 남자들은 나를 쳐다보며 내게 말을 걸며 이 게임에서 내 임무 달성률을 품평해댔다. 나는 이 관심을 혐오하고도 갈망했다. 중년이 되면 내게 성적인 눈길을 보내는 남자들이 사라질 거라고 상상했기에, 어서 그날이 오기를 간절히 바랄 때도 있었다.

이제 나는 시내에서 10유로를 주고 산 물놀이용 고무 신발을 신고 느릿느릿 해변으로 걸어간다. 원피스 수영복 차림이다. 드러난 피부에는 자외선차단제를 발랐고, 물놀이용 신발과 함께 산 싸구려 밀짚모자도 썼다. 방수 마스카라는 쓰지 않았다. 겨드랑이를 제모하거나 땀 억제제를 사용하지 않은 지 1년이 넘었다. 어린 내가 나를 본다면 경악하리라. 어쩌면 아닐지도 모른다. 어쩌면 그 애도, 내가 혐오하지 않는, 어떻게 돌봐야 할지 아는 몸속에 살고 있는 모습에 나만큼이나 안도할지 모른다. 내가 중년이 되기까지 기다릴 필요가 없었다는 사실이, 나의 성적 충만감이 커지는 것에 반비례해 길거리 남성들에게 작용하는 나의 성적 가시성이 줄어들었다는 사실이 다행이다.

바닷가 매끈한 바위 위에 타월을 내려놓고 물속으로 들어간다. 칼랑크의 지질학적 역사 때문에 이곳의 바닷물은 지중해의 다른 해안에 비해 차지만 내가 어린 시절 살던 케이프코드의 바다보다는 따뜻하다. 나는 몸에 힘을 풀고 느린 평영으로 아이들이 놀고 있는 곳을 지나 발이 닿지 않는 깊은 곳까지 들어간다. 비닐 끈에 뀄 흰색 부표로 지정된 구역을 넘어가며 물의 차가운 손이 내 온몸을 어루만지는 감각을 즐긴다. 내 팔의 작용을, 내 강인한 허벅지의 움직임을, 구부러졌다 펴지기를 반복하는 등에 내리쬐는 햇살을 느낀다.

이번 하이킹에 대해서 나는 양가감정을 느낀다. 하이킹화 없이 러닝화만 챙겨왔고, 내가 내 몸을 지나치게 몰아붙이는 경향이 걱정된다. 극한이 내게 뿜어내는 매력은 영영 시들지 않을 것만 같다. 그 매력에 저항하는 법을 다양한 방식으로 배워왔지만, 배워야 할 게 많다. 얼마 전의 고통스러운 교훈의 대가를 아직도 치르고 있는 지금 "녹초가 된다"고 광고하는 행위

레 칼랑크

를 내 몸에게 시키기가 걱정된다. 신중한 사람이 되고 있다는 사실에 내심 풀이 죽지만, 한편으로는 기쁘기도 하다. 드디어 나도 나를 조심스레 다루는 누군가의 돌봄을 받게 되었으니까.

하이킹하기로 한 날을 하루 남겨두고, 화가 친구에게 문자 메시지를 보낸다. "위험할 것 같다는 생각이 들면 전 곧바로 돌아갈게요, 그래도 괜찮다면요." 화가 친구가 괜찮다고 하고, 우리는 다음 날 아침 7시에 출발하기로 정한다. 그날 오후 나는 배낭에 들어가는 최대한 큰 물병을 챙긴다. 비치 타월, 자외선 차단제, 그래놀라 바 몇 개, 꼼꼼히 씻어 지퍼백에 넣은 포도도 챙긴다. 배낭을 문간에 놓아둔 뒤, 매미 울음이 잦아들기도 전 일찍 잠을 청한다.

프랑스는 헤로인을 반투명 종이봉투가 아니라 알루미늄 포일 봉지에 넣어서 팔았다. 봉지 안의 가루는 흰색이 아니라 홍차 같은 갈색을 띠었고, 내가 하던 것보다 더 많은 양을 흡입해야 했다. 취하자마자 땀이 멎었다. 우리는 헤로인을 산 뒤에도 헤어지지 않았는데, 놀라운 일은 아니었다. 적극적 중독은 외로운 상태이기에, 누군가와 안도감을 나누면 기분이 좋다. 우리는 동네를 어슬렁거리다가 작은 공원으로 가서 헤로인을 피웠다. 아흐메드는 알제리 출신으로 10대 때 아버지와 함께 파리에 왔다고 했다. 지금 아버지는 어디에 있느냐고 묻자 그는 그저 어깨를 으쓱하기만 했다.

아흐메드는 영어를 전혀 하지 못했기에 우리는 간단한 프랑스어로 대화했다. 나는 취해 있었기에 서슴지 않고 그의 말에 끼어들어 다시 한번 말해달라거나 무슨 뜻인지 설명하라고 했다. 이 때문에 아흐메드는 말 대신 몸짓하거나 유의어를 알려주었고, 때로는 모르는 단어를 사용해 설명하는 바람에 내가 또다시 뜻을 물어보아야 했다. 그의 참을성이 취한 덕분인 건지 원래 참을성 있는 성격이어서였는지는 영영 모르겠지만 아마 후자였으리라 추측한다. 마약 중독자들이 온유한 성품을 가진 사람이며, 이 세상을 살아가기에는 타인의 영향에 너무 취약하다는 바로 그 이유로 의존의 순환 속에 말려드는 경우가 종종 있다. 모든 약물 중에서도 불안을 치료하는 데 (단기적으로) 가장 효율적인 것이 아편이다. 이런 농담도 있다. **마약 중독자와 알코올 중독자가 다른 점은? 둘 다 당신의 지갑을 훔치지만, 마약 중독자는 지갑 찾는 걸 도와준다.**

아흐메드는 내가 두 번째 호스텔을 찾아갈 수 있게 도와주었고, 내가 체크인하는 동안 기다려주었다. 정말 두 번째 호스텔이 전날의 숙소보다 훨씬 나았던 걸까, 아니면 내가 약에 취했고, 친구가 생겨서 기뻤던 걸까? 아흐메드와 나는 다음 날 정오에 또 만나기로 약속했다.

다음 날 만났을 때, 나는 아흐메드에게 함께 에펠탑에 가자고 했지만 그는 내 부탁을 듣고 눈을 굴렸다. "알아, 뉴욕으로 치면 자유의여신상 같은 곳이겠지. 관광객들만 가는 곳 말야." 그러면서 나는 어깨를 으쓱했다. "즈 쉬 윈 투리스트Je suis une touriste(난 관광객이야)!"

가는 길에 나는 감초 젤리 한 봉지를 샀고, 우리는 에펠탑 근처 작은 공원 벤치에 앉아 감초 젤리를 질겅질겅 씹으면서 누가 봐도 관광객이 뻔한 사람들이 땀을 줄줄 흘리며 힙색을 걸치고 사진을 찍어대는 모습을 구경했다. 아흐메드는 이제 내 프랑스어를 바로잡아주었고, 그건 나로서는 반가운 일이었다.

"즈 쉬 레즈비엔느Je suis Lesbienne(나는 레즈비언이야)." 내가 말했다. 사실이기는 했지만, 그래서 말한 것만은 아니었다. 우리가 보내는 좋은 시간이 성적 유혹으로 망쳐지는 게 싫었다. 그에게서 추잡한 분위기 따위는 느껴지지 않았고, 약에 취한 마약 중독자 남성치고는 꽤나 안전한 편이었지만, 그래도 운에 맡기고 싶지 않았다.

"무아 오씨Moi aussi(나도야)." 아흐메드가 어깨를 으쓱하며 말했다. "즈 쉬 게Je suis gay(나는 게이야)." 그러더니 그가 가장 좋아하는 코코넛으로 코팅한 감초 젤리를 찾아 종이봉투를 뒤졌다. 기분 좋게 놀란 나는 웃음을 터뜨렸다. 그가 게이일 가능성은 생각지도 못했으니까. 그는 익숙한 신호를 내뿜지 않았는데, 생각해보면 내가 살던 곳은 동성애자임이 드러나도 상대적으로 안전한 곳이었다. 나는 그런 정체성이 환영받는 집에서 자랐다. 그렇기에 그것이 얼마나 흔치 않은 일인지, 우리 중 얼마나 많은 수가 자신을 감추는 법을 배워야 하는지를 잊을 수도 있었다.

원하는 젤리를 찾은 그가 나를 올려다보며 미소를 지었다.

처음 보는 진짜 미소였다. 아흐메드는 서른 살 남짓인 것 같았지만 내 짐작과 위아래로 예닐곱 살 차이가 난다 해도 이상할 것 같지는 않았다. 때로 그가 눈을 감으며 얼굴의 주름이 깊어질 때면 아주 나이가 많아 보였다. 이는 비뚤어진 데다 누런색이었지만, 미소를 지으면 그의 얼굴은 곧장 아이처럼 변했다. 사람들이 자신 안의 무구함을 드러내는 이런 순간마다 나는 눈길을 돌리고 싶어진다. 그 다정함을, 한 번의 눈길만으로도 여태 발휘되지 않았던 온갖 안도감이 찾아오는 그 순간을 도저히 바라볼 수가 없다.

나와 대화를 나눈 남자는 아흐메드 하나가 아니었다. 파리의 남자들은 자꾸만 말을 걸어댔다. 길에서 나를 불러세우고, 지나가는 내게 한마디씩 했다. 따라오는 사람도 있었다. 뉴욕의 남자들도 비슷하지만 그 사람들을 떨쳐내는 데는 좀 더 익숙했다. 저녁이면 나는 공책이나 소설책을 펼쳐놓고 파리 어디에나 있는 카페의 허술한 테이블에 앉아 있는 때가 많았다. 그때마다 말 거는 남자가 없는 날이 한 번도 없었다. 그들은 미국인인 내가 쉬운 상대거나, 적어도 대놓고 거절하기 어려워할 거라고 생각한 것 같았다. 실제로 나는 쉽게 거절하지 못했다. 잠시 대화하다가 웨이터를 불러 계산서를 달라고 하곤 했다.

"가지 말고 저녁이라도 같이 해요." 그들은 그렇게 말했고, 나는 거절하려 애썼다. 뉴욕에서도 남자들과의 사이에 선을 긋기가 쉽지 않았지만, 파리에서는 더 어려웠다. 할 수 있는 말이 적다는 사실이 내 취약함을 겉으로 드러내는 것 같았다. 영어로 말할 때 언어는 내 최고의 방어 수단이었지만, 프랑스어로는 어린아이 수준으로 소통하는 게 고작이었다. 나는 이미 남성성은 불붙기 쉬운 것임을 알고 있었다. 거절하는 순간 성적 관심은 금세 잔인함으로 바뀔 수 있다. 이미 잔인한데도, 내가 애초 이해하지조차 못한 건지도 모르겠다. 남자들이 끈질기게 굴면 나는 그러자고, 하지만 먼저 숙소에 다녀와야 한다고 설명했다. 그러면 상대는 숙소까지 같이 가주겠다고 했지만, 나는 나중에 다시 만나자고 약속하며 그들을 물리치곤 했다. 그 뒤에는 그날 밤 내내 숙소에서 나오지 않았다. 같이 시간을 보내고 싶은 남성은 아흐메드 하나뿐이었다. 날이 갈수록, 이 도시를 어슬렁어슬렁 돌아다니다 좌절한 구혼자 중 한 명과 마주칠지 모른다는 공포는 커졌다. 그럴지도 모른다는 사실이 너무 싫어서 거리로 접어들 때마다 그들을 찾아 사람들을 훑어보았지만, 혼자 있을 때보다는 아흐메드와 함께 있을 때 더욱 안전한 기분이었다.

우리의 만남은 루틴이 되었다. 아침마다 개선문 근처에서 만나 그의 거래 장소까지 걸어갔다. 돈은 대부분 내가 냈지만 그가 내는 때도 있었다. 그 뒤에는 도시를 돌아다녔다. 때로는 해 질 녘까지도 걸었다. 그는 나를 몽마르트르에도, 노트르담 대성당에도 데려다주었는데, 대성당이 너무 성스러운 나머지 나는 촛불에 불을 붙인 뒤 이곳에 있는 신이 누구이건 내가 어서 헤로인을 끊게 해달라고, 그전에 헤로인 과용으로 죽지 않게 해달라고 기도했다. 파리에서 나는 더 나은 결말에 사뭇 가까워진 기분을 느꼈다. 아흐메드와의 새로운 우정은 우리의 취미가 지닌 날카로운 이를 무디게 해주었고, 여기에 일종의 순수함을 부여했다. 그뿐만 아니라, 이곳에서 나는 파리에서 제조한 헤로인만을 흡입했다.

엿새째 날, 우리는 루브르에 가서 〈모나리자〉 앞에 섰다.

나는 실망스러운 마음에 어깨를 으쓱한 뒤 말했다. "엘레 트레 프티트Elle est très petite(정말 작네)."

"위." 그도 엄숙한 어조로 맞장구쳤다. "메 투아 오씨Mais toi aussi(하지만 너도 그렇잖아)." 그 말에 나는 웃음이 도저히 멈추지 않았다.

첫 주가 끝날 무렵, 프랑스어로 꿈을 꾸기 시작했다. 우리의 대화가 내 질문이나 그의 교정으로 멎는 빈도도 줄어들었다. 유창한 외국어 실력을 단련하기엔 완벽한 방법이었다. 영어를 모르며, 완벽하게 편안한 상대와 온종일 대화를 나누는 것 말이다.

호스텔에는 다른 젊은이들이 들어왔다 떠나기를 반복했다. 처음은 늘 똑같았다. 우선 내게 프랑스어, 아니면 자신의 모국어로 나더러 포르투갈인이냐고, 브라질인이냐고, 스페인인이냐고 물었다. 여름 햇볕을 받으며 온종일 바깥을 돌아다니다 보니 원래 올리브색인 피부가 상당히 그을렸다. 한눈에 미국인으로 보이지 않는다는 사실에 작은 자부심을 느꼈다. 미국인은 최악의 관광객이니까. 그 누구보다 거만하고 과시적으로 굴며 자기들 언어를 외쳐대고 마치 우리가 그들을 이해하는 만큼 프랑스인들이 우리를 이해하지 못한다는 듯이 온갖 것을 향해 무례한 언사를 퍼붓는다. 파리에 가기 전에도 나는 미국인을 혐오할 만한 수많은 이유를 알았다. 파리에서 지내는 동안 나는 얼마나 많은 이들이 미국인을 혐오하는지 알았고, 나 자신을 그들 속에 포함했다.

나를 포함한 투숙객들 몇몇이 호스텔의 한 잘생긴 남자 직원의 방에서 술을 마시고 담배를 피우며 놀던 어느 날 저녁, 그 직원은 미국인들이 저지르는 괴상한 짓들에 관한 이야기를 장황하게 늘어놓았다. 나는 그 직원이 싫었고, 그가 끝도 없이 말하는 것도, 심지어 프랑스인 여성들이 대화의 화제를 바꾸려 들거나 대화의 주도권을 놓지 않는 그를 저지하려 할 때도 끄떡하지 않는 것도 싫었지만, 그의 말에 반박할 수는 없었다. 그럼에도 모두가 잠자리에 든 뒤 나는 그 남자 직원의 모페드 뒷자리에 타고 바에 갔고, 돌아온 뒤에는 이른 아침이라 유리창 바깥이 회색으로 옅어지는 동안 그의 방 허술한 매트리스 위에서 그와 섹스했다. 내가 그 호스텔에서 보낸 나머지 나날 동안 그가 근무하는 날이 없어 다행이었다.

같은 호스텔에 묵는 사람 중 마음에 드는 사람들도 있었다. 대학생이거나 대학을 갓 졸업한 사람으로, 온전한 존재로서 살아가는 것처럼 보이는 이들이었는데, 나는 그 삶을 갈망하는 동시에 그 삶에 대한 우월감을 느끼기도 했다. 아침이면 그들은 거대한 배낭을 짊어지고 자신들이 가는 곳에 같이 가자고 했다.

"고맙지만 됐어." 나는 매번 그렇게 대답했다. "친구랑 약속이 있거든." 그들이 떠나고 나면, 때로는 깜깜한 거리에 선 채 불이 환한 창을 올려다보며 그 안의 온기를 상상하는 것처럼 마음이 아파왔다.

가파른 흙길을 오른 뒤 우리는 첫 칼랑크를 내려가 포르팽Port Pin에 도착한다. 알레포소나무pin d'Alep가 무성하게 자라 있어 붙은 이름이다. 만으로 내려가자 석회암 판석들이 맑은 초록빛 물을 무대인 양 둘러싸 엉성하지만 극적인 원형극장을 이루고 있는 자갈 해변이 나온다. 가혹한 내리막길이다. 바닥에서 솟은 돌을 붙들고 몸을 지탱한 채 거미처럼 느릿느릿 기다시피 내려가야 할 정도로 가파르다. 해가 간신히 언덕 위로 솟았을 뿐인데도 이미 온몸이 땀으로 번들거린다. 우리는 걸음을 멈추고 해변 풍경을 감상하며 물을 마신다.

"준비됐어요?" 친구가 묻는다.

"준비됐어요." 우리는 세 번째 칼랑크를 향해 또 다른 가파른 비탈을 오른다. 나무에 빽빽하게 둘러싸여 나뭇가지들이 머리 위로 캐노피를 이루다시피 한 길이다. 나무들 곁에는 배드랜드badlands*와 비견할 만한 칼랑크의 사막 기후에서도 살아남을 수 있을 만큼 질기며 가시가 난 꽃들이 군락을 이루고 있

---

* 특히 미국 중서부에서, 침식의 영향으로 기암괴석이 관찰되며 초목이 거의 자라지 않는 지대.

다. 이곳에는 흙이 없기에 꽃들은 석회암 틈에 뿌리를 내리고 어떻게든 버틴다. 사르사 그리고 육상 난초의 선명한 보랏빛 꽃잎이 눈에 들어온다. 꽃들의 섬세한 생김새가 그들의 질긴 속성을 드러낸다. 우리는 나무뿌리와 바위, 큼직한 석회암 조각으로 이루어진 울퉁불퉁한 길을 따라 비탈을 오른다. 지하에서 반쯤 모습을 드러낸 크림색 공룡 뼈처럼, 인간들의 발에 닳아 매끈해진 석회암이다. 발버팀대로는 이 석회암이 가장 좋지만 너무 매끈해서 미끄러질 위험이 있다. 발이 미끄러지는 순간 나는 얼른 균형을 잡고 헉하고 숨을 토해내고, 두피와 목에 순식간에 식은땀이 배어나는 것을 느낀다.

우리는 화려한 기능성 등산복을 입은 남자들 무리가 먼저 지나가게 잠시 멈춘다. 그 남자들도 얼굴이 벌겋게 달아올라 땀을 뚝뚝 흘리는 걸 보니 안심된다. 잠시 경직된 햄스트링을 스트레칭하고 이상근에 문제가 없는지 확인한다. 나를 치료한 마사지사 중 한 사람이 내가 억눌린 감정을 근육에 담고 있을 수도 있다고 했다. "근육의 관점에서 일기를 써 보는 것도 좋을 거예요. 근육이 왜 화가 나고 긴장했는지 확인해보세요." 지금보다 어렸다면 그 말을 듣고 요란하게 웃어댔을 테고, 내심 아직도 그런 마음이 없진 않지만, 나는 그 조언을 따랐다. 화난 근육은 그리 많은 비밀을 말해주지 않았지만, 그래도 그때부터 근육을 의인화해 생각하는 버릇이 생겼다. **좀 어때?** 나는 왼쪽 엉덩이 근육을 향해 생각한다. 근육이 괜찮은 것 같다는 생각이 들어서, 우리는 다시 걷기 시작한다.

등산로 꼭대기에 다다랐을 때, 여태 올라온 보람이 있을 만한 풍경이 펼쳐질 줄 알았지만, 이곳에는 그저 더 많은 바위, 사막 덤불 그리고 앙보 방향을 가리키는 손글씨가 적힌 다 쓰러져 가는 팻말이 전부다. 목적지에 다다르기까지 남은 마지막 여정인 동시에, 돌아가는 여정을 조금이라도 단축할 수 있도록 등을 돌릴 마지막 기회다. 이제 온몸이 땀에 푹 젖어 있고 근육이 덜덜 떨린다. 우리는 물을 꿀꺽꿀꺽 마시고는 앞으로 가야 할 길을 확인하려고 아래를 내려다본다. 팻말은 분명 이곳이 목적지로 가는 유일한 길이라고 말하고 있는데, 등산로가 우리가 서 있는 이 지점에서 끊긴 것만 같다. 지금까지보다 더 가파른 비탈 여기저기에 굴러다니는 돌과 날카롭게 비어져 나온 석회암이 박혀 있다. 하이킹 길이라기보다는 그저 무척 가파른 산비탈처럼 보인다.

"전 암벽 등반은 한 번도 해본 적 없어요." 나는 친구에게 말한다.

"저도 마찬가지예요." 그녀가 대답한다. 나중에, 나는 이 국립공원이 암벽 등반가들에게 인기 있다는 사실을 알고 조금 놀라게 된다. 얼굴을 찌푸린 채 위험천만해 보이는 비탈을 내려다보고 있는데, 키 큰 금발 식구들로 이루어진 가족이 방금 우리가 온 등산로로 올라와서는 우리와 함께 아래를 내려다본다. 그 가족은 다들 하이킹화를 신고 있다. 남자, 여자, 두 아이 그리고 할머니다. 아이들의 부모가 비탈을 몇 야드 내려갔다가 얼굴이 벌게진 채 돌아오더니 고개를 설레설레 저으며 덴마크어로 들리는 언어로 뭐라고 투덜거린다. 그러더니 모두 왔던 길로 돌아간다.

"지그재그식으로 가야겠죠?" 내가 묻는다.

"수직으로는 못 내려가죠." 친구도 같은 의견이다.

"일단 시도해보고 너무 무서우면 돌아오는 걸로 해요."

친구도 내 말에 동의하고, 우리는 손과 발을 놓을 곳을 조심스레 고르면서 한 발짝 한 발짝 비탈을 내려간다. 내가 경로를 수정하고 친구는 나를 따라온다.

한번은, 내가 "만약에 이 길이 영영 끝나지 않으면 어떡하죠?" 묻자, 친구는 코웃음을 치지만, 우리 둘 다 그 말에 웃음을 터뜨리기에는 너무 할 일이 많다. 내리막의 경사를 따라 몇 시간이나 내려간 기분이다. 재미있다고 할 수 있나? 그렇다. 완전한 무아지경으로 인도하는 어려운 글쓰기가 재미있는 것처럼. 아무리 명상을 한들, 내 육체의 안정에 그것이 필요할 때만큼 정신의 현존을 인식하는 순간은 없다. 나는 눈앞의 공간을 샅샅이 탐색하며, 내가 취약하다는 사실을 뼈저리게 자각한다. 어쩌면 살면서 이만큼 신중을 기울인 순간은 없었던 것 같다. 언젠가 '자연재해'란 존재하지 않는다는 말을 들은 적 있다. 존재하는 것은 인재人災뿐이라고. 즉, 우리로 인해 우리에게 일어나는 재해다. 자연은 잔혹하지 않지만, 인간의 연약함에는 개의치 않는다. 그 사실에 나는 늘 안도감을 느꼈으나, 특히 나의 연약함을 더욱 잘 살필 수 있게 된 지금 느끼는 안도감은 더욱 크다.

마침내 경사로가 끝나고 바위투성이 등산로가 나타난다. 힘을 주느라 팔과 다리가 눈에 보일 만큼 후들후들 떨리고, 단단히 박혀 있지 않은 돌들 위로 발을 디디기 위해서는 집중해야 한다. 등산로는 기운찬 나뭇잎이 터널을 이룰 만큼 초목이 빽빽이 우거진 곳을 지난다. 터널을 나오자, 해변이 눈앞에 펼쳐진다.

에메랄드 또는 칼랑크의 여왕이라는 별명으로 불리기도 하는 이 작은 만은 두 개의 드높은 석회암 벽 사이를 흐르는 반짝이는 푸른 물길이다. 바위틈에서 자라난 이끼와 소나무가 군데군데 자리한 모습이 중국의 산수화를 떠올리게 만든다. 고개를 들자, 중국어로 '풍경'을 가리키는 말은 산과 물을 결합한 산수山水라는 사실이 기억 속에서 떠오른다. 가장 큰 절벽은 앙보곶의 일부다. 가장 높은 봉우리는 800미터 높이로 신의 손가락이라는 이름이 붙어 있다. 바닷속에 자리 잡은 기저에는 악마의 구멍이라는 이름이 붙은 동굴이 나 있다. 달걀처럼 매끈한 자갈들이 해안을 뒤덮고 있다.

우리는 해변으로 내려가 앉아서 신발을 벗고 물통의 물을 나누어 마신다. 나는 그래놀라 바도 하나 먹는다. 떠오르는 태양이 우리의 작은 만에 빛을 흩뿌리자 물은 청록색을 띠며 반짝이기 시작한다. 가파른 석회암 벽은 눈이 시리도록 희다.

이곳의 바닷물은 일렁임 없이 잔잔하고, 내가 매일 수영하는 바다보다 따뜻하다. 너무 투명한 나머지 나는 눈을 가늘게 뜨고 물을 바라본다. 손에 물을 한 줌 담아 맛을 본다. 바닷물이라는 걸 알지만, 이런 바닷물은 처음 보았다. 내가 헤엄쳐 본 그 어떤 바다보다 투명하다. 조심스레 물속으로 들어가자, 물이 내 귓속으로, 머리카락 사이로 새어들며 더러운 걸 모두 씻어 낸다.

파리에서 보낸 마지막 날 오후, 아메드가 말했다. "널 데려가고 싶은 곳이 있어."

"우Où(어디)?"

"쎄뛴 쉬흐프리즈C'est une surprise(깜짝 놀라게 해주고 싶어)."

함께 열차를 타고 도시 북서부의 역으로 가자, 그곳에 있는 이들의 얼굴은 대부분 북아프리카인으로 보였다. 이곳이 어디 냐고 묻자, 그는 자기가 처음 파리에 왔을 때 살았던 곳이라고 했다. 더 묻자, 그는 미소를 지으며 고개만 저었다. 자세히 이야 기해주지 않았지만, 나는 이곳에 날 데려온 것에 큰 의미가 있 음을 이해했다. 무슨 의미건 간에, 나는 고맙다고 말하고 싶었 다. 그뿐만 아니라 그가 어디에서 온 것인지, 어떻게 내 곁에 있 게 된 것인지를 나 또한 의미 있게 생각한다는 사실을 표현하 고 싶었다. 깡마르고, 우스우며, 나와 같은 것에 시달리는 나의 친구. 때로 나는 나 같은 약물 중독자들이 세상 다른 그 누구보 다도 사랑스러웠다. 중독에 내재한 속성인 초연함에도 불구하 고, 그들의 상처는 겉으로 드러나기 직전이다. 어쩌면 그것은 나 자신을 사랑한다는 불가능한 일의 한 방식이었는지도 모른다. 아니면 다른 누구도 볼 수 없는 것들을 우리가 서로에게서 보았기 때문인지도 모른다. 아흐메드와 나는 서로를 치유할 수 없었다. 우리한테 좋은 해법 같은 건 없었으니까. 그러나 우리 둘 다 조금의 위안을 얻었고, 지금의 모습으로 평생을 사느니 죽는 게 낫다고 생각하는 이들에게 그 위안은 결코 사소하지 않았다.

한참을 걷자 집들이 점점 줄어들었고 대관람차의 깜박이는 조명이 보였다.

"아!" 내가 외쳤다. "박람회네! 난 박람회가 너무 좋아. 꺼멍 디텅 '페어' 엉 프랑세Comment dit-on 'fair' en français(프랑스어로 박람회를 뭐라고 해)?"

"파르크 다트락시옹Parc d'attraction(놀이공원)." 그가 웃으며 대답했다. 내 눈에 이곳은 놀이공원이라기에는 작고, 시골 박람회를 닮은 곳이었다. 군데군데 흙이 드러난 곳마다 밀짚이며 담배꽁초가 버려져 있는, 사람들의 발걸음에 짓밟힌 들판에 대여해온 놀이 기구와 게임 부스 들을 차려둔 작은 미궁 말이다.

우리 둘은 함께 빙빙 돌아가는 놀이 기구에 타서 아이들과 함께 비명을 지르고, 달콤한 간식을 먹고, 우스꽝스러운 옷을 입은 사람들을 향해 손가락질했다. 대관람차가 맨 꼭대기에 다다랐을 때, 우리는 담배 한 대를 나눠 피우면서 저 멀리 에펠탑이 빛을 뿜는 도자기 인형처럼 자리한 파리의 야경을 내려다보았다. 기묘하게 낭만적인 기분이었고, 실제로 그랬을 것이다. 다시 걸어서 주택가로 돌아오자, 놀이공원의 소음은 거리의 소음으로 바뀌었다. 나는 그에게 사랑한다고 말하고 싶었다, 실제로 그랬으므로. 우리는 일종의 사랑에 빠져 있었던 것이리라. 비슷한 마음, 비슷한 문제를 지닌 두 외로운 사람들이 빠질 수 있는, 섹스와는 전혀 무관한 사랑. 그러나 나는 사랑한다고 말하지 않았다. 내가 느끼는 사랑을 설명할 수 있는 말이 내게는 없어서였다. 어쩌면 내 모국어로도 표현할 수 없는 감정이었을 것이다.

나는 작별 인사를 싫어해서 최대한 그런 말을 하는 일을 회피하는 편이었다. 피할 수 없을 땐 이상하게 멍해지고 만다. 모든 감정이 빠져나간 채, 나는 내가 사랑했던 그리고 그리워할 게 분명한 이들로부터 어서 벗어나도록 목각 인형처럼 적합한 동작들을 수행할 뿐이었다. 각자의 열차를 타고 헤어져야 할 지하철역에 도착했을 때 내가 느낀 감정이 그랬다. 아흐메드는 나와 헤어지고 싶어 하지 않았다. 호스텔까지 데려다주겠다고 했지만, 내가 거절했다. 그는 계속 농담을 건네며 내가 다음 열차를 타게 할 구실을 만들어냈다. 나는 초조해지기 시작했다. 마침내 작별의 포옹을 할 때 철사처럼 깡마른 그의 팔이 내 몸을 너무 맹렬히 끌어안는 바람에 나는 약간 겁이 났다. 그는 나를 밀쳐내는 것처럼 빠르게 포옹을 끝내더니, 잰걸음으로 자리를 떠나며 한 번도 돌아보지 않았다.

뉴욕으로 돌아가는 비행기 안에서 나는 내내 잠을 자다 겁에 질린 채 잠에서 깨어났다. 몇 시간 내로 약물 후유증이 찾아올 게 확실했다. 또, 직장도 없었다. 가진 돈이라고는 환전해서

집으로 가는 지하철 요금에 쓸 주머니 속 몇 프랑이 전부였다. 열차가 어둠 속을 요란하게 달리는 동안, 나는 창에 비친 내 피곤한 얼굴 사이로 중간중간 스쳐가는 콘크리트 벽의 낙서를 응시했다. 또다시 향수병이 느껴졌지만, 이번에 내가 그리운 건 아흐메드와 파리 그리고 뉴욕에서의 삶으로부터의, 또 나 자신으로부터의 짧은 유예 같았던 그곳에서의 나날들이었다.

다음 날 아침에, 또 그다음 날 아침에도 잠에서 깨었을 때 기적이라도 일어난 것처럼 후유증은 느껴지지 않았다. 거만한 호텔 직원으로부터 옮았을 게 분명한 사면발니를 남자친구에게 옮기기는 했지만, 약물 후유증은 없었다. 아마 파리에서 우리가 흡입한 건 헤로인이 아닌 그저 모르핀이었던 것 같다. 다행한 우연이었지만 그 당시에는 자비처럼 느껴졌다.

그것으로 내 헤로인 중독이 끝난 건 아니었다. 그건 이로부터 4년이 더 흐른 뒤의 일이었다. 뉴욕으로 돌아오고 일주일 뒤, 나는 다시 약물을 사용했다. 한 달 뒤, 세계무역센터에 비행기가 충돌했고, 남자친구와 나는 우리가 살던 브루클린 집의 옥상에서 두 번째 건물이 무너지는 모습을 바라보았다. 그로부터 몇 달 뒤, 나는 그를 내 인생에서 영영 쫓아냈다.

파리에서 보낸 나날은 어떤 기준으로 보면 실패였을 것이다. 아마도 가장 중요할 기준, 내가 약을 끊지 못했다는 점에서 말이다. 심지어 나를 더 잘 돌보는 법조차 배우지 못했다. 그 시간은 고되기만 한 생활 속 나의 약점이기도 했다. 나는 내 경우건 타인의 경우건 중독에 관해 말할 때 **자기파괴적**이라는 표현을 지양한다. 가끔은 약을 사는 데 돈을 써버릴 것이 뻔한 걸인에게 1~2달러를 쥐여준다. 우리가 얻을 수 있는 유일한 자비가 다음번의 희열인 나날이 있다. 때로 자기 보존을 위해 할 수 있는 최선의 노력이 일종의 폭력을 닮아 있기도 하다.

아흐메드에게서 한 번 전화가 걸려 왔었다. 내 쪽에서 다시 전화를 걸려 했지만, 그가 알려준 번호는 해지된 상태였다. 우리 집 조그만 자동응답기에 그가 남겨둔 음성 메시지를 나는 자동응답기가 고장날 때까지 간직했다. 알로*Allo*? 멀리사? 세 아흐메드*C'est Ahmed*(여보세요? 멀리사? 나 아흐메드야). 자신이 존재했음을 내게 일깨워주는 과거의 목소리처럼, 아직도 귀에 선한 그 메시지.

하이킹하고 온 다음 날 아침, 나는 다리를 절며 집 안을 걸어 다닌다. 부상을 입었던 부위는 괜찮지만, 다른 근육들은 카시스로 돌아오는 길이 고되었다고 외쳐댄다. 바닷가에서 한 시간을 보낸 뒤, 나와 친구는 앙보의 만을 내려다보려고 암벽을 어느 정도 타고 올라갔다. "이런, 씹." 나는 살아 있는 거대한 보석처럼 꿈틀거리는 반짝이는 에메랄드색 바다를 내려다보다가 중얼거렸다. 이곳에서 찍은 사진들이 아름다움을 담아내는 데 부족해 답답하기만 할 것을 이미 알 수 있었다. 카시스로 돌아가는 길은 시간은 덜 걸렸지만, 하이킹의 막바지에 우리가 보인 열의가 신체의 피로에 더해져 극도로 힘겨웠다.

그날 오후, 돌아온 뒤 나는 한 시간을 들여 정성껏 온몸을 스트레칭했다. 그 뒤, 샤워기 아래 서서 어깨에 거센 물줄기를 맞는 동안, 소용돌이를 그리며 배수구를 빠져나가는 물은 회색으로 변했다가 다시 맑아졌다. 팔과 허벅지를 문지르고, 살갗 아래 연약한 근육과 이 근육을 내 뼈에 붙여 놓는 조직을 머릿속으로 상상하며 아프기 쉬운 부분들을 엄지로 꾹꾹 눌렀다.

이틀째 아침이 되자 산책할 만한 상태가 된다. 사흘째 아침이 되자 다시 조깅할 수 있다.

나는 이곳에 오기 전에 글 쓸 거리를 잔뜩 생각했다. 그러나 자꾸만 이 기억들이 떠올랐다. 의도했던 글을 쓰는 대신, 나는 지난번 이 나라에 왔던 일에 관해 쓴다. 쓰면 쓸수록 더 많은 기억이 떠오른다. 어린 나, 그 여자애의 맹렬한 절망, 덧없는 안도감과 더불어 너무 긴 시간을 보낸 나머지 그 애가 내 안에 도사리고 있는 듯한 기분을 느끼기 시작한다.

잠에서 깬 직후, 꿈이 썰물처럼 빠져나가는 사이 내가 고요 속에서 눈을 깜빡이며 꼼짝하지 않고 누워 있을 때, 나는 마치 말할 수 없지만 잊지는 않은 언어처럼 내 안에 있는 그 애의 존재를 감지한다. 그 애는 어렴풋한 아침 빛 속에서 나를 따라 그 비탈들을 오르고, 스트레칭하는 내 모습을 바라본다. 내가 입식 책상 앞에 서서 타이핑하는 동안 그 애는 소파에 주저앉아 내 일기장을 팔락팔락 넘긴다. 오후면 그 애는 부엌으로 가는 내 뒤를 졸졸 따라와 내가 손바닥을 도마 삼아 무딘 과도로 채소를 써는 모습을 본다. 매일 바다 수영을 하는 동안 그 애는 다른 젊은 여자들과 함께 물가에 앉아 기다린다. 부드럽고, 아무런 흔적이 없으며, 어쩌면 그 애의 몸처럼 혐오의 대상일 몸들. 가스레인지에 불을 붙이려고 성냥을 켜면 불빛 속에서 그 애 얼굴이, 눈 아래 자리한 그늘이, 둥근 뺨의 광채가 보인다. 수프 한 그릇을 데운 뒤 소설을 읽으면서 먹고 있으면 그 애의 눈이 나를 따라 페이지 위를 지난다.

우리는 매미 같다고, 그 애한테 말하고 싶다. 흙에서 나온 뒤 허물을 벗어 던지지만, 잊지는 않는다. 우리는 우리에게 필요한 것이 응답해 올 때까지 목청껏 부른다. 때로는 뜻밖의 상대가 응답하기도 한다. 운이 좋다면 우리는 죽지 않는다. 이 새로운 삶 속에서 한동안 살아가기도 한다.

밤이면 우리는 침대로 기어들어가 그들이 불러주는 자장가를 듣는다. 우리 둘의 몸은 똑 닮은 괄호처럼 구부러져 거칠거칠한 흰색 시트를 팔림세스트palimpsest*로 만든다.

그달이 끝나갈 무렵, 나를 포함한 예술가 여러 명은 더 먼 곳의 칼랑크를 찾아가려고 작은 배를 가진 선장을 고용한다. 바람이 센 날이라 바다에 뜬 배가 위아래로 크게 일렁인다. 수평선, 푸른색과 푸른색이 만나는 완벽한 직선에서 눈을 뗄 수가 없다. 배는 앙보를 지나 다음 칼랑크인 룰L'Oule을 향하는데, 이곳에는 해변이 없고 오로지 배를 타야 갈 수 있다. 선장이 기슭에

---

* 원문을 지우고 새로운 글을 써 넣은 고대 양피지 문서.

배를 대고 닻을 내린다. 우리는 거대한 흰 절벽에 둘러싸인다. 선장이 절벽 아래를 가리키자 우리는 그쪽을 본다. 절벽 사이에 좁은 삼각형 틈이 있고, 틈 양편의 흰 벽은 벌어진 허벅지처럼 맨들거린다. 동굴이 있다고 그가 알려주자 우리는 멍한 표정으로 그를 쳐다보고, 결국 그가 우리더러 배에서 내리라 재촉한다.

바닷물은 따뜻하고, 깨끗하고, 녹색의 기운이 감돈다. 머리 위로 우뚝 솟은 절벽과 바깥으로 길게 뻗은 바다 앞에서 나는 너무나 작아진 기분이다. 물에 뜬 채 손으로 따뜻한 바닷물을 휘젓자 두려움과 고양감이 한 번에 느껴진다―그 암벽을 기어 내려왔던 때처럼, 어린 시절 바다를 바라보았던 때처럼. 나는 또다시 이 바다가 대서양으로부터 갈라져 나왔던 고대를 떠올린다. 그토록 낮아졌던 수심을 그리고 이 바다를 다시 채워주려 강줄기들이 새긴 협곡들을 떠올린다. 대서양이 다시금 유입되며 약해진 지반을 무너뜨리며 이 동굴들을 만들고, 그 공간에 물을 채우는 모습을 상상한다. 이토록 아름다운 것이 탄생하기 위해 일종의 파괴가 필요한 경우가 있다. 어쩌면 가장 슬픈 풍경이야말로 늘 가장 아름다운 풍경이리라.

우리는 돌로 된 어두운 복도 속 물을 헤엄친다. 바람이 불어 절벽 아래 물결이 철썩 부딪치는 소리는 동굴 속에 울리며 으르렁거리는 소리가 된다. 룰이라는 이름은 솥단지를 뜻하는 프로방스어 '울로oulo'에서 온 것으로, 어두운 복도를 따라 조금씩 안으로 들어갈수록 우리는 점점 솥단지 안으로 들어온 것만 같은 기분을 느낀다. 마치 바닷물이 스튜이고 우리가 그 안에 든 고기인 것처럼, 물이 따개비가 잔뜩 붙은 바위를 에워싸고 요동친다.

물을 젓던 팔이 지치기 시작할 무렵, 암석으로 이루어진 수로가 끝나고 대성당처럼 둥근 지붕을 인 공간이 나타난다. 우리는 경이로움에 휩싸인 채 중얼거리며 반대쪽, 바위가 조그만 보석처럼 생긴 무언가로 다닥다닥 뒤덮여 붉게 반짝거리는 곳으로 간다. 뒤를 돌아보자, 우리가 들어왔던 입구로 석양빛이 들어와 뜨거운 다이아몬드처럼 타오르는 바람에 물은 시릴 정도로 파래진다. 두 다리를 내려다보자, 내 다리 역시 카시스의 하늘처럼 파랗다. 파란 구슬처럼, 파란 눈처럼, 우리 안에서 타오르는 뜨거운 무언가를 식히려 지구의 핵으로부터 솟아오른 어떤 물약처럼 파랗다.

암석 대성당에서 나는 수면에 등을 대고 둥둥 뜬 채 물소리, 반향을 일으키는 친구들의 말소리에 귀를 기울인다. 지는 햇빛에 반들거리는 돌 천장을 올려다보면서.

시금석touchstone이란 이에 빗대어 글 따위의 상대적 가치를 평가할 수 있는 도구이지만, 어원은 더 오래된 곳에서 왔다. 시금석은 무른 금속의 순도를 시험하기 위한 석판을 가리키던 말이다. 이미 순도를 알고 있는 표본이 있을 때, 예를 들어 금 조각으로 시금석에 선을 그어보는 식으로 시험한다. 합금은 각기 다른 색을 내며 상대적인 구성 비율을 드러낼 것이기에 알 수 없는 표본의 가치를 잴 수 있다.

어린 시절 나는 온갖 것—타인의 몸, 도시들, 나 자신—에 대고 내 몸을 그어댔지만, 내가 그것들에게 남긴 자국도, 그것들이 내게 남긴 자국도 도저히 이해할 수 없었다. 미지의 가치를 지닌 것은 가치가 없었고, 나는 나 자신을 그렇게 취급했다. 내면이 검고 푸른 멍투성이가 될 때까지 내 삶을 두들겨 댔다, 그렇게 하면 아픔을 멈추는 법을 알게 되기라도 할 것처럼. 그러다 마주하는 사소한 다정함은 아무리 덧없다 해도 귀했다. 그런 것들이 내 삶을 구했는지도 모른다.

이제 나는 무척 신중한 사람이다. 내 가치를 알아갈수록, 무언가를 향해 나 자신을 내던져야 할 일도 줄어든다. 돌아가자, 그 애가 아주 오래전 남긴 자국들이 모두 보인다. 나는 물속으로 손을 뻗어 그 익숙한 형체들을 어루만진다.

레 칼랑크

감사의 말

고마운 분들이 많습니다. 그중에서도 제 에이전트 이선 바소프가 없었더라면 이 책은 존재하지 않았을 겁니다. 꿈에나 나올 법한 이상적인 편집자 리즈 메이어에게, 이토록 인내하며 따뜻하고 현명하게 책을 이끌어주는 영혼을 모든 저자가 만날 수 있다면 좋겠습니다. 그레이스 맥네이미, 미란다 오트웰, 아크샤야 아이어, 카챠 메지보프스카야, 마리 쿨맨, 낸시 밀러, 에밀리 피셔를 비롯한 블룸스버리 출판사의 모든 분께 감사드립니다. 또, 캐시 데인먼, 일레인 트레버로에게도 고맙습니다.

이 책에 실명 또는 가명으로, 언어 또는 영혼으로 등장한 모두에게 진심으로 감사하고 싶습니다. 무엇보다도 여러분이 내어준 시간과 이야기가 진심으로 고맙습니다. 다른 이들의 이야기가 없었더라면 내 소녀 시절을 이겨내지 못했을지 모릅니다. 또 여러분의 이야기가 없었더라면 이 책을 쓸 수 없었을 것입

376

니다.

이 책에 실린 글 중 일부를 처음 게재해준 지면에 감사드립니다.「테스모포리아」를 실어준《스와니리뷰》와 앤솔러지『엄마와 내가 이야기하지 않는 것들』,「침해」를 실어준《틴하우스》,「케틀홀」을 실어준《그란타》,「흉터 짓기」를 실어준《게르니카》그리고 이 작품들을 선정한 편집자 애덤 로스, 미셸 필게이트, 카린 마커스, 토머스 로스, 루크 네이마, 랄루카 알부에게 감사드립니다.

래그데일재단, 버몬트스튜디오센터, 카마고재단의 BAU 연구소 그리고 제게 서머패컬티펠로우십 외에도 여러 대학원생 연구조교, 뛰어난 영문학부를 비롯한 다양한 형태로 지원해준 몬머스대학교가 내어준 시간을 비롯한 여러 자원 덕분에 이 책을 완성할 수 있었습니다. 모두에게 깊이 감사합니다.

친구이자 협력자인 포사이스 하먼과 함께 일하는 과정은 너무나 재미있었습니다. 앞으로도 함께 작품을 만들어가요.

친구들, 멘토, 내가 선택한 가족 중에는 저의 초기 독자들과 제가 가장 좋아하는 작가들이 있습니다. (모두의 이름을 쓰지는 못했습니다.) 케이틀린 들로허리, 리자 부지츠키, 에린 스타크, 샨테 스몰스, 진 오키, 메이 콘리, 마고 스타인스, 할리 굿맨, 시리타 맥파든, 호사나 아순시온, 애나 드브리스, 나디아 볼즈웨버, 엘리사 와슈타, 질 저비스, 에밀리 앤더슨, 헬렌 맥도널드, 리디아 콘클린, 존 다가타, 에이미 갤, 멀리사 팔리베노, 도메니카 루타, 리디아 유크나비치, 조 앤 비어드, 비제이 세샤드리, 레이시 존슨, 알렉스 마르자노 레즈네비치, 앨리너 그래이든, 베로니카 다비도프, 멀리사 채드번, 린 멜닉, 술라이커 저우아드, 타라 웨스트오버, 조던 키스너, 제이슨 그린, 스콧 프랭크, 존 바티스트, 레니 주마스, 랜스 클리랜드, 마리사 시겔, 카먼 마리아 마차도, 웬디 S. 월터스, 에리얼 리바이, 스테파니 댄러, 자미 어텐버그, 멀리사 브로더를 비롯한 모든 동료에게, 제 삶도, 이 책도, 그 밖의 많은 것이 여러분에게 빚진 것들입니다.

제 가족들에게. 저는 어쩌면 이렇게 운이 좋을까요? 여러분은 제게 사랑이 무엇인지 알려주었고, 가족 모두를 정말 많이 사랑합니다. 언젠가는 다시 소설을 쓰겠다고 약속할게요.

마지막으로, 누구보다도, 최고의 독자이자 친구이자 내 사랑인 도니카, 당신은 수많은 방식으로 나를 더 나은 사람으로 만들어줬고, 좋은 삶을 완벽한 삶으로 만들어줬어. 이 삶을 당신과 함께 보낼 수 있어서 정말 고마워.

『내 어둠은 지상에서 내 작품이 되었다』의 원제인 'Girlhood'
는 나를 늘 머뭇거리게 하는 단어다. 이 책에서는 '소녀 시절'
이라고 번역한 'girlhood'는 여성의 삶에서 소녀로 존재하는
시기 또는 상태를 가리킨다. 소녀 시절이라는 말에서 나는 건
강함과 무구함보다는 취약함과 외로움을 연상한다.

  한편으로는 보통의 소녀 시절이란 무엇인지 의문을 품게
된다. 여성임womanhood이 전제하는 여성의 공통된 경험 안에
들어갈 수 없는 사람들이나 순간들이 너무나 많다는 걸 인식한
순간부터, 나는 '보통'이나 '공통'이라는 말을 조금 걱정하게
됐다. 공통 경험, 또는 공유하는 가치를 위해 우리가 지닌 불편
하고도 찬란한 가장자리들을 깎아내거나 없는 척해야 하는 일
을 겁내게 됐다.

『내 어둠은 지상에서 내 작품이 되었다』가 쉽사리 보편으로 환원되는 경험을 그리고 있지는 않으리라고 확신한 것은, 릴리 댄시거가 편집한 여성 작가들의 에세이 선집 『불태워라』(돌베개, 2020)를 번역하며 처음 멀리사 피보스를 만난 덕분이었다. 이 책에 수록된, 내가 가장 좋아하는 글 중 하나인 「레벨 걸」에서 피보스는 10대 시절 페미니스트 여름 캠프에 참여하며 처음으로 페미니스트로서, 또 여성을 사랑하는 여성으로서 자신을 자각한 소녀 시절의 경험을 생생한 언어로 담아낸다.

첫 책인 『휩스마트Whip Smart』(2011)를 비롯해 꾸준히 회고록적 성격을 띤 작품들을 발표하면서 알려진 그의 독특한 개인사 또한 보편과는 거리가 멀다. 그는 글 쓰는 퀴어 여성이고, 부모와 복잡한 정서적 관계를 유지했으며, 20대 초반에는 도미나트릭스를 직업으로 삼아 성적 서비스를 제공했고, 동시에 헤로인 중독으로 스스로를 극한까지 밀어붙였다.

『휩스마트』에 등장하는 경험들은 내 직접 경험과 연결되지 않는 것들이 대부분이었다. 어떤 트라우마가 자신을 거기까지 이끌었는지는 중요치 않으며, "트라우마는 그저 존재했을 뿐이고, 이제부터 그것이 나를 어디로 이끌지가 더 중요했다"고 털어놓는 그의 솔직하고 자기 연민 없는 회고에서, 과거 또는 우리의 어둠을 돌아보고 이에 관해 이야기하는 새로운 방식이 있을 수 있으리라고 느꼈다.

『내 어둠은 지상에서 내 작품이 되었다』는 소녀 시절을 정의하는 '보편 경험'에 대해 제기하는 내 의문에 대해, 소녀들의 삶에 가해지는 가부장제 각본이야말로 우리의 공통 경험이라는 예리한 답변을 내놓는다. 한 사람의 삶의 이력에 담긴 특별한 차이를 있는 그대로 서술하면서도 타인과 연결되는 익숙한 경험을 구별해내는 피보스의 재능은 이 책에서도 돋보인다.

소녀 시절은 "우리가 인정하고자 하는 것보다 더욱 어두운 시절이다". 모든 동물이 생존하기 위해 강한 힘과 큰 덩치를 필요로 하는 것과는 달리, 오로지 소녀들만이 더 작고 여린 신체를 선망하고, 자신의 힘을 미워한다. 타인에 의해 쓰인 이야기들이 소녀들을 '잡년'으로 만들고, 소녀들의 신체와 여성들의 방을 함부로 드나들기 때문에, 스토킹을 로맨틱한 구애 행위로 보여주는 영화와 드라마를 소녀 시절이 끝날 때까지 줄곧 재생하게 만들기 때문이다.

그러나 가부장제는 바깥에서만 가해지는 것이 아니다. 소녀들은 가부장제 규율들에 자신도 모르게 순응하고, 때로는 그것에 가담하거나 협조한다. '노 민즈 노'가 허용되는 순간에조차 양가적이고 애매한 태도를 보이고, 가해자의 기분을 맞추느라 애써 웃고 변명을 덧붙인다. 그것이 우리의 진짜 어둠이다. 소녀들이 스스로를 지우고, 부정하고, 왜곡하고, 내가 아닌 타인의 눈으로 인지한 몸을 미워하고, 힘껏 깎아내며 보내는 시간이다.

피보스의 여러 책들 중 이 책을 가장 먼저 소개할 수 있어 기쁘다. 번역가로서 친구들에게 '꼭 함께 읽고 싶은 책'을 선보이는 것도 의미 있지만, 그 이전에 나만의 고유한 어둠을 지닌 한 여성으로서, 홀로 어둠을 헤매며 곤혹스러워하던 소녀 시절의 내가 결국은 이 책을 만나게 되었다는 사실에 때늦은 안도감을 느끼기도 한다. 어떤 독자들에게 이 책이 적시에 도착하기를 바라는 동시에, 여성적 삶의 그 어떤 시기에 만나더라도 의미 있는 책이리라 믿으며 옮겼다.

갈라파고스 편집부에서 의논해 정해주신 한국어판 제목 『내 어둠은 지상에서 내 작품이 되었다』는 이 책이 실린 글 중 하나인 「테스모포리아」에서 가져온 문장을 변형한 것이다. 테스모포리아는 대지의 여신인 데메테르를 축복하는 여성들만의 비밀스런 축제다. 이 글에서 소환하는 것은 페르세포네가 어머니 데메테르와 동등한 힘을 지닌, 그 자체로 강력한 여신이던 더 오래된 신화의 각본이다. 대지에 찬란한 황금빛을 쏟아붓는 어머니를 힘껏 밀쳐내고 딸은 어둠 속으로 더 깊이 뛰어든다. 그곳에 다녀온 뒤에야 쓸 수 있는 이야기가 있으므로.

어둠과 새로운 관계를 만들고, 나아가 작품으로 만들기까지는 시간이 걸린다. 그렇기에 소녀 시절은 과거형으로 쓰인다. 어둠의 정체를 꿰뚫어 보고, 우리가 공허하게 동의한 각본을 발견할 만큼의 시간이 흘러야 완전히 다른 이야기를 만드는 법을 알 수 있을 테니까. 또, 그 이야기를 다른 소녀들에게 횃불처럼 전해줄 수 있을 테니까. 불을 밝혀 어둠으로부터 우리를 보호하는 동시에, 우리의 힘을 빼앗고 억누른 것들을 낱낱이 드러내는 일은 아마 우리가 평생에 걸쳐 할 작업이자, 가장 뛰어난 작품이 될 것이다.

모든 소녀들과 함께 나눌 이 책을 함께 완성해주신 갈라파고스의 박지행 편집자께 감사드린다.

2024년 11월

송섬별

참고 문헌

거울 검사

Black Women's Blueprint. "An Open Letter from Black Women to the Slutwalk." *Gender & Society 30*, no. 1 (February 2016): 9~13쪽.

Brison, Susan. "An Open Letter from Black Women to SlutWalk Organizers." *HuffPost*, 27 September 2011.

Cohen, Bonnie, and John Shenk, directors. *Audrie & Daisy*. San Francisco: Actual Films, 2016[〈오드리와 데이지〉].

Coleman, James S., et al. *The Adolescent Society: The Social Life of the Teenager and Its Impact on Education*. Westport, CT: Greenwood Press, 1981.

Cottom, Tressie McMillan. *Thick and Other Essays*. New York: New Press, 2019[트레시 맥밀런 코텀 지음, 김희정 옮김, 『시크 Thick—여성, 인종, 아름다움, 자본주의에 관한 여덟 편의 글』, 위고,

2021].

Crenshaw, Kimberlé. "Demarginalizing the Intersection of Race and Sex: A Black Feminist Critique of Antidiscrimination Doctrine, Feminist Theory and Antiracist Politics," *University of Chicago Legal Forum* 140, no. 1 (1989): 139~167쪽.

Durham, Meenakshi Gigi. *The Lolita Effect*. Overlook Press, 2009.

Fuchs, Thomas. "The Phenomenology of Shame, Guilt and the Body in Body Dysmorphic Disorder and Depression." *Journal of Phenomenological Psychology* 33, no. 2 (2002): 223~243쪽.

Gallup Jr., Gordon G. "Chimpanzees: Self-Recognition." *Science* 167, no. 3914 (January 1970): 86~87쪽.

Jones, Malcolm. "The Surprising Roots of the Word 'Slut.'" *Daily Beast*, 21 March 2015.

Kincaid, Jamaica. "Girl." *At the Bottom of the River*. New York: Farrar, Straus and Giroux, 1983.

Kramer, Heinrich, and Jacob Sprenger. *Malleus Maleficarum*[야콥 슈프랭거·하인리히 크라머 지음, 이재필 옮김, 『마녀를 심판하는 망치』, 우물이있는집, 2016].

Kreager, D. A., and Jeremy Staff. "The Sexual Double Standard and Adolescent Peer Acceptance." Social Psychology Quarterly 72, no. 2 (2009): 143~164쪽.

Kulwicki, Cara. "Real Sex Education." In *Yes Means Yes!: Visions of Female Sexual Power and a World without Rape*. Eds. Jaclyn Friedman and Jessica Valenti. New York: Seal Press, 2008[재클린 프

리드먼·제시카 발렌티 엮음, 카라 쿨위키 지음, 송예슬 옮김, 「진짜 성교육」, 『예스 민즈 예스—강간 없는 세상 여성의 권력 찾기』, 아르테, 2020).

Lacan, Jacques. "The Mirror Stage as Formative of the I Function as Revealed in Psychoanalytic Experience." In *Écrits: The First Complete Edition in English*, trans. Héloïse Fink and Bruce Fink. New York: W. W. Norton, 2007(자크 라캉 지음, 홍준기·이종영·조형준·김대진 옮김, 「나 기능의 형성자로서의 거울 단계」, 『에크리』, 새물결, 2019).

Martinez, Laura. "Don't Call Me 'Mamacita.' I Am Not Your Mommy." *NPR*, 7 June 2014.

Pachniewska, Amanda. "List of Animals That Have Passed the Mirror Test." *Animal Cognition*, 29 October 2016.

Simpson, J. A., and E. S. C. Weiner. *The Oxford English Dictionary*. Clarendon Press, 1998.

"Slut (n.)." *Online Etymology Dictionary*, comp. Douglas Harper (2001). https://www.etymonline.com/search?q=slut.

Tanenbaum, Leora. *I Am Not a Slut: Slut-Shaming in the Age of the Internet*. New York: HarperCollins, 2015.

_____. *Slut!: Growing Up Female with a Bad Reputation*. New York: HarperCollins, 2000.

_____. "The Truth about Slut-Shaming." *HuffPost*, 7 December 2017.

Tello, Monique. "Why Are Our Girls Killing Themselves?" *Harvard Health Blog*, 6 August 2016.

Unitarian Universalist Association. "Our Whole Lives: Lifespan Sexuality Education." UUA.org, 7 October 2019.

Weiner, Jonathan. "Darwin at the Zoo." *Scientific American*, 1 December 2006.

Wharton, Edith. *The House of Mirth*. 1986[이디스 워튼 지음, 전승희 옮김, 『환락의 집』, 민음사, 2022].

White, Emily. *Fast Girls: Teenage Tribes and the Myth of the Slut*. New York: Berkley, 2003.

Williams, Gerhild Scholz. "Reviewd work: *Fearless Wives and Frightened Shrews: The Construction of the Witch in Early Modern Germany* by Sigrid Brauner." *German Quarterly 70*, no. 1 (1997): 76쪽.

Wyhe, John van, and Peter C. Kjærgaard. "Going the Whole Orang: Darwin, Wallace and the Natural History of Orangutans." *Studies in History and Philosophy of Biological and Biomedical Sciences* 51 (June 2015): 53~63쪽.

와일드 아메리카

Lorde, Audre. "Uses of the Erotic: The Erotic as Power." In *Sister Outsider: Essays and Speeches*, 53~59쪽. Freedom, CA: Crossing Press, 1984[오드리 로드 지음, 주해연·박미선 옮김, 「성애의 활용. 성애의 힘에 대하여」, 『시스터 아웃사이더』, 후마니타스, 2018].

Marty Stouffer, dir. *Wild America*. Season 1. Aired 1982 on PBS.

Whitman, Walt. *Leaves of Grass: Selected Poems and Prose*. New

York: Doubleday, 1997〔월트 휘트먼 지음, 허현숙 옮김, 『풀잎』, 열린 책들, 2011〕.

침해

Berger, John. *Ways of Seeing*. London: Penguin, 1972〔존 버거 지음, 최민 옮김, 『다른 방식으로 보기』, 열화당, 2012〕.

Brian De Palma, dir. *Body Double*. Sony Pictures Home Entertainment, 1984〔〈침실의 표적〉〕.

Chan, Heng Choon Oliver, et al. "Single-Victim and Serial Sexual Homicide Offenders: Differences in Crime, Paraphilias and Personality Traits." *Criminal Behaviour and Mental Health* 25, no. 1 (2014): 66~78쪽.

Cheever, John. "The Cure." *The Stories of John Cheever*. New York: Alfred A. Knopf, 1978〔존 치버 지음, 황보석 옮김, 「치유」, 『기괴한 라디오』, 문학동네, 2008〕.

Ellroy, James. "Real L.A. Sleaze and Legends with James Ellroy." Interview by Walter Kirn. YouTube video posted by TheLipTV, 9 January 2013.

Gwartney, Debra. "Seared by a Peeping Tom's Gaze." *New York Times*, 21 July 2012.

Hedren, Tippi. *Tippi: A Memoir*. New York: HarperCollins, 2017.

Hill, A., N. Habermann, W. Berner, and P. Briken. "Psychiatric Disorders in Single and Multiple Sexual Murderers." *Psychopathology* 40 (2007): 22~28쪽.

Hitchcock, Alfred, dir. *Vertigo*. Los Angeles: Paramount Pictures, 1958[〈현기증〉].

Hopkins, Tiffany, Bradley Green, Patrick Carnes, and Susan Campling. "Varieties of Intrusion: Exhibitionism and Voyeurism." *Sexual Addiction and Compulsivity* 23 (2016): 4〜33쪽.

Kanew, Jeff, dir. *Revenge of the Nerds*. 20th Century Fox, 1984[〈기숙사 대소동〉].

Massey, Alana. "Sex Workers Are Not a Life Hack for 'Helping' Sexual Predators." *Self*, 15 November 2017.

McFarlane, Judith M. et al. "Stalking and Intimate Partner Femicide." *Homicide Studies* 3, no. 4 (1999): 300〜316쪽.

National Center for Victims of Crime. "Stalking Information." Stalking Resource Center. Washington, DC: National Center for Victims of Crime, 2011.

Penhall, Joe. *Mindhunter*. Denver and Delilah Productions and Panic Pictures (II), 2017[〈마인드헌터〉].

테스모포리아

Bernini, Gian Lorenzo. *The Rape of Proserpina*, 1621〜1622년. Marble. Galleria Borghese, Rome.

Carson, Anne. *Eros the Bittersweet*. Champaign, IL: Dalkey Archive Press, 1998.

Homer, "To Demeter." In *Hesiod, the Homeric Hymns, and Homerica*, trans. Hugh G. Evelyn-White, 289〜325쪽. London:

William Heinemann, 1920.

Van Rijn, Rembrandt Harmenszoon. *The Rape of Proserpina*, 1631. Oil on wood. Staatliche Museen, Berlin.

자신을 아껴줘서 고마워요

Bartky, Sandra Lee. "Foucault, Femininity, and the Modernization of Patriarchal Power." In *Feminism and Foucault*, edited by Irene Diamond and Lee Quinby. Boston: Northeastern University Press, 1998〔케티 콘보이·나디아 메디나·사라 스탠베리 엮음, 샌드라 리 바트키 지음, 윤효녕 옮김, 「푸코, 여성성, 가부장적 권력의 근대화」, 『여성의 몸, 어떻게 읽을 것인가』, 한울, 2001〕.

Foucault, Michel. *Discipline and Punish: The Birth of the Prison*. New York: Vintage, 1995〔미셸 푸코 지음, 오생근 옮김, 『감시와 처벌』, 나남출판, 2020〕.

Goodwin, Michele. "Marital Rape: The Long Arch of Sexual Violence against Women and Girls." *American Journal of International Law Unbound* 109 (2015): 326~331쪽.

Graff, E. J. "A Brief History of Marriage." *UTNE Reader*, May–June 1999.

Gregoriades, Vanessa. *Blurred Lines: Rethinking Sex, Power, and Consent on Campus*. New York: Houghton Mifflin Harcourt, 2017.

Johnson, Lacy. "Speak Truth to Power." In *The Reckonings: Essays on Justice for the Twenty-First Century*, 67~92쪽. New York: Scribner, 2019.

Kaestle, Christine Elizabeth. "Sexual Insistence and Disliked Sexual Activities in Young Adulthood: Differences by Gender and Relationship Characteristics." *Perspectives on Sexual and Reproductive Health* 41, no. 1 (2009): 33~39쪽.

Lacey, Catherine. *The Answers*. New York: Farrar, Straus, and Giroux, 2017.

Nolan, Dan, and Chris Amico. "Solitary by the Numbers." *Solitary by the Numbers*, 18 April 2017.

Orenstein, Peggy. *Girls & Sex: Navigating the Complicated New Landscape*. New York: Harper, 2016〔페기 오렌스타인 지음, 구계원 옮김, 『아무도 대답해주지 않은 질문들—우리에게 필요한 페미니즘 성교육』, 문학동네, 2017〕.

Suomi, Stephen J., and Harry F. Harlow. "Social Rehabilitation of Isolate-Reared Monkeys." *Developmental Psychology* 6, no. 3 (1972): 487~496쪽.

Taylor, Keeanga-Yamahtta, et al. *How We Get Free: Black Feminism and the Combahee River Collective*. Chicago: Haymarket, 2017.

Valenti, Jessica. *Sex Object: A Memoir*. New York: Dey Street, 2016〔제시카 발렌티 지음, 강경미 옮김, 『성적 대상』, 꾸리에, 2017〕.

Vanasco, Jeannie. *Things We Didn't Talk About When I Was a Girl*. Portland: Tin House Books, 2019.

Van der Kolk, Bessel A. *The Body Keeps the Score: Brain, Mind, Body in the Healing of Trauma*. New York: Viking, 2014〔베셀 반 데어 콜크 지음, 제효영 옮김, 『몸은 기억한다』, 을유문화사, 2020〕.

내 어둠은 지상에서 내 작품이 되었다
여성의 몸, 자아, 욕망, 트라우마에 대한 진실은 무엇인가?
현대의 페르세포네들을 위한 새로운 하이브리드 텍스트

1판 1쇄 인쇄 2024년 11월 22일
1판 1쇄 발행 2024년 11월 29일

지은이 멀리사 피보스 | 옮긴이 송섬별
책임편집 박지행 | 편집부 유온누리
표지 디자인 이희영(어나더페이퍼)

펴낸이 임병삼 | 펴낸곳 갈라파고스
등록 2002년 10월 29일 제13-2003-147호
주소 03938 서울시 마포구 월드컵로196 대명비첸시티오피스텔 801호
전화 02-3142-3797 | 전송 02-3142-2408
전자우편 books.galapagos@gmail.com

ISBN 979-11-93482-09-4 (03300)

갈라파고스 자연과 인간, 인간과 인간의 공존을 희망하며,
함께 읽으면 좋은 책들을 만듭니다.